रेडियो प्रसारण

नये संदर्भ : नयी भूमिका

डॉ. किशोर सिन्हा

महानिदेशक, आकाशवाणी/दूरदर्शन (सेवानिवृत्त)
सुविख्यात् कवि-कथाकार-छायाकार
मेरे प्रेरणास्रोत
श्री लीलाधर मंडलोई
के लिए....

क्रम-सूची

प्रस्तावना

अनुक्रम

प्रसारण की परम्परा और विकास

भूमिका

मेरी बात..........

इस समय विश्व-भर में सामाजिक, राजनीतिक और वैचारिक बदलाव के नये-नये तेवर दिखाई दे रहे हैं। नये मापदंडों की तलाश और फिर उसे स्थापित कर पाने की होड़ में लगा समाज आज भी नये और पुराने के अंतर्द्वन्द्वों (शायद अन्तर्विरोधों) के बीच जीते हुए व्याकुल और प्रश्नाकुल भी, दिखाई दे रहा है। एक ओर सामाजिक, राजनीतिक परिवर्तन के मद्देनज़र पूरे 'मीडिया समाज' के समक्ष चुनौतियां हैं, तो दूसरी ओर सूचना की प्रासंगिकता को सुरक्षित रखते हुए अपनी कला, संस्कृति और सामाजिक सरोकारों को निरन्तर प्रवहमान रखने की कोशिश भी इसके सामने है। रेडियो के संदर्भ में मौलिक और कार्यात्मक दृष्टि का विकास तथा प्रसारण के नये क्षेत्रों के अन्वेषण पर कहीं अधिक ध्यान होना चाहिए था लेकिन हुआ यह कि रेडियो की श्रवणीयता कम से कमतर होती चली गयी और साठ-सत्तर के दशक में जो श्रोता वर्ग इसके पास था, वह निरन्तर छिनता और छीजता चला गया। ऐसा नहीं है कि ये लोकप्रसारक कहे जाने वाले रेडियो- आकाशवाणी के साथ हुआ है; बल्कि इस विडंबना का अनुभव तमाम निजी एफ़.एम. तथा मनोरंजन चैनलों ने भी किया है और वे निरन्तर इनसे जूझ भी रहे हैं। इसके अनेक कारण हैं।

एक तो इनके कार्यक्रमों में विविधता और जनसंवाद का अभाव है। इनका प्रसारण मुख्य रूप से फ़िल्मी गीतों; वह भी नयी फ़िल्मों के गीतों, और फूहड़ हास्य पर केन्द्रित है। इनके आर.जे. और पूरे प्रसारण का टोन बहुत 'लाउड' है और सबसे अधिक भाषा पर न तो कोई नियंत्रण है, न ही शुद्धता पर ध्यान। जो मुख्य भूमिका इनकी होनी चाहिये- जनआकांक्षाओं को ध्यान में रख प्रसारण करना; उससे ये प्रायः कोसों दूर हैं।

बरक्स इसके आकाशवाणी की मूल भावना एवं उद्देश्य आरम्भ से स्पष्ट रहे हैं। सूचना, शिक्षा और मनोरंजन का अद्भुत समन्वय लिये, 'बहुजन हिताय, बहुजन सुखाय' के महती उद्देश्य के साथ इस संस्था का प्रादुर्भाव हुआ था; पर 'इंडियन ब्रॉडकॉस्टिंग कम्पनी' से लेकर 'आकाशवाणी' की संज्ञा अपनाते हुए, प्रसार भारती द्वारा निगमित होने तक की कहानी (जिसमें 'दूरदर्शन' भी शामिल हो गया) एक जीवंत, सांस्कृतिक कला-केन्द्र के बिखरने और धूल-धूसरित होने की कहानी है। एक समय था जब कला, साहित्य और संस्कृति के शीर्ष पर काबिज इस सुंदर, समर्थ संस्था के पास क़ाबिल और सामर्थ्यवान् प्रसारकों की फौज़ हुआ करती थी; आज वही संस्था कला, साहित्य, संस्कृति के संरक्षण के स्थान पर टूथपेस्ट और सौंदर्य-प्रसाधनों के बाज़ार के साथ-साथ सरकारी योजनाओं की प्रचारक भी बन गयी है। ऐसे प्रचारात्मक कार्यक्रमों को कोई क्यों और कबतक सुनेगा...!

इन सारी स्थितियों ने बची-खुची कार्यात्मक प्रतिभा को भी कुंठित करना प्रारम्भ कर दिया। प्रयोगधर्मी लोगों के सामने यह प्रश्न आकर खड़ा हो गया कि वे किसके लिए कर रहे हैं, और क्यों कर रहे हैं ? उन्होंने पाया कि जिसके लिए वे कर रहे हैं, वह श्रोता-वर्ग एकदम से नदारद है, उसने रेडियो को त्याज्य समझ कर एक कोने में फेंक दिया है और उसके घर की शोभा देशी-विदेशी चैनलों के लुभावने कार्यक्रम बन गये हैं।

रेडियो हमेशा से त्वरित और मौलिक सोचों तथा कार्यात्मक प्रतिभा वाले लोगों का समूह रहा है, जिसकी भूमिका आज भी प्राकृतिक आपदाओं और आंतरिक संकटों अथवा आपात्स्थितियों में अचानक महत्वपूर्ण हो उठती है, जब घर-घर में पुराने बक्सों से निकालकर, रेडियो के ऊपर जमी धूल झाड़-पोंछ कर साफ़ की जाने लगती है। लेकिन संकट के गुज़रते ही रेडियो को फिर उन्हीं पुराने बक्सों के हवाले कर दिया जाता है।

वस्तुतः माध्यम एक ब्लेड की तरह होते हैं, जिसमें दोनों ओर धार होती है, ज़रा-सी चूक घातक हो सकती है। इसलिए माध्यमों का निरंतर मूल्यांकन और समयानुसार परिवर्धन-परिमार्जन आवश्यक होता है। इससे जहां इसकी विषयवस्तु और रूप में सुधार की प्रक्रिया चलती रह सकती है, वहीं उसकी प्रासंगिकता भी बनी रहती है; वह 'आउटडेटेड' नहीं होने पाता, जैसा कि विकसित देशों ने किया और टेलीविज़न चैनलों की भरमार होते हुए भी, आज भी कर रहे हैं। आठवें दशक में ही संयुक्त राज्य अमेरिका में कुल 9317 रेडियो केन्द्र पूरी तत्परता से चल रहे थे। आज भी विकसित देशों में एक केन्द्र कई-कई चैनल एक साथ पूरी सफलता से चला रहे हैं। इसके पीछे उनकी तगड़ी 'नेटवर्किंग' और 'दूरदृष्टि' है, क्योंकि उन्हें अच्छी तरह पता है कि जनता को क्या चाहिए ? मसलन, कोई एक चैनल चौबीसों घंटे इस बात की सूचना देने में लगा होता है कि शहर के किस हिस्से की सड़क क्षतिग्रस्त है, पुलिया टूट गयी है, तूफ़ान आने वाला है, आदि-आदि; और उसके वैकल्पिक उपाय क्या हैं! इस तरह की 'नेटवर्किंग' की आदत हमें भी डालनी होगी। 'इंटरनेट' और 'सेलफ़ोन' के इस युग में जगह-जगह रेडियो प्रतिनिधि तैनात किये जा सकते हैं, जो हमें इस तरह की त्वरित सूचनायें लगातार उपलब्ध कराते रहें।

सातवीं पंचवर्षीय योजना के अंतर्गत जब हमारे यहां 'लोकल रेडियो स्टेशन' आये तो संभवतः कुछ इसी प्रकार की दृष्टि इसके नीति-निर्धारकों की रही होगी। इसे 'टू वे कम्यूनिकेशन सिस्टम' कहा गया- यानी अबतक लोग रेडियो के पास आते थे, अब रेडियो भी लोगों के पास जाने लगा। इसका मतलब यह हुआ कि रेडियो दूरदराज़ के गांवों में जाकर लोगों के बीच 'हेल्पलाइन सर्विस' के तौर पर काम करने के लिए तैयार हो गया। इसमें स्थल अथवा बाह्य रिकॉर्डिंग पर आधारित कार्यक्रमों का प्रतिशत 70 और स्टूडियो-आधारित कार्यक्रमों का प्रतिशत 30 निर्धारित किया गया। रेडियो को यह सारा काम उन सरकारी एवं गैर-सरकारी एजेंसियों की मदद से करना निश्चित हुआ, जिनकी दूरदराज़ के क्षेत्रों में गहरी पैठ थी। कुछ स्थानीय केन्द्रों पर वाकई अच्छे काम हुए और सामान्य जन में इसकी विश्वसनीयता बढ़ी। आकाशवाणी के सागर केन्द्र में यह काम 1993-96 के बीच हुआ। वहां

रेडियो को कृषि और ग्रामीण विकास में योगदान देने वाले उपकरण के रूप में मान्य कर उस पर 'सब्सिडी' देने की बात ज़ोरदार ढंग से उठायी गयी। दूरदराज़ के गांवों में 'रेडियो प्रतिनिधि' बनाकर उन्हें परिचय-पत्र प्रदान किया गया, जो लोकहित-सूचनाओं को टेलीफ़ोन या 'डिस्पैच' के ज़रिये केन्द्र को उपलब्ध कराते थे। पर बाद में आने वाले अधिकारियों के अन्दर निश्चित ही इस इच्छा-शक्ति का अभाव रहा होगा; जिसके चलते यह महत्वाकांक्षी प्रोजेक्ट बंद हो गया; जबकि इस उत्साह और कार्यशैली को अपनाये रहने की ज़रूरत थी।

अभी रेडियो के परंपरागत कार्यक्रम लगभग उसी रूप में चले आ रहे हैं, जिस रूप में आज से 50-60 वर्ष पहले थे। उनमें समय और परिवेश के अनुसार परिमार्जन और बदलाव की ज़रूरत है। कार्यक्रम- निर्माताओं के सामने सबसे बड़ा प्रश्न यह है कि जो कार्यक्रम वह तैयार कर रहा है यह किसके लिए है, उसकी रुचियां क्या हैं, वह कहां रहता है, उसकी शिक्षा-दीक्षा और मानसिक स्तर क्या है आदि-आदि। दरअसल माध्यमों में काम करने वाले लोग प्रायः 'आत्ममुग्ध' होते हैं। वे यही सोचते हैं कि जो काम उन्होंने कर दिया या कर रहे हैं, वैसा दुनिया में कोई नहीं कर सकता; और इससे अच्छा कार्यक्रम तो हो ही नहीं सकता। लेकिन कभी वे यह नहीं सोचते कि जिनके लिए उन्होंने कार्यक्रम बनाया है, वह उन तक पहुंचा है या नहीं, उन्हें कैसा लगता है यह तो और दूर की बात है।

आज समय की रफ़्तार इतनी तेज़ और 'माध्यमों' का दबाव इतना अधिक है कि किसी के पास समय नहीं है, वह दस मिनट की वार्ता या आधा घंटे की परिचर्चा सुने। इस शैली में बदलाव होना चाहिए। अगर लम्बी अवधि के कार्यक्रम करने भी हों तो 'फ़ोन-इन' कार्यक्रम श्रोताओं को जोड़ने में ज़्यादा मददगार साबित हुए हैं, क्योंकि इस कार्यक्रम के ज़रिये श्रोता भावनात्मक स्तर पर रेडियो और प्रस्तुतकर्ता से जुड़ा महसूस करते हैं।

इसी प्रकार 'टॉक बैक रेडियो' भी श्रोताओं को जोड़ने में बहुत कारगर हो सकता है। इसके ज़रिये सूचनाओं के लगातार प्रसारण के साथ-साथ शिक्षा, मनोरंजन और लोगों के संग आत्मीय बातचीत को विषय बनाया जा सकता है। इसके अतिरिक्त विज्ञापन, व्यंजन बनाने के तरीक़े, स्वास्थ्य-संबंधी जानकारी, दादी मां के नुस्खे आदि कार्यक्रमों का समावेश इसमें बहुत अच्छे ढंग से हो सकता है। कई देशों में ऐसे अनेक 'टॉक बैक रेडियो' हैं, जिनसे चौबीसों घंटे प्रसारण होता है। हां, इसमें कार्यक्रम-प्रस्तुतकर्ता को सरस, मृदुभाषी और विभिन्न विषयों पर बोल सकने की कला में माहिर होना चाहिए।

किसी भी संस्थान में आत्मनिर्भरता उसका पहला लक्ष्य होता है। यह आत्मनिर्भरता धनाश्रित है और रेडियो में इसके लिए एकमात्र सहारा विज्ञापन अथवा प्रायोजित कार्यक्रम हैं। यह लक्ष्य समेकित रूप से प्राप्त करना होगा; यानी प्रसारण के तीनों अंगों- कार्यक्रम, इंजीनियरिंग और प्रशासन- को मिलजुल कर इस लक्ष्य-प्राप्ति के लिए प्रयत्नशील होना होगा। जिस परिवार में सभी मिलकर कमाते हैं, वही परिवार खुशहाल होता है और जिस परिवार में कमानेवाला एक और बैठकर खानेवाले मुंह कई होते हैं, वह परिवार कभी खुशहाल नहीं हो सकता।

प्रायः रेडियो के प्रस्तुतकर्ताओं में अपने ही कार्यक्रमों के प्रचार-प्रसार के प्रति उदासीनता देखी जाती है। वे 'कार्यक्रम-विवरण' तक सीमित रहकर ही संतुष्ट हो लेते हैं। लेकिन उन्हें न सिर्फ़ नये कार्यक्रमों अथवा प्रस्तुतियों, बल्कि वर्षों से स्थापित पुराने कार्यक्रमों का भी बराबर प्रचार करना चाहिए। इसके लिए 'स्पॉट' अथवा 'जिंगल' तक़नीक का उपयोग अत्यधिक प्रभावशाली होता है। इनका प्रयोग 'फ़िलर' के स्थान पर भी किया जाना चाहिए। इससे प्रस्तुतियों में श्रोताओं की विश्वसनीयता जगती है।

अब आता हूं अपनी बात पर....

रेडियो- यह शब्द कब मेरा सहयात्री बन बैठा, यह मुझे ठीक-ठीक तो नहीं पता; लेकिन इतना अवश्य याद है कि होश संभालने के बाद से ही रेडियो मेरा साथी, आत्मीय और 'कम्पेनियन' बना रहा। सुख में, दुख में; हंसी में, ख़ुशी में; भीड़ में, अकेले में; घर में, बाहर में; रास्ते में, बियावान में- हर जगह रेडियो मेरे साथ रहा। रेडियो सुनता हुआ ही मैं बड़ा हुआ और ये मेरा सौभाग्य है कि रेडियो के ही कारण मैं इसके सर्जनात्मक संसार से जुड़ा और आज ये कह सकता हूं कि रेडियो मेरी सोच है, रेडियो मेरा जुनून है।

रेडियो की दुनिया तुलनात्मक रूप से किसी भी अन्य माध्यम की अपेक्षा अधिक सर्जनात्मकता और अभिनव सोच की मांग करती है। हमारे देश में आज भले ही रेडियो के अनेक विकल्प मौजूद हैं, लेकिन एक दशक पूर्व तक यहां 'रेडियो' का मतलब 'आकाशवाणी' होता था; कमोबेश आज भी है।

आकाशवाणी का इतिहास उठा कर देखें तो पता चलता है कि दुनिया के किसी भी और 'रेडियो' ने देश की सांस्कृतिक विरासत को अक्षुण्ण रखने में इतना योगदान नहीं दिया है जितना 'आकाशवाणी' ने। इस देश की संपूर्ण संरचना, विविधताओं और सामासिक संस्कृति को देखते हुए यह कोई आसान काम नहीं था; लेकिन आकाशवाणी ने यह किया। न सिर्फ़ ये, बल्कि बड़े-बड़े दिग्गज संगीत कलाकार, नाटककार, लेखक, विद्वान- सभी आकाशवाणी से जुड़े और आज उन्होंने जो मक़ाम हासिल किया है, उसमें निश्चित रूप से आकाशवाणी का बहुत बड़ा योगदान है।

इसके अलावा आकाशवाणी ने अनेक ऐसी विधाओं को जन्म और संरक्षण दिया है, जो आज भी सर्जनात्मक सोच रखने वाले लोगों के लिए चुनौतीपूर्ण हैं और इसके सर्जक निरंतर कम होते जा रहे हैं। 'रेडियो रूपक' और 'रेडियो रिपोर्ट'-जैसी विधायें इसके उदाहरण हैं।

तो जहां आकाशवाणी-जैसी संस्था का इतना उदात्तपूर्ण चरित्र है, उसका एक अंग बनकर काम करना वास्तव में मेरे लिए सौभाग्य और स्पर्धा का विषय रहा है। प्रकारान्तर से मेरे लिए यह एक ऋण के समान है, जिससे मुक्त हुआ जा नहीं सकता; उसका अंश-भाग कुछ हद तक ज़रूर दिया जा सकता है। इस पुस्तक के पीछे मूल भावना यही है। इसमें प्रयास किया गया है कि रेडियो प्रसारण से जुड़े हुए लोगों, और नवागन्तुकों के लिए भी- सर्जनात्मक सोच की कोई नयी खिड़की खुले।

किसी भी देश के शक्तिशाली होने की पहचान उसके सूचना और प्रसारण-तंत्र की मज़बूती होती है। इस हिसाब से प्रसारण-तंत्र को सदैव तात्कालिक (up-to-date) रहना आवश्यक है। आज जनसंचार माध्यमों का क्षेत्र अत्यंत चुनौतीपूर्ण और रोज़गारोन्मुख माना जा रहा है। यही कारण है कि विद्यार्थी इसकी ओर अधिक आकर्षित हो रहे हैं; क्योंकि इसमें चुनौती है तो लक्ष्य प्राप्त करने का विश्वास भी; ख़तरे हैं तो उनसे खेलने का शौक़ भी। इस दृष्टि से 'जनसंचार' पढ़ने वाले छात्र-छात्राओं के लिए भी यह पुस्तक अत्यन्त उपयोगी है।

इस पुस्तक में जो सैद्धांतिक स्थापनायें हैं, वे अनुभव-सिद्ध हैं, ऐसा मैं दावे से कह सकता हूं। इसलिए कि मैंने अपने अनुभवों का निचोड़ इस पुस्तक में रखने का प्रयास किया है ताकि पाठक को ये पता चल सके कि एक संपूर्ण 'ब्रॉडकास्टर' बनने के लिए कितना परिश्रम और अध्ययन की आवश्यकता होती है।

इस समय मुझे उन तमाम लोगों की बहुत याद आ रही है, जो रेडियो के मेरे आरम्भिक और बाद के दिनों में भी मेरे साथ और मेरे पीछे एक प्रेरक स्तंभ की तरह लगातार खड़े रहे। मेरे 'कैजुअल एनाउन्सर' के दिनों में मेरे बड़े भाई समान श्री अजय कुमार, जो कार्यक्रम अधिशासी की नौकरी छोड़ कनाडा चले गए और वहीं बस गए; स्व. रविशंकर जी, जिन्होंने हमेशा मेरे काम में विश्वास जताया और भरपूर प्यार दिया; श्री टी. के. शर्मा जिनके सान्निध्य में प्रशासन का ककहरा सीखा; श्री सदानन्द मिश्रा जिन्होंने कार्यक्रम-निर्माण के प्रति लगन का पाठ पढ़ाने के साथ-साथ, खेलों में भी मेरी सक्रिय भूमिका तय की; श्री मिथिलेश सिन्हा, जिनसे पूछे बगैर राजकपूर के निधन पर मेरे द्वारा कार्यक्रम करने के बावजूद उन्होंने मेरी शिकायत ऊपर तक नहीं पहुंचाई, सिर्फ़ इतना-भर बोले, "तुम तो मेरी नौकरी ही ले लेते..."; डॉ. शंकर प्रसाद, जिनके विशाल अनुभवों और ज्ञान से मैं समृद्ध होता रहा; श्रीमती सुषमा शुक्ला, जिनकी रेडियो से अलग, साहित्यिक-कवित्वमयी पहचान ने उनका अनुसरण करने के लिए बाध्य किया; और इस सूची में मेरी सबसे अच्छी अभिभावक, बड़ी बहन का स्नेह देने वाली श्रीमती कुसुम जुत्शी की भी बहुत याद आ रही है, जो रेडियो के मेरे आरम्भिक दिनों में आकाशवाणी, पटना में कार्यक्रम अधिकारी थीं। इस समय वो इलाहाबाद में हैं। उन्होंने लगभग ज़बर्दस्ती मुझे आकाशवाणी की इस नौकरी के लिए 'संघ लोक सेवा आयोग' में 'एप्लाई' कराया था। वे नहीं होतीं तो शायद मैं भी यहां, इस रूप में नहीं होता।

पर इनके अलावा अंतरंग-आत्मीय और प्रेरक लोगों का साथ कार्यक्रम अधिशासी के रूप में आकाशवाणी, रीवा ज्वायन करने के बाद भी बना रहा। इनमें रीवा के हमारे सबसे पहले साथी बने श्री राजीव शुक्ल; श्री रामनारायण सिंह; श्री एस. के. गौड़, श्री शशिकांत पांडेय; जगदलपुर के श्री हसन ख़ान, श्री अजय डोनगांवकर, बी. जयप्रकाश बाबू और श्री अनिल तिवारी और हां, मेरी प्यारी बहन, सुविख्यात् लोकगायिका पद्मश्री मोक्षदा (ममता) चन्द्राकर;; आकाशवाणी, पटना की उपमहानिदेशक श्रीमती ग्रेस कुजूर, निदेशक श्री पी. के. मित्रा और उपनिदेशक श्री सुरेश पांडेय, आकाशवाणी, भागलपुर के तत्कालीन केन्द्र निदेशक

श्री महेश प्रसाद साह और परोक्ष रूप से मेरे प्रेरणा-स्रोत रहे, श्री **लीलाधर मंडलोई** (सेवानिवृत्त महानिदेशक आकाशवाणी/दूरदर्शन), श्री **लक्ष्मेन्द्र चोपड़ा** और श्री **एच. के. पाणी** सर (अब सभी सेवानिवृत्त); -जैसे अनेक लोगों ने मेरा मार्ग सदैव प्रशस्त करने का कार्य किया.... और.... इनके स्मरण से मेरे क्षण पुनीत होते रहे हैं।

इन सबों के साथ-साथ मैं उन सभी मित्रों और स्नेहियों के प्रति हार्दिक कृतज्ञता ज्ञापित करता हूं, जिन्होंने प्रत्यक्ष अथवा अप्रत्यक्ष सहयोग से इस कार्य को मूल्यवान् बनाया है।

इसके अलावा पुस्तक में जिन विद्वानों-विशेषज्ञों के ग्रन्थों से सहायता तथा लेखकों की रचनाओं से उद्धरण लिए गये हैं उनके प्रति हार्दिक कृतज्ञता। आकाशवाणी के रीवा, सागर, जगदलपुर तथा पटना में रहते हुए अपनी जिन प्रस्तुतियों का उद्धरण-रूप में इस्तेमाल किया, उसके लिए इन सभी केन्द्रों के प्रति आभार।

यह पुस्तक आपके हाथों में है। कितनी उपयोगी है, इसका निर्णय तो आप सुधी पाठक ही कर सकेंगे। मुझे तो मात्र अपने कर्तव्य का निर्वहन करना था, सो किया। आपकी बहुमूल्य सम्मतियों की हमेशा प्रतीक्षा रहेगी।

जून-2022 डॉ. किशोर सिन्हा

पावती (स्वीकृति)

डॉ0 किशोर सिन्हा
लेखक-निर्देशक-अभिनेता (रंगमंच और टीवी)
संगीतकार/फ़िल्मकार
मीडिया-विशेषज्ञ/रेकी-हीलर

प्रकाशित पुस्तकें

सामयिक हिन्दी निबंध, रेकी (प्राणिक चिकित्सा), विरासत (रेडियो रूपक-संग्रह), हिन्दी की आंचलिक कहानी: परंपरा और प्रयोग (आलोचना), नारी! तुम केवल श्रद्धा हो (नाटक), रेडियो प्रसारण की नयी तकनीक (मीडिया), चारूलता (नाटक), अपनी कथा कहो... (नाटक), नई कहानी, पुराना पाठ: वाया व्हाट्स-एप (कहानी-संग्रह), एक बंदी की डायरी (आत्मानुभव), तीस साल लम्बी सड़क(आत्मानुभव), फ़ेड इन... फेड आउट (आत्मानुभव), आओ धरें एक पग और (कविता-संग्रह), नील-दशन और एक ख़ामोश नज़्म: अमृता प्रीतम (नाटक), उपेन्द्र नाथ रैणा बहुआयामी सर्जक व्यक्तित्व (संपादित)

1. आकाशवाणी और दूरदर्शन के लिए 25 से अधिक धारावाहिकों, 50 से अधिक नाटकों तथा 35 से अधिक रूपकों/डॉक्यूमेन्ट्री का लेखन, निर्देशन तथा प्रस्तुतीकरण एवं अभिनय।

2. मौलिक तथा रूपान्तरित नाटकों को मिलाकर लगभग दस रंग-नाटकों की रचना, छः से अधिक नाटकों का निर्देशन, लगभग पन्द्रह नाटकों में अभिनय, और चौदह नाटकों में पृष्ठभूमि-संगीत।

3. 'कोरोना-काल' तथा 'लॉक-डाउन' के बीच कविताओं पर आधारित तथा स्वतंत्र विषयों पर, एनिमेशन फ़िल्म-सहित, लगभग 125 लघु-फ़िल्मों का निर्माण।

4. 'फ़ेसबुक लाइव' के ज़रिए अबतक कला, साहित्य, संगीत, फ़िल्म तथा खेल से जुड़े, देश के 112 से भी अधिक चर्चित व्यक्तित्वों से लाइव साक्षात्कार।

सम्मान/पुरस्कार

1. लोक सेवा प्रसारण का राष्ट्रीय पुरस्कार (प्रसार भारती, सूचना एवं प्रसारण मंत्रालय) द्वारा आयोजित लोक सेवा प्रसारण पुरस्कार में गांधी दर्शन पर प्रथम पुरस्कार 2.बिहार आर्ट थियेटर, कालिदास रंगालय, पटना द्वारा श्रेष्ठ रंगकर्मी का अनिल कुमार मुखर्जी शिखर सम्मान 3.'प्रांगण', पटना द्वारा रंगमंच और साहित्य के लिये डॉ. चतुर्भुज स्मृति

सम्मान 4. बिहार हिन्दी साहित्य सम्मेलन द्वारा 'प्रफुल्लचन्द्र ओझा मुक्त सम्मान' 5.समकालीन साहित्य मंच, मुंगेर द्वारा 'लाला जगत् ज्योति प्रसाद सम्मान' 6.बिहार गौरव सम्मान (नयी दिशा परिवार द्वारा) 7. आकाशवाणी वार्षिक पुरस्कार-2017 के अन्तर्गत 'विज्ञान कार्यक्रम श्रेणी' में विज्ञान नाटक 'वेव एलियन्स' के लिये 'सर्टिफ़िकेट ऑफ़ मेरिट' पुरस्कार।

<u>सम्पर्क मो. 7903703040</u>

1

प्रसारण की परम्परा और विकास

प्रसारण शब्द का जैसे ही कहीं ज़िक्र आता है, उसका अर्थ सीधे-सीधे ध्वनि या शब्द से लगाया जाता है। यह स्वाभाविक भी है, क्योंकि प्रसारण में ध्वनि या शब्द की अनिवार्यता स्वतः रेखांकित है। प्रारम्भ में प्रसारण मात्र कौतूहल की विषयवस्तु था। पहले शब्द नहीं थे, संकेत थे, जो 'मोर्सकोड' की 'डॉट प्रणाली' से संप्रेषित होते थे। इसकी सर्वप्रथम उपयोगिता समुद्री जहाज़ों में दिखायी दी जहां रेडियो का उपयोग एक-दूसरे से संपर्क के लिए किया जाता था।

इसी बीच इंग्लैंड ने रेडियो का उपयोग कुछ दूसरे ढंग से किया। सन् 1912 ई0 में 'लंदन टाइम्स' ने रूस-जापान युद्ध के समय सूचनायें एकत्र कर रेडियो को भेजने के लिए अमरीकी रेडियो विशेषज्ञ ली-डे-फ़ॉरेस्ट को अनुबंधित किया।

रेडियो का तीसरे ढंग से उपयोग राजनैतिक फ्रंट पर हुआ। 1915 में जर्मनी की नाकेबंदी कर जब उसे अलग कर दिया गया तो वहां की सरकार ने रेडियो को ही बाहर के समाचारों का माध्यम बनाया। इसके बाद भी रेडियो 'मोर्स कोड' तक ही सीमित रहा।

लगभग अठारह वर्षों पश्चात् संकेतों का स्थान शब्दों ने लिया। रेडियो द्वारा शब्दों का सर्वप्रथम प्रयोग 1933 में जर्मनी ने ही राजनैतिक प्रचार के उद्देश्य से किया। उसका अनुसरण करते हुए इटली आदि अन्य देशों ने भी रेडियो का उपयोग शुरू किया। कुछ साम्राज्यवादी देशों ने इसका उपयोग अपने उपनिवेशों के लिए करना प्रारम्भ कर दिया।

उन दिनों अधिकांश प्रसारण 'शार्टवेव' पर हुआ करते थे। दूसरे विश्वयुद्ध के बाद ये अनुभव किया गया कि ज़िंदगी, शांति और युद्ध की अवस्थाओं में विज्ञान की अनिवार्य रूप से भूमिका है और इसमें रेडियो अभिव्यक्ति का सबसे महत्वपूर्ण साधन है। इसलिए दुनिया के तमाम देशों ने अपनी बात कहने के सर्वश्रेष्ठ साधन के रूप में इसे अपना लिया।

विश्व में प्रसारण

जनसंचार का संभवतः कोई दूसरा माध्यम नहीं होगा, जिसने अपने विकास-काल में इतने परिवर्तनों और विविधताओं को देखा होगा। भारत में रेडियो ने भले ही उद्योग का रूप नहीं लिया है, लेकिन अमरीका और अन्य देशों में रेडियो भी, किसी अन्य व्यवसाय या

उद्योग की तरह एक उद्योग का दर्ज़ा रखता है।

फिर भी, रेडियो का इतिहास बहुत पुराना है। प्रारम्भ में रेडियो की उपयोगिता समुद्री जहाज़ों और सेना में ही थी। वहां संदेशों के आदान-प्रदान के लिए रेडियो का इस्तेमाल होता था। उस समय रेडियो 'वायरलेस संप्रेषण यंत्र' (wireless system) के अलावा कुछ नहीं था।

शब्दों की आकाश-यात्रा

रेडियो के साथ एक विचित्र बात यह है कि इसकी खोज या निर्माण का कोई एक दावेदार नहीं है; ना ही किसी एक को इसका श्रेय दिया जा सकता है। रेडियो के ज़्यादातर खोजकर्ताओं ने अपने सिद्धांतों को कार्यरूप देने का प्रयास किया जिसे परवर्ती वैज्ञानिकों ने आगे बढ़ाया। आज भले ही हम कम्प्यूटर-युग में हैं और अपने स्थान पर बैठे इन्टरनेट के ज़रिये पूरे विश्व का भ्रमण कर सकते हैं; 1920-30 में रेडियो ही दुनिया को जानने-समझने का एकमात्र माध्यम था।

1864 ई. में 'वायरलेस' की स्थिति मात्र सैद्धांतिक थी, जब स्कॉटलैंड के गणितज्ञ और भौतिकशास्त्री जेम्स क्लार्क मैक्सवेल ने अपना एक शोध-पत्र प्रकाशित कराया था, जिसके अनुसार किसी भी संकेत को विद्युत-चुम्बकीय प्रक्रिया द्वारा कहीं भी भेजना संभव है। रेडियो इस विद्युत-चुम्बकीय प्रक्रिया की दो विशेषताओं से युक्त है। एक, विद्युत संकेतों का अलग-अलग आवृत्तियों तक प्रसरण और दूसरा, अवरोध के स्तर का निर्धारण। मैक्सवेल का यह सिद्धांत अदृश्य विद्युत-चुम्बकीय तरंगों की मौजूदगी को स्वीकार करता है, जो एक स्थान से दूसरे स्थान तक जा सकती थीं।

इसके लगभग बीस वर्षों बाद 1887 में जर्मनी के भौतिकशास्त्री हेनरिक हट्र्ज़ ने प्रयोगों की एक शृंखला उपस्थित की, जो प्रकारान्तर से मैक्सवेल के सिद्धांतों की ही वक़ालत करती थी। हट्र्ज़ ने एक 'क्रूड स्पार्क-प्लग जेनरेटर' (crude spark-plug generator) का निर्माण किया जिसके द्वारा एक विद्युत चिंगारी (electric spark) को 'रिसीविंग क्वायल' (receiving coil) द्वारा खोजा जा सकता था। इस प्रकार हट्र्ज़ ने 'वायरलेस संकेतों' को मापने में सफलता पायी। इसीलिए विद्युत-चुम्बकीय तरंगों की इकाई के माप का नाम 'हट्र्ज़'- हेनरिक हट्र्ज़ के नाम के साथ जुड़ गया।

लेकिन वायरलेस के क्षेत्र में सबसे उल्लेखनीय सफलता पायी इटली के बीसवर्षीय वैज्ञानिक गुइलिल्मो मारकोनी ने। वायरलेस को लेकर मारकोनी ने अपने प्रयोग 1894 में प्रारम्भ किये और उसने हट्र्ज़ की खोज को आगे बढ़ाते हुए यह स्थापित किया कि बाह्य 'एंटीना' के उपयोग से विद्युत संकेतों को बढ़ाया जा सकता है। इसके अलावा उसने वायरलेस संकेतों को नियंत्रित करने के लिए एक 'टेलीग्राफ़ कुंजी' (telegraph key) को इससे जोड़ा और अंततः मारकोनी ने एक ऐसे वायरलेस सिस्टम के निर्माण में सफलता पायी, जो विद्युत संकेतों को दो मील की दूरी तक भेजने और ग्रहण करने में सक्षम था। फिर

भी, यह सिस्टम 'मॉर्स कोड' और 'डॉट्स-डैशेज़' प्रणाली से मुक्त नहीं था।

दूसरी ओर अमरीका में कार्यरत कनाडा के एक वैज्ञानिक रेज़िनाल्ड फ़ेसेन्डन एक ऐसा वायरलेस सिस्टम बनाना चाहता था, जो लगातार किसी 'कैरियर वेव' का इस्तेमाल कर सके। फ़ेसेन्डन ने आख़िरकार 1906 में क्रिसमस की पूर्वसंध्या पर पहला विज्ञापित प्रसारण अमरीका के ब्रांटराक मेसाथ्युट्स स्थित 128 मीटर ऊँचे खंभे से किया। यह पूरी तरह से 'मॉर्स कोड' प्रणाली से मुक्त प्रसारण था, जिसमें 'बाइबिल' के अंशों पर आधारित नाटक 'O Holy Night' का वायलिन पर प्रसारण और श्रोताओं से बातचीत शामिल थी और फ़ेसेन्डन के पहले रेडियो श्रोता बने समुद्री जहाज़ों के रेडियो ऑपरेटर और अख़बारों के रिपोर्टर। हालांकि इसकी गुणवत्ता अच्छी नहीं थी, लेकिन फ़ेसेन्डन का यह प्रयास न सिर्फ़ पहले 'मॉर्सकोड-मुक्त प्रसारण' के लिए याद किया जाता है; बल्कि उसे विश्व के पहले 'डिस्क जॉकी' के रूप में भी मान्य किया जाता है।

प्रारम्भिक वायरलेस प्रयोगों के सिलसिले में एक मनोरंजक तथ्य यह है कि किसी एक व्यक्ति या कंपनी को वायरलेस की खोज का श्रेय नहीं दिया गया है। देखा जाये तो मारकोनी ने भी वायरलेस की खोज नहीं की थी; बल्कि उसने सिर्फ़ इसके व्यावसायिक महत्व को समझते हुए वायरलेस के प्रारम्भिक प्रयोगों के आधार पर कुछ सुधार किये थे। फ़ेसेन्डन ने भी इसके व्यावसायिक पक्ष को ही महत्व दिया और वायरलेस की ट्रांसमिशन प्रक्रिया को सुधारने में लगा रहा। आगे चलकर अमरीकी वैज्ञानिक ली डे फ़ॉरेस्ट ने एक रेडियो कंपनी की स्थापना की, जिसके माध्यम से इसने चल रही तक़नीक में सुधार करते हुए प्रचारात्मक प्रसारण की शुरूआत की, जिसने श्रोताओं और निवेशकों- दोनों को आकर्षित करने का काम किया। प्रसारण के क्षेत्र में फ़ॉरेस्ट का महत्वपूर्ण योगदान 1908 में पेरिस के 'एफ़िल टावर' से प्रसारण करना था।

इतने सारे वैज्ञानिकों ने अपने-अपने ढंग से इस क्षेत्र में काम किया और सबने अपने-अपने कामों को 'पेटेंट' कराने का भी प्रयास किया; लेकिन यह क़िस्सा हमेशा विवादों में रहा। इन विवादों की समाप्ति हुई 1917 के विश्वयुद्ध के समय, जब संयुक्त राज्य अमेरिका जर्मनी के विरूद्ध युद्ध में उतरा। युद्ध के समय राष्ट्रीय आपदा के मद्देनज़र अमरीकी नौसेना ने उच्च शक्ति के सभी प्रसारण-केन्द्रों को अपने अधिकार में ले लिया और निजी प्रसारकों पर रोक लगा दी।

इस महायुद्ध की समाप्ति के बाद अमरीकी कांग्रेस ने सरकार को वायरलेस प्रसारण को नियंत्रण में लेने का अधिकार प्रदान कर दिया और अमरीकी नौसेना द्वारा अधिगत किये हुए केन्द्रों को उनके मालिकों को लौटा दिया गया। आगे चलकर विदेशी कंपनियों के एकाधिकार को समाप्त करने के ख़याल से अमरीकी कंपनी 'जेनरल इलेक्ट्रिक' को सारे अधिकार दे दिये गये और फिर 'जेनरल इलेक्ट्रिक' ने 'रेडियो कॉरपोरेशन ऑफ़ अमेरिका' की स्थापना की। आगे चलकर अमेरिका में प्रसारण को व्यापक करने के उद्देश्य से 'वायरलेस शिप एक्ट-1910 लागू किया गया, जिसमें यह निश्चित किया गया कि समुद्र में जाने वाले

उन जहाज़ों को 'रेडियो प्रसारण यंत्र' से युक्त होना पड़ेगा, जिनमें 50 या उससे अधिक यात्री हों तथा जो 100 मील की दूरी तक प्रशिक्षित व्यक्तियों द्वारा संदेश के आदान-प्रदान में सक्षम हों।

इसके बाद ही 1906 से 1912 के बीच 'वायरलेस सेवा' का उसकी तक़नीक के परिप्रेक्ष्य में नामकरण हुआ- 'वायरलेस टेलीग्राफ़'। आगे चलकर इस शब्द को और रूढ़ करते हुए 'रेडियो' कहा जाने लगा और इससे होने वाले प्रसारण को 'ब्रॉडकास्ट' नाम दिया गया, जिसे कृषि से लिया गया है; जहां 'खेतों में बीजों के छिड़काव' के रूप में इस शब्द का प्रयोग होता था।

ब्रिटेन में पहला प्रायोगिक प्रसारण ट्रांसमीटर मारकोनी वर्क्स द्वारा ब्रिटेन के चेम्सफोर्ड, एसेक्स में दिसम्बर 1919 को स्थापित हुआ। 23 फ़रवरी, 1920 में पहली बार समाचारों का प्रसारण प्रारंभ हुआ और 14 फ़रवरी, 1922 से नियमित कार्यक्रम प्रसारित होने लगे।

लंदन में 14 नवंबर, 1922 को 'ब्रिटिश ब्रॉडकास्टिंग कंपनी' की स्थापना हुई जिसके जेनेरल मैनेजर जे.सी. डब्ल्यू. रैथ हुए। इसी समय रेडियो लाइसेंस प्रणाली प्रारंभ हुई। कालान्तर में, 1 जनवरी, 1927 को इस कंपनी को 'ब्रिटिश ब्रॉडकास्टिंग कारपोरेशन' (BBC) में परिवर्तित कर दिया गया।

इसके बाद 2 नवंबर, 1920 में अमरीका का पहला व्यावसायिक प्रसारण केन्द्र पिट्सवर्ग में शुरू हुआ और 1923 में ब्रिटेन का पहला पोर्टेबल रेडियो रिसीवर- 'इथोफ़ोन-5' बाज़ार में आया। आगे चलकर 11 मई, 1940 को बी.बी.सी. की हिन्दुस्तानी सेवा ने अपना पहला प्रसारण किया, जो हिन्दी में था।

भारत में प्रसारण

भारत में रेडियो प्रसारण के सूत्रपात का श्रेय 'टाइम्स ऑफ़ इंडिया' को जाता है; जिसने 'पोस्ट एवं टेलीग्राफ़ विभाग' के सहयोग से अपने बम्बई (आज की मुम्बई) कार्यालय से अगस्त, 1921 में प्रसारण की शुरूआत की। बम्बई प्रान्त के तत्कालीन गवर्नर सर जॉर्ज लायड के विशेष अनुरोध पर संगीत का विशेष कार्यक्रम प्रसारित किया गया, जिसे सुनने के लिए गवर्नर ने बम्बई से पूना तक की यात्रा की और वहां इस कार्यक्रम को रेडियो पर सुना।

'टाइम्स' का यह प्रसारण 1921 से 1923 तक चलता रहा; लेकिन इसके साथ-साथ आर्थिक तंगी भी शुरू हो गयी थी, जिसके कारण आगे इसे जारी रखना कठिन हो गया और अंततः यह बंद हो गया। फिर भी, इस प्रसारण ने बम्बई के लोगों में रेडियो के प्रति स्वाभाविक लालसा ज़रूर पैदा कर दी थी। यही कारण है कि कुछ लोगों ने मिलकर बम्बई में एक 'रेडियो क्लब' की स्थापना की, जिसके द्वारा मारकोनी कंपनी से उधार लिए गये 1.5 किलोवाट के मीडियम वेव ट्रांसमीटर से जून, 1923 में पहली बार प्रसारण प्रारम्भ हुआ। इस

ट्रांसमीटर द्वारा प्रसारित कार्यक्रम को तीस मील की दूरी तक सुना जा सकता था।

फिर नवम्बर, 1923 में कलकत्ता में 'कलकत्ता रेडियो क्लब' की स्थापना के साथ वहां भी डेढ़ किलोवाट के ट्रांसमीटर से प्रसारण प्रारंभ हुआ। इसके बाद 31 जुलाई, 1924 को कृष्णास्वामी शेट्टी द्वारा गठित 'मद्रास रेडियो क्लब' से 40 वॉट के ट्रांसमीटर से प्रसारण प्रारंभ हुआ, हालांकि बाद में इसे बढ़ाकर 200 वॉट कर दिया गया।

आगे चलकर 23 जुलाई, 1927 को इन तीनों रेडियो क्लबों को मिलाकर एक कंपनी का रूप दे दिया गया और नामकरण हुआ- 'इंडियन ब्रॉडकॉस्टिंग कंपनी' (Indian Broadcasting Company)। इसका उद्घाटन तत्कालीन वायसराय लॉर्ड इरविन ने किया था। यह भारत का पहला व्यावसायिक प्रसारण था जिसकी स्थापना छः लाख रुपये की पूंजी से की गयी थी और इसका एकमात्र उद्देश्य था- धनोपार्जन।

1927 में ही 26 अगस्त को कलकत्ता में 'इंडियन ब्रॉडकॉस्टिंग कंपनी' के दूसरे केन्द्र का उद्घाटन बंगाल के गवर्नर सर स्टेनली जैक्सन ने किया।

लेकिन जल्दी ही गंभीर आर्थिक संकटों के कारण 1 मार्च, 1930 में 'इंडियन ब्रॉडकॉस्टिंग कंपनी' भारी घाटे के कारण बंद हो गयी और सरकार ने प्रसारण को अपने अधिकार में लेते हुए इसका प्रबन्ध 'उद्योग और श्रम मंत्रालय' को सौंप दिया और 1 अप्रैल, 1930 में 'इंडियन ब्रॉडकॉस्टिंग कंपनी' का नाम बदल कर 'इंडियन स्टेट ब्रॉडकॉस्टिंग सर्विस' कर दिया गया। इसी दिन से मद्रास कारपोरेशन द्वारा भी प्रसारण शुरू हो गया।

आगे चलकर 10 अक्तूबर, 1931 को 'इंडियन स्टेट ब्रॉडकॉस्टिंग सर्विस' भी घाटे के कारण बन्द हो गया, लेकिन दबाव में आकर सरकार को अपना फ़ैसला बदलने के लिए बाध्य होना पड़ा और अंततः 23 नवम्बर, 1931 से प्रसारण पुनः प्रारंभ हो गया।

भारतीय प्रसारण सेवा में एक नये युग की शुरुआत 30 अगस्त, 1935 को हुई, जब लियोनेल फ़ील्डेन को 'इंडियन स्टेट ब्रॉडकॉस्टिंग सर्विस' का पहला 'कन्ट्रोलर' बनाया गया। लियोनेल फ़ील्डेन ने 1 जनवरी, 1936 को 20 किलोवाट शक्ति का पहला प्रसारण केन्द्र दिल्ली में स्थापित कराया और 8 जून, 1936 को 'इंडियन स्टेट ब्रॉडकॉस्टिंग सर्विस' का नाम बदल कर 'ऑल इंडिया रेडियो' कर दिया गया। इस 'ऑल इंडिया रेडियो' के पहले समाचार संपादक चार्ल्स बर्न्स हुए।

एक ओर प्रसारण की यह ठोस व्यवस्था चल रही थी और दूसरी ओर इस व्यवस्था से अलग उसी काल में अन्य स्थानों पर भी छिटपुट प्रयास चल रहे थे। उस समय के अविभाजित भारत के लाहौर प्रान्त में शौक़िया तौर पर 'टेक्स्ट बुक कमिटी' द्वारा संचालित रेडियो प्रसारण हो रहा था, जिसे आगे चलकर 1937 में 'ऑल इंडिया रेडियो' ने अधिग्रहित कर लिया।

सन् 1935 में ही इलाहाबाद के 'कृषि इन्स्टीच्यूट' ने नैनी में एक ट्रांसमीटर लगाया जिससे प्रतिदिन एक घंटे का कृषि कार्यक्रम प्रसारित किया जाता था। आगे चलकर इलाहाबाद में 'ऑल इंडिया रेडियो' केन्द्र की स्थापना के बाद यह केन्द्र बंद हो गया।

यह समय राजा-रजवाड़ों का था और कुछ राज्यों ने अपने-अपने क्षेत्र में रेडियो केन्द्रों की स्थापना कर रखी थी। इसमें सबसे उल्लेखनीय था, 10 सितम्बर, 1935 को मनोविज्ञान के एक प्रोफेसर डॉ. गोपालस्वामी द्वारा मैसूर में 'आकाशवाणी' नाम से शुरू किया गया एक शौकिया केन्द्र, जिसे वहाँ के राजा ने 6 साल बाद 1941 में अपने अधीन कर लिया।

इसके अलावा देहरादून में 6 अप्रैल, 1936 को नागरिकों के चंदे के बल पर चलने वाले केन्द्र की स्थापना की गयी, जो 10 मई, 1938 को अर्थाभाव के कारण बन्द हो गया। फिर 1937 में पेशावर में भी एक रेडियो ट्रांसमीटर मारकोनी कंपनी की सहायता से स्थापित किया गया।

पुनः जून 1938 में 'मद्रास ब्रॉडकॉस्टिंग कारपोरेशन' को 'ऑल इंडिया रेडियो' ने अपने अधीन कर लिया।

व्यवस्थित प्रसारणः प्रसारण की व्यवस्था

24 अक्तूबर, 1941 को 'सूचना और प्रसारण मंत्रालय' के गठन के साथ 'ऑल इंडिया रेडियो' इसके अधीन हो गया और स्वतंत्रता-प्राप्ति के पश्चात सरदार वल्लभ भाई पटेल पहले सूचना और प्रसारण मंत्री बने। आगे चलकर भारत सरकार ने 'ऑल इंडिया रेडियो' के स्थान पर 'आकाशवाणी' का प्रयोग करने का निश्चय कर लिया; किन्तु दक्षिण के राज्यों द्वारा इसका घोर विरोध किये जाने के कारण यह निर्णय लिया गया कि अंग्रेज़ी प्रसारणों के लिए 'ऑल इंडिया रेडियो' का प्रयोग किया जायेगा, जबकि अन्य प्रसारणों में 'आकाशवाणी' शब्द का ही व्यवहार किया जायेगा।

स्वतंत्र भारत का पहला रेडियो केन्द्र 1 नवम्बर, 1947 को जलन्धर में स्थापित किया गया तथा 1 दिसम्बर, 1947 को जम्मू रेडियो स्टेशन का उद्घाटन हुआ। इसके बाद तो देश के अन्य भागों में भी रेडियो स्टेशन का विधिवत् प्रसार प्रारम्भ हो गया।

12 नवम्बर, 1947 को पहली बार महात्मा गाँधी ने दिल्ली केन्द्र से राष्ट्र की जनता को संबोधित किया, जो उनका एकमात्र प्रसारित संदेश है। इस प्रसारण की स्मृति में हर वर्ष 'लोक सेवा प्रसारण पुरस्कार' का आयोजन होता है और 12 नवम्बर को रंगारंग समारोह में विजेता को पुरस्कार प्रदान किया जाता है।

1957 में पहली बार 'आकाशवाणी' शब्द को टेलीग्राफिक पता के लिए इस्तेमाल किया गया, जो आगे चलकर 1958 में 'ऑल इंडिया रेडियो' के हिन्दी पर्याय के लिए रूढ़ हो गया और फिर यह मुख्य नाम के रूप में प्रयुक्त होने लगा।

1 अप्रैल, 1976 को दूरदर्शन आकाशवाणी से अलग हो गया और 23 नवंबर, 1997 को प्रसार भारती क़ानून के लागू होने के बाद से यह दोनों महानिदेशालय इसके अंतर्गत कार्य कर रहे हैं।

आकाशवाणी का सूत्रवाक्य है- 'बहुजन हिताय, बहुजन सुखाय'। यह सूत्रवाक्य बौद्ध धर्म के 'त्रिपिटक' ग्रंथ से लिया गया है। इस एक सूत्र से आकाशवाणी का संपूर्ण उद्देश्य स्पष्ट हो जाता है। वर्तमान में आकाशवाणी अपने विभिन्न चैनलों के माध्यम से लोकसेवा के बृहत्तर उद्देश्य को जन-जन तक पहुंचाने के लिए कृतसंकल्प है।

2

रेडियो-लेखन के सिद्धांत और विशिष्ट विधायें

रेडियो एक दृश्यहीन माध्यम है, जिसमें शब्दों और ध्वनि के माध्यम से चित्र-निर्माण किया जाता है। इस जटिल कल्पनाशीलता को यथार्थ रूप में परिणत कर पाना अत्यंत कठिन होता है, बावजूद इसके रेडियो प्रसारण की पहुँच जनसाधारण और दूरदराज के क्षेत्रों तक अत्यंत सहज है। इसका प्रमुख कारण है, रेडियो द्वारा जिस विशेष ध्वनि-संसार को तैयार किया जाता है, वह विशिष्ट कौशल की मांग करता है। वास्तव में, रेडियो के लिए लिखना एक चरित्र, एक व्यक्तित्व की रचना करना है।

रेडियो लेखनः एक कला

रेडियो लेखन वास्तव में एक कला है; एक अत्यंत सशक्त और संश्लिष्ट रचनात्मक प्रक्रिया है, क्योंकि यह दृश्यहीनता से दृश्यत्व की तरफ़ ले जाने में सक्षम है। रेडियो लेखन मात्र एक रचना लिखना नहीं है, बल्कि इस रचना को एक शक्ल, एक व्यक्तित्व, एक संस्कार देना है, जो मात्र लिखा जाकर नहीं बल्कि संपूर्ण प्रस्तुति के बाद ही अपनी अर्थवत्ता तक पहुंचता है।

आलेख

रेडियो लेखन के लिए सबसे पहली ज़रूरत होती है आलेख या 'स्क्रिप्ट' की। आलेख कागज़ के वे पृष्ठ हैं, जिनपर लिखे शब्दों को वक्ता उपयोग में लाता है और जिसपर प्रस्तुतीकरण तकनीक से संबंधित संकेत भी हो सकते हैं। वस्तुतः आलेख वह आधारभूत ढांचा है, जिसपर रेडियो-प्रस्तुतीकरण का महल खड़ा होता है। इस रूप में एक अच्छा रेडियो आलेख लिखने के लिए इन बातों की ज़रूरत होती है-

1. **उद्देश्य-** कोई एक वाक्य लिखिये। फिर उससे संबंधित अन्य बातों के बारे में सोचिये, जिन्हें आप आलेख में जगह देना चाहते हैं और तबतक सोचिये जबतक उससे संबंधित 20 वाक्य लिख न सकें।

2. रोचकता- लेखन का शुरूआती वाक्य रोचक और ध्यान आकर्षित करने वाला हो, ताकि श्रोता के मन में उस वाक्य को लेकर जिज्ञासा हो कि आगे क्या होने वाला है।

3. उत्कंठा- आरम्भ की कुछ पंक्तियां ऐसी हों कि श्रोताओं में विषय के संबंध में अधिक उत्कंठा पैदा हो।

4. संदेश- यह आलेख के बीच का और सबसे बड़ा हिस्सा होता है, जिसमें विषय का विस्तार इस प्रकार से हो कि वक्ता का संदेश श्रोताओं तक आसानी से पहुंच जाये।

5. अंत- आलेख का अंत सुनिश्चित हो और ऐसे शब्दों और वाक्यों से हो, जो श्रोताओं को देर तक याद रहें।

6. श्रोता-समूह- लिखने से पहले हमेशा यह ध्यान रखना चाहिए कि लेखन किस श्रोता-समूह के लिए किया जा रहा है- महिला के लिए, बच्चों के लिए, युवाओं के लिए, वृद्धों के लिए, शहर के लिए, गांव के लिए आदि-आदि। फिर भी, कला-कौशल इस प्रकार का हो कि इसे सभी श्रोता-समूह के लोग पसंद कर सकें।

7. समय-सीमा- हर आलेख की कुछ समय-सीमा निर्धारित होती है। इसे ध्यान में रखना बहुत ज़रूरी होता है। तय समय-सीमा के भीतर सभी बातों को पूर्णता के साथ प्रस्तुत कर देना ही अच्छे आलेख की पहचान है।

8. शब्दों का चयन- रेडियो आलेख के लिए चयनित शब्द ऐसे हों जो 'बोले' गये प्रतीत हों। मसलन, 'आपका यह प्रयास निरर्थक सिद्ध हुआ' के स्थान पर 'आपकी ये कोशिश बेकार गयी' कहना ज़्यादा सही होगा।

अध्ययन

कुछ भी लिखने की पहली शर्त है अध्ययन। आप जो कुछ भी लिखेंगे, उससे आपकी अध्ययनशीलता ज़ाहिर होगी। यदि आपका अध्ययन गहरा होगा तो यह आपके लेखन में प्रदर्शित होगा, आप अपनी बातों की पुष्टि के लिए अनेक तर्कों का सहारा ले सकते हैं। उदाहराणार्थ, रूपक को एक निश्चित समयावधि में प्रस्तुत करना होता है, इसलिए अनेक तथ्यों में से उन आवश्यक तथ्यों को रूपक में रखना आसान हो जायेगा, जो वास्तव में ज़रूरी हैं।

आंतरिक दृष्टि

इस अध्ययन और लेखन के बीच एक आंतरिक दृष्टि का होना अनिवार्य होता है। इस दृष्टि-बोध से हम जिस विधा पर काम कर रहे हैं उसकी आंतरिक लय को पकड़ने में सक्षम होते हैं। यह दृष्टि सम्बद्ध आलेख में वर्णित तथ्यों को एक क्रम देने और उसे रोचक ढंग से प्रस्तुत करने में सहायक होती है।

सूक्ष्म पर्यवेक्षण

लेखक के भीतर सूक्ष्म पर्यवेक्षण शक्ति का होना भी आवश्यक है। हमारे आसपास कितना-कुछ घटित होता रहता है, पर उनमें से कई चीज़ें हमारी दृष्टि से छूट जाती हैं। आज 'वर्च्यूअल रियलिटी' का ज़माना है, जिसमें व्यक्ति जैसा चाहे वैसे सपने गढ़ सकता है। लेकिन उन सपनों और यथार्थ के बीच फ़र्क़ करना उसे आना चाहिए, तभी उसके लेखन में वास्तविकता का समावेश हो सकता है।

भाषा

भाषा किसी भी रचना का प्राण-तत्व है। सुरुचिपूर्ण और सुसंस्कृत भाषा न सिर्फ़ रचना को पठनीय बनाती है, बल्कि उससे उसके रचनाकार को भी एक व्यक्तित्व मिलता है, एक पहचान मिलती है। लेकिन भिन्न-भिन्न रचना-रूपों में भाषा की रचनात्मक शक्ति का उपयोग अलग-अलग होता है। उदाहरणार्थ, रूपक में भाषा का सर्जनात्मक प्रयोग सर्वाधिक है, क्योंकि एक तो ये विधा प्रस्तुतीकरण की है; दूसरे रेडियो की सर्वजन तक पहुँच होने के कारण इसकी भाषा-प्रयोग विशेष सतर्कता और लाघव की मांग करती है।

अभिरुचि

आलेख-लेखक को संबंधित विधा में लिखने की अभिरुचि भी होनी चाहिए। बिना अभिरुचि के, मात्र लिखने-भर के लिए रूपक या नाटक लिख देना उस लेखन के साथ अन्याय करना होगा, जैसा कि आजकल के कुछ लेखक प्रायः करते हैं।

रेडियो का माध्यम पूरी तरह से वाचिक है- यानी लिखने और पढ़ने की शैली से बिल्कुल अलग। बोलने का ढंग कुछ और होता है, लिखने की कला कुछ और बताती है। उदाहरणार्थ, एक 'नहीं' शब्द को जब नौ रसों के अनुसार बोला जायेगा, तो हर बार उसके अर्थ अलग-अलग होंगे। यही कारण है कि शब्दों के असर को परखने के लिए रेडियो की विभिन्न विधाओं का सहारा लिया जाता है। इन विधाओं का स्वरूप अलग है, इनकी प्रस्तुति का तरीक़ा भिन्न है और इनके लिखने के तौर-तरीक़ों में भी काफ़ी अन्तर है। इस लिहाज़ से इनपर विस्तार से विचार करना आवश्यक होगा।

नाटक

यों तो सृजनात्मक साहित्य की सभी विधाओं का समावेश रेडियो के अन्तर्गत हो जाता है, लेकिन इसमें संगीत और नाटक का उपयोग सर्वाधिक सार्थक, सहज और सर्जनात्मक ढंग से होता है। इस दृष्टि से रेडियो नाटक अपने स्वरूप-वैशिष्ट्य और प्रभाव-क्षमता के

कारण रेडियो के लिए अत्यंत उपयोगी, प्रासंगिक और बहुआयामी सिद्ध हुआ है। इसलिए इसके लेखन और प्रस्तुतीकरण के लिए विशिष्ट तक़नीक की आवश्यकता पड़ती है। यह तक़नीक क्या है और इसमें कैसे दक्षता प्राप्त की जा सकती है, इसे विस्तार से जानने की आवश्यकता है।

रेडियो नाटक: विशिष्ट संरचना

प्राचीन आचार्यों ने जिस स्वरूपविधान को 'दृश्य' कहा है, वह रेडियो नाटक में मात्र 'श्रव्य' हो गया है। प्राचीन शास्त्रों में सृजनात्मक साहित्य के दो भेद प्राप्त होते हैं- श्रव्य काव्य और दृश्य काव्य। इसमें रूपक को दृश्य काव्य माना गया और अन्य विधाओं को श्रव्य काव्य। रूपक का अर्थ वहाँ उस माध्यम से था, जिसे देखा और दिखाया जा सके। इसीलिए नाटक को पहले रूपक के ही नाम से जाना जाता था।

यह देखने और दिखाने का अर्थ क्या है? देखनेवाला दर्शक है और दिखानेवाला अभिनेता। अभिनेता के माध्यम से रचना का पूर्ण प्रत्यक्षीकरण होता है, यानी दर्शक स्थितियों और घटनाओं को अपने सामने घटित होते देखता है। इस दृष्टि से साहित्य की अन्य विधाओं का कार्य जहाँ लिख दिये जाने मात्र से पूरा हो जाता है, वहीं नाटक का कार्य तबतक अधूरा है, जबतक कि वह मंच पर प्रस्तुत न हो जाये। इस प्रस्तुतीकरण में सहायक तत्व होते हैं-कथावस्तु, परिवेश और वातावरण, संवाद, साज-सज्जा, वेशभूषा, प्रकाश, ध्वनि तथा संगीत।

इस तरह की नाट्य-प्रस्तुति के लिए दर्शकों का होना अनिवार्य है, क्योंकि दर्शक नाटक देखते हुए एक साथ तटस्थ और भोक्ता-दोनों होता है। नाट्य-प्रस्तुति को देखते हुए वह यह अनुभव करता है कि सबकुछ उसी के साथ घटित हो रहा है और उसकी समस्त इन्द्रियाँ उसी अनुभव में रच-बस कर एकाकार हो जाती हैं; यहाँ तक कि वह अपने-आप को भूलकर अपने संपूर्ण व्यक्तित्व को नाट्य-कार्य-प्रक्रिया में विलीन कर देता है। साहित्यशास्त्र में इसे ही 'साधारणीकरण' कहा गया है। 'साधारणीकरण' की यह प्रक्रिया जिस नाटक में जितनी संपूर्णता में होगी, वह नाटक उतना ही सशक्त और जीवंत होगा।

लेकिन रेडियो नाटक का मुख्य आधार ध्वनि है, अतः इसमें दर्शकों का स्थान श्रोता ले लेते हैं और इस रूप में रेडियो नाटक के कार्य-व्यापार मंचीय नाटक से भिन्न हो जाते हैं। रंगमंचीय नाटक की एक सबसे बड़ी सीमा है- दृश्य-परिवर्तन। मंचीय नाटकों में दृश्य-परिवर्तन के लिए काफी मशक्कत करनी पड़ती है। इसी कारण से अब मंच-मुक्त या दृश्य-मुक्त नाटक अधिक प्रचलन में हैं। जो दृश्य-प्रधान नाटक होते हैं, उनमें दृश्यों की संख्या प्रायः सीमित होती है। तब भी, बार-बार के दृश्य-परिवर्तन नाट्य-रस में बाधा उत्पन्न करते हैं। इसी प्रकार वहाँ दृश्यों के बड़े-छोटे होने तथा दृश्य-विशेष के वातावरण के हिसाब से 'प्रापर्टी' में भी विविधता रखनी पड़ती है।

इसके विपरीत रेडियो में ऐसी कोई विवशता नहीं है। रेडियो नाटक देश और काल की सीमा से परे होता है। वह यह दूरी बड़ी आसानी से तय कर लेता है। रेडियो नाटक का कोई पात्र यदि अभी भारत में है, तो उसे महज एक हवाईजहाज़ के ध्वनि-प्रभाव से इटली या अमेरिका पहुँचाया जा सकता है।

ध्वनि और उसका उपयोग

ध्वनि भावाभिव्यक्ति का सर्वाधिक सक्षम और महत्वपूर्ण साधन है। अपने व्यावहारिक जीवन में हम एक ही शब्द को भिन्न-भिन्न प्रकार से उच्चरित करके प्रेम, घृणा, व्यंग्य, क्रोध आदि भावों को अभिव्यक्ति देते हैं।

इस दृष्टि से रेडियो नाटक में ध्वनि का उपयोग तीन प्रकार से होता है-

1. भाषा
2. ध्वनि-प्रभाव
3. संगीत

भाषा

भाषा का जो स्वरूप मूलतः बोलने और सुनने के काम आता है, वही रेडियो नाटक का मूलाधार है। इस रूप में रेडियो नाटक की भाषा सरल, स्वाभाविक, गत्यात्मक और भावाभिव्यंजक होनी चाहिए, जिसे बोलने में किसी को भी कठिनाई का अनुभव न हो।

यों तो किसी भी अभिव्यक्ति के लिए भाषा मुख्य माध्यम होती है, लेकिन रेडियो नाटक में भाषा के ऊपर दोहरा दायित्व आ जाता है। एक तो संवाद के रूप में और दूसरा, कार्य-व्यापार के रूप में। रंगमंच पर जो कुछ भी दृश्य में साकार होता है, उसे रेडियो नाटक में भाषा के माध्यम से साकार करना होता है। यानी, नाटक के तीन प्रमुख तत्वों- आंगिक, वाचिक और आहार्य में से रेडियो नाटक सिर्फ़ वाचिक का ही अनुगामी होता है। उदाहरणार्थ, मंच पर पात्र कह सकता है-"आज बहुत गर्मी है...." और इसके बाद उसका रूमाल से हवा करना, उसकी कमीज़ का पसीने से तर-ब-तर होना आदि उसकी कहानी स्वयं कह देते हैं। लेकिन रेडियो नाटक में इसके आगे भी जोड़ना होगा-"देखो ना, मेरी कमीज़ पसीने से बिल्कुल भींग गयी है। पसीना पोंछते-पोंछते रूमाल भी गीला हो गया है.."

इसी प्रकार किसी नवयौवना के रूप-शृंगार के लिए मंच पर यह कहना पर्याप्त होगा-"आज तुम बहुत प्यारी लग रही हो...।" लेकिन रेडियो नाटक में कहना पड़ेगा-"माथे पर बिंदी, आँखों में काजल, जूड़े में फूलों की वेणी और गले में ये मोतियों की माला। सच में, आज तुम बहुत प्यारी लग रही हो...।" इस रूप में रेडियो नाटक बिम्बधर्मी होता है; यानी वह शब्दों के माध्यम से चित्र का निर्माण करता चलता है।

रेडियो नाटक में भाषा का व्यवहार दो रूपों में होता है- एक, 'संवाद', 'कथनोपकथन' या 'डायलॉग' के रूप में और दूसरा 'नैरेशन' या 'वाचन' के रूप में।

'संवाद' या 'कथनोपकथन' रेडियो नाटक की आत्मा होते हैं। एक प्रभावकारी संवाद जहाँ रेडियो नाटक की अभिव्यक्ति को एक ऊँचाई प्रदान करता है, वहीं लचर एवं कमज़ोर संवाद श्रोता के ध्यान एवं रुचि को भटका सकता है और वह रेडियो सेट को बंद करने के लिए बाध्य हो सकता है। वस्तुतः 'कथनोपकथन' के द्वारा रेडियो नाटक की संपूर्ण कथा-अन्विति, स्थानीय रंग, पृष्ठभूमि और काल के संबंध में पता चलता है। यह नाटक की गति पर नियंत्रण रखने का काम भी करता है। इस रूप में संवाद में निम्नलिखित गुणों का होना अनिवार्य है-

Ú संवाद सरल, सहज, स्वाभाविक और बोधगम्य हों तथा नाटक में आये परिवेश के अनुरूप हों।

Ú संवाद पात्रों के अनुकूल हों, जिन्हें वो आसानी से उच्चरित कर सकें।

Ú संवाद कथोपकथन शैली में हों, ताकि नाटक में गति और 'पेस' बना रहे।

Ú विशेष स्थिति को छोड़कर संवाद अधिक लंबे नहीं होने चाहिए; क्योंकि लंबे संवादों से नाटक में एकरसता आती है।

इसके अलावा रेडियो नाटक के संवाद वातावरण के निर्माण में भी सहायक होते हैं, क्योंकि इनमें दृश्यत्व का अभाव होता है। इस रूप में कई बार वातावरण-निर्माण में ध्वनि-प्रभाव नाकाफी होते हैं, जिन्हें तब शब्दों से भी व्यक्त करना होता है। उदाहरण के रूप में मोहन राकेश के नाटक 'आषाढ़ का एक दिन' के रेडियो नाट्य-रूपांतर में मल्लिका कालिदास से कहती है-"वही आषाढ़ का दिन है। उसी तरह मेघ गरज रहे हैं। वैसे ही वर्षा हो रही है। वही मैं हूँ। इसी घर में हूँ। किन्तु..."

'नैरेशन' से तात्पर्य नाटक के उस अंश से है, जिसमें पात्र नाटक के क्रियाकलाप का वातावरण निर्मित करता है, आवश्यक विवरण देता है और घटनाओं की शृंखला को जोड़ने का काम करता है। ऐसे पात्र के लिए वाचक, वाचिका, प्रवक्ता, नैरेटर, सूत्रधार, स्त्री स्वर, पुरुष स्वर आदि का व्यवहार होता है। ऐसे पात्रों का काम नाटक की उन बातों को कहना होता है, जो कथनोपकथन के अन्तर्गत नहीं आ पातीं। रेडियो रूपक में निश्चित रूप से 'नैरेटर' का काम अधिक होता है, पर रेडियो नाटक में उसकी भूमिका अत्यंत सीमित होती है।

रेडियो नाटक में 'नैरेटर' की भूमिका दो प्रकार से आती है- एक, ऐसे 'नैरेटर', जिनके व्यक्तिगत जीवन का नाटक की घटनाओं से कोई सम्बन्ध नहीं होता। उनकी भूमिका मात्र तटस्थ दर्शक की होती है। वे नाटकीय क्रियाकलापों के प्रवक्ता मात्र होते हैं।

दूसरे प्रकार के 'नैरेटर' नाटक के पात्र होते हैं और जिनके जीवन की घटनायें नाटक से प्रत्यक्ष सम्बन्ध रखती हैं और जो कई बार दूसरे पात्रों से संवाद करने की स्थिति में भी होते हैं। विशेषकर, रेडियो के 'कथा-नाटकों' में मुख्य पात्र पूरी कहानी कहता है और वह एक ओर जहाँ वाचक की भूमिका का निर्वाह करता है, तो दूसरी ओर चरित्र-विशेष का निर्वहन भी।

लेकिन इस पात्र-वाचक का इस्तेमाल बहुत ही सावधानी के साथ और सोद्देश्यपूर्ण ढंग से होना चाहिए; क्योंकि कई बार ये पात्र-वाचक प्रतीकात्मक भी होते हैं- जैसे, समय, इतिहास, स्वतंत्रता, विजय आदि।

ध्वनि-प्रभाव

ध्वनि-प्रभाव का उपयोग नाटक में विशेष प्रभावों के लिए किया जाता है। बादल, वर्षा, कार-जीप, शोरगुल आदि ध्वनियों का व्यवहार नाटक के क्रियाकलापों को उभारने के लिए किया जाता है। मंचीय नाटकों में दृश्य-विधान के लिए या तो लेखक की ओर से रंगनिर्देश दिये जाते हैं, या यह निर्देशकीय सूझबूझ पर छोड़ दिया जाता है। यानी कोई घटना किस समय और किस स्थान पर हो रही है, घटना के समय वातावरण कैसा है आदि-आदि का प्रभाव दिखाने के लिए प्रकाश-योजना आदि का उपयोग ज़रूरी होता है। लेकिन रेडियो नाटक ध्वनि-संकेतों के द्वारा ही समय और परिवेश का बोध कराता है। कार का हॉर्न सुनाई देता है, फ़ोन की घंटी बजती है और मिल के सायरन की आवाज़ बताती है कि सुबह के दस बजे हैं और काम पर पहुँचने का समय हो गया है। वस्तुतः ध्वनि-प्रभाव रेडियो नाटक का एक अत्यंत सक्रिय तत्व है, जिसके अभाव में नाटक की अदृश्यता सीमित हो जाती है और श्रोताओं को नाट्य-रस की प्राप्ति पूरी तरह नहीं हो पाती।

वास्तव में, ध्वनि-प्रभावों का प्रयोग नाटक के लेखक से अधिक, इसके निर्देशक पर आश्रित होता है। फिर भी, लेखक द्वारा यदि ध्वनि-प्रभावों के संकेत दे दिये जायें तो कोई हर्ज़ नहीं है। सआदत हसन मंटो के रेडियो नाटक 'कबूतरी' का यह अंश इसका एक अन्यतम उदाहरण है-''मुर्ग़ की आवाज़- पथरीले ज़ीने पर क़दमों की आवाज़- फिर मुर्ग़ की आवाज़- क़दमों की आवाज़- दो लड़कियों के गुनगुनाने की आवाज़ें, मानो वे होंठों-ही-होंठों में पूजन कर रही हों। यह गुनगुनाहट कुछ क्षणों मक जारी रहे- इसके बाद आरती शुरू- आरती ख़त्म हो जाती है- विश्राम- घंटा एक बार बजता है- विश्राम- दूसरी बार घंटा बजता है- पथरीले ज़ीने पर क़दमों की आवाज़, ये ज़ाहिर करने के लिए कि दोनों लड़कियाँ मंदिर से बाहर निकल रही हैं...।''

सच्चाई तो यही है कि सआदत हसन मंटो-जैसे बहुत कम लेखक हैं, जो ध्वनि-प्रभाव के लिए इतना सशक्त लेखकीय निर्देश देते चलते हैं। तक़नीकी शब्दावली में जिसे 'कैप्चरिंग' और 'एटमॉसफियर' कहा जाता है, वह मंटो के रेडियो नाटकों में अद्भुत है। मंटो ने रेडियो नाटकों के लेखन और निर्देशन में तक़नीक के जितने नये और सफल प्रयोग किये हैं, बरसों गुज़र जाने के बाद वे आज भी ताज़ा लगते हैं।

इन ध्वनि-प्रभावों का इस्तेमाल दो रूपों में होता है- एक, वातावरण-निर्माण के लिए- जैसे, तूफ़ान, समंदर की लहरें, हवाई जहाज़, रेलगाड़ी, पशु-पक्षी आदि की ध्वनियाँ। आम तौर से ये ध्वनि-प्रभाव पूर्व-ध्वन्यंकित होते हैं और रेडियो स्टेशन के संग्रह में होते हैं, जिनका

उपयोग नाटक की 'डबिंग' और 'मिक्सिंग' के समय किया जाता है।

दूसरे रूप में ध्वनि-प्रभावों का इस्तेमाल पात्रों के क्रिया-कलापों तथा घटनाओं के सूचक के रूप में होता है- जैसे, खाँसना, हँसना, रोना, दरवाज़े पर दस्तक, कुंडी खड़कना, पदचाप, चूड़ियों की आवाज़, चाय पीने की ध्वनि आदि। ये सारे ध्वनि-प्रभाव नाटक की प्रस्तुति के समय ही उत्पन्न किये जाते हैं। रेडियो नाटकों में प्रयुक्त ध्वनि-प्रभाव के माध्यम से किसी भी श्रोता को चांद या मंगलग्रह की सैर के लिए भेजा जा सकता है और उसकी अतृप्त आकांक्षाओं को तृप्त किया जा सकता है।

ध्वनि-प्रभावों की इस प्रभावोत्पादकता के बावजूद इसका अत्यधिक और अनावश्यक प्रयोग नाटक की रसमयता में विघ्न उपस्थित कर सकता है, उसे उबाऊ बना सकता है। इसलिए इनके प्रयोग के अति-मोह से बचना चाहिए।

रेडियो नाटक- 'महुए का फूल' का एक अंश (लेखक- डॉ. किशोर सिन्हा)

व्यक्ति-- ओह.... रात हो चली है.... (पेड़ से पत्ते के गिरने की आवाज़) अकेले एक पत्ते का गिरना कितना अशुभ संकेत है..... पर, अब मेरे लिये और अशुभ क्या होगा....। वन्या के संस्पर्श से दूर कोई भी साया अशुभ है मेरे लिये.... अब तो बस....(उबासी लेते हुए).... एक दिन और समाप्त हुआ.... टूटे हुए सपनों की हथेली पर मरी हुई तितलियों का ज़ख्म लिये एक और उदास दिन.... ख़त्म हुआ।

(रात का सन्नाटा.... झिंगुर की आवाज़)

(दृश्य समाप्त)

(सुबह का दृश्य... चिड़िया की चहचहाहट.... किसी लड़की के गुनगुनाने का स्वर....
पदचाप....)

लड़की-- कोई है.... अन्दर कोई है...?

व्यक्ति-- (भीतर से आते हुए.... स्वर में नींद का आलस्य) कौन है भाई... आता हूं... (दरवाज़ा खोलने की ध्वनि) अं.... तुम ..... वन्या....!

लड़की-- (उन्मुक्त हंसी के साथ) ये तो मेरी मां का नाम है..... मेरा नाम तो कृति है....। मेरे डैडी यहां से दूर शहर में बिजिनेस करते हैं; पुरानी, दुर्लभ मूर्तियों का रिप्लिका तैयार करवाते हैं...। यूं तो शौक मुझे भी है पुरानी चीज़ों के संग्रह का... पर यू नो अंकल.... (रुककर)... मैं आपको अंकल बोल सकती हूं न....हां... तो पुरानी चीज़ें अब मिलती ही कहां हैं। वैसे तो मैं सिंगापुर, पेरिस, हवाना- सभी जगह घूम आयी, पर यहां जो मज़ा, जो सुकून है, वो कहीं नहीं...

संगीत

संगीत रेडियो नाटक का तीसरा और महत्वपूर्ण उपकरण है। संगीत-ध्वनियों का प्रयोग पृष्ठभूमि एवं वातावरण-निर्माण, दृश्य-परिवर्तन, भावोद्रेक आदि के लिए किया जाता है।

संगीत के बिना रेडियो नाटक उस दुल्हन की तरह है, जो हर तरह से सजी-धजी होने के बावजूद आभूषणों से रहित हो। वस्तुतः संगीत-प्रभावों का प्रयोग एक सर्जनात्मक दृष्टि और रचनात्मक कौशल की मांग करता है। रेडियो नाटकों में इस संगीत का इस्तेमाल दो रूपों में होता है-

1. स्वतंत्र रूप से दृश्यबंधों को जोड़ने के लिए।

2. संवादों की पृष्ठभूमि के रूप में।

संगीत-प्रभाव का इस्तेमाल स्वतंत्र रूप से नाटक के आरम्भ तथा अंत में अनिवार्य रूप से तो होता ही है, नाटक के बीच के दृश्य-परिवर्तन और समय-अंतराल के लिए भी इसका सार्थक प्रयोग किया जाता है। इसमें संगीत नाटक के प्रारम्भ से मेल खाता होना चाहिए, जो आरम्भ के दृश्यों को स्थापित करने के साथ-साथ श्रोताओं के मन में कुतूहल भी जगाता चले। इसके विपरीत समाप्ति-संगीत नाटक के 'ट्रीटमेंट' और उसकी चरमसीमा को उभारने वाला होना चाहिए। इसी प्रकार दृश्य-परिवर्तन का संगीत छोटा और कार्य-व्यापार से मेल खाता होना चाहिए। यह घटनाओं के आरम्भ या उसके अंत का सूचक भी हो सकता है।

संवादों की पृष्ठभूमि में चलनेवाले संगीत के लिए अत्यंत कल्पनाशीलता और सर्जनात्मक सोच की आवश्यकता होती है; क्योंकि इसके द्वारा पात्रों के आपसी संबंध, उनके अंतर्द्वन्द्व, उनकी भावात्मक अभिव्यक्ति आदि को अत्यंत सशक्तता के साथ उभारा जा सकता है। इसके अलावा पृष्ठभूमि-संगीत वातावरण-निर्माण में भी सहायक होता है। संघर्षों, आवेगों, करुणा, शृंगार, वीर आदि सभी भावों-अनुभावों के अनुरूप संगीत का प्रयोग नाटक को एक सशक्त भावाभिव्यक्ति प्रदान करता है।

इसी प्रकार संगीत देश और काल सापेक्ष भी होता है। उदाहरणार्थ, पौराणिक नाटकों में आधुनिक और पाश्चात्य वाद्य-यंत्रों सिंथेसाइज़र, गिटार और आधुनिक भावभूमि के नाटक में मृदंगम, वीणा आदि का प्रयोग अत्यंत अनुपयुक्त और असंगत लगेगा। अतः संगीत-प्रभावों के इस्तेमाल में विवेक से काम लेना बहुत ज़रूरी है। यहाँ तक कि इस रूप में ग़ज़ल-गायकी के अंश, शास्त्रीय संगीत का आलाप या तान, फ़्यूज़न संगीत का सरगम, धुपद का आलाप, हमिंग आदि का प्रयोग भी विवेकपूर्ण एवं सर्जनात्मक ढंग से हो सकता है।

'मुझमें.... मैं ज़िन्दा हूँ.....!' का एक अंश (लेखक- डॉ. किशोर सिन्हा)

(फ़ेड इन... गीत से... "हाय... हाय... जिये जिये रे ललना...

दशरथ-घर जनम लियो रे ललना.....)

एक-- एक आवाज़ अरे.... रे... देख..... छक्का.... मामू.... (व्यंग्य-भरी हंसी...)

(वायलिन की मीड़ के साथ नारी स्वर का दर्द-भरा आलाप, जो धीरे-धीरे मद्धिम होकर पृष्ठभूमि में जारी रहता है।)

झलकी और प्रहसन

रेडियो नाटक के अंतर्गत ही 'झलकी' अथवा 'प्रहसन' का भी समाहार हो जाता है। 'झलकी' में छोटे-छोटे हास्य-प्रसंगों को अति-नाटकीयता के साथ प्रस्तुत किया जाता है।

अत्यंत छोटी-सी अवधि में नाटकीय स्थितियाँ चरमोत्कर्ष तक पहुँचती हैं और भरपूर हास्य के साथ समाप्त हो जाती हैं। 'झलकी' की अवधि प्रायः 15 मिनट के आसपास होती है, किन्तु इससे कम अवधि की भी 'झलकी' हो सकती है।

इसी प्रकार 'प्रहसन' का उद्देश्य भी मनोरंजन ही होता है, लेकिन इसमें प्रायः किसी-न-किसी सामाजिक समस्या या संदेश को श्रोताओं तक पहुँचाने का प्रयास किया जाता है। इसकी अवधि लंबी भी हो सकती है। कई प्रहसन तो धारावाहिक का रूप ले लेते हैं और इसके पात्र सामाजिक जीवन में अत्यंत लोकप्रियता हासिल कर लेते हैं। आकाशवाणी, पटना से प्रसारित होने वाले प्रहसन 'लोहासिंह' के पात्र लोहासिंह, खदेरन का मदर, बुलाकी, भगजोगनी और फाटक बाबा-जैसे पात्र आज तक उतने ही लोकप्रिय हैं, जितना अपने प्रसारण-काल (सन् 1962) में थे।

रेडियो नाटक का आरम्भ

हिन्दी में प्रथम रेडियो नाटक के रूप में 'राधाकृष्ण' और 'नल दमयंती' को मान्यता प्राप्त है, जिनका प्रसारण सन् 1936 में 'ऑल इंडिया रेडियो', दिल्ली से हुआ। लेकिन ये नाटक रंगमंच के लिए लिखे गये बाँगला नाटक के अनुवाद थे। इंग्लैंड में भी जो पहला नाटक रेडियो से प्रसारित हुआ था, वह शेक्सपीयर के 'जूलियस सीज़र' का एक दृश्य था। पूर्ण रूप में प्रसारित होने वाला पहला नाटक शेक्सपीयर का 'ट्वेल्थनाइट' था, जिसका प्रसारण 28 मई, 1923 को हुआ था। 1926 ई. तक तो मंचीय नाटकों के दृश्य-संकेतों पर आधारित भूमिकाओं की ही प्रधानता होती थी। फिर बाद में ये महसूस किया जाने लगा कि रेडियो नाटक और मंचीय नाटक में ज़मीन-आसमान का अंतर है। इसलिए 1927 में सिसिल लिविस द्वारा रूपान्तरित कांरेड के उपन्यास 'लार्ड जिम' और उसके कुछ ही पहले रिचर्ड ह्यूजेज के मौलिक रेडियो नाटक 'डेंजर' के प्रसारण से रेडियो नाटक अपने मौलिक स्वरूप में आकर मंचीय नाटक से अलग हो गया।

तब से लेकर अबतक रेडियो नाटक ने अनेक पड़ावों से गुज़रते हुए एक लम्बा सफर तय किया है। इस सफ़र में अनेक उतार-चढ़ावों के बीच से गुज़रते हुए आज रेडियो नाटक दृश्य एवं चलंत माध्यमों तथा व्यावसायिकता से भी चुनौती ले रहा है। इतिहास साक्षी है कि साहित्य की अनेक अमर कृतियाँ और कृतिकार पहले रेडियो पर ही आये। ये अलग बात है कि उन्हें ख्याति तब मिली, जब रंगनाटक के रूप में उनके नाटक प्रकाशित हुए। 1954 में मोहन राकेश का 'आषाढ़ का एक दिन' और धर्मवीर भारती का 'अंधा युग', 1955 में मोहन राकेश का ही 'लहरों के राजहंस', 1978 में गिरीश बख़्शी का नाटक 'लड़ाई' और इसी प्रकार मुद्राराक्षस, विष्णु प्रभाकर और इन जैसे अनेक नाटककारों के नाटक पहले रेडियो पर ही आये।

वास्तव में, रेडियो में नाटक मात्र मनोरंजन का साधन बन कर नहीं आये, बल्कि वे जनरुचि और जनचेतना के साथ-साथ जनशिक्षा और नवीन भाषागत संस्कार भी लेकर आये। इन नाटकों ने जहाँ एक ओर सामाजिक समस्याओं, वर्जनाओं, प्रश्नों और चुनौतियों से लड़ते हुए जागरूकता पैदा करने की कोशिश की, तो दूसरी ओर इन्होंने ऐतिहासिक-पौराणिक परम्पराओं से आम आदमी को रू-ब-रू करने की कोशिश भी की। इस स्थिति ने निश्चित तौर पर रेडियो नाटक के लेखकों की एक ऐसी जमात खड़ी कर दी, जिनसे लंबे समय तक रेडियो समृद्ध बना रहा। डॉ. रामकुमार वर्मा, विष्णु प्रभाकर, उपेन्द्रनाथ अश्क, जगदीशचंद्र माथुर, केशवचंद्र वर्मा, गिरिजा कुमार माथुर, चिरंजीत, हिमांशु श्रीवास्तव, सत्येन्द्र शरत्, सिद्धनाथ कुमार, डॉ. चतुर्भुज, डॉ. जितेन्द्र सहाय-जैसे लेखकों के नाट्य-लेखन ने निश्चित ही रेडियो नाटक को एक नया आयाम दिया।

फिर भी, रेडियो नाटक को साहित्य के इतिहासकार प्रायः हाशिये पर डाल देते हैं, क्योंकि श्रोताओं तक अपनी लम्बी पहुंच के बावजूद ये स्मृतियों में ही दर्ज़ होते हैं, इतिहास में समाहित नहीं हो पाते। दरअसल रेडियो नाटक की अपनी एक अवधारणा है, अपना 'फ़ार्मेट' है और उस 'फ़ार्मेट' के अन्दर श्रोताओं से चरित्रों की संलग्नता जितनी ज़्यादा होगी, वह उतना ही सफल रेडियो नाटक होगा।श्इस अर्थ में चिरंजीत एक सफल नाटककार माने जाते हैं। इसी प्रकार रामेश्वर सिंह काश्यप की धारावाहिक नाटक-शृंखला 'लोहासिंह' का उल्लेख किया जा सकता है, जिसे सुनने के लिए पूरे सप्ताह-भर लोग प्रतीक्षा करते थे। इसके मुख्य चरित्र लाहासिंह, खदेरन को मदर, बुलाकी, फाटक बाबा आदि को आज भी रेडियो के पुराने श्रोता याद करते हैं।

तब से अब में बहुत परिवर्तन आया है। रेडियो प्रसारण आज अनेक स्तरों पर अपने अस्तित्व-संकट से जूझ रहा है। बदलते वक़्त में रेडियो के कई 'फ़ार्मेट' या तो विलुप्त हो रहे हैं या विलुप्तता की कगार पर हैं। इस दृष्टि से रेडियो नाटक के सामने गंभीर चुनौतियाँ हैं, क्योंकि उसे अपने 'फ़ार्मेट' के भीतर नये प्रयोग करने हैं, दृश्यहीनता की कमी को दूर करने के लिए नयी भाषा गढ़नी है और ध्वनि तथा संगीत-प्रभावों से समसामयिक युगचेतना के अनुरूप वातावरण का निर्माण करना है।

रेडियो नाटक के तत्व

रेडियो नाटक सिर्फ़ दो अर्थों में अपना प्रभाव दिखाता है- एक ध्वनि (शब्द) और दूसरा मौन (साइलेंस)। इसका प्रभाव श्रव्य रूप में होता है, जो सुननेवाले को विवश करता है कि वह ध्वनि अथवा मौन को दृश्य या चित्र में बदलता चले। इस दृष्टि से रेडियो नाटक 'थियेटर ऑफ़ द माइन्ड' है। यह नाटक की मौलिक पहचान- दृश्य तत्व- से सर्वथा मुक्त है और श्रव्य-प्रधान होने के कारण यह अपनी निजता में विशिष्ट पहचान से युक्त है।

यह विशिष्ट पहचान दृश्यता से अदृश्यता की ओर प्रस्थान करने की प्रक्रिया है, जिसमें ध्वनि की भूमिका प्रमुख है। जो घटित हो रहा है उसके बारे में सुनाकर अनुभव कराना रेडियो नाटक का मुख्य कार्य है। इस कार्य में घटनाओं की सक्रियता और जीवंतता का अनुभव देख कर नहीं, सुन कर होता है। इस प्रकार दृश्यों के बंधन से मुक्त होने के कारण रेडियो नाटक मंच-सज्जा, प्रकाश-व्यवस्था, रूप-सज्जा आदि बंधनों से भी मुक्त हो जाता है, दर्शकों की जगह श्रोता ले लेते हैं और नाटक देखने का समूहगत अनुभव नाटक सुनने के व्यक्तिगत अनुभव में परिणत हो जाता है।

मंच पर प्रस्तुत नाटक देखने का अनुभव सामूहिक होता है, क्योंकि दर्शक का निजी अनुभव अपने साथ बैठे दर्शकों के अनुभवों और प्रतिक्रियाओं से कहीं-न-कहीं प्रभावित ज़रूर होता है; लेकिन रेडियो नाटक को सुनते हुए श्रोता 'ध्वनि' और 'मौन' को दृश्यों में बदलता चलता है। इस प्रक्रिया में वह पात्रों और घटनाओं के साथ अपनी निजी अनुभूतियों, राग-विरागों और पूर्वाग्रहों को जोड़ता चलता है, जिससे नाटक के सम्पूर्ण प्रभाव को आत्मसात् करने में वह समर्थ होता है।

श्रोताओं की कल्पना को उद्दीप्त करने की शक्ति के कारण रेडियो नाटक उन दृश्यों को भी प्रस्तुत करने में समर्थ होता है, जो रंगमंच पर प्रस्तुत नहीं किए जा सकते। नदी, पहाड़, जंगल, अंतरिक्ष, पशु-पक्षी, रोबोट, ट्रेन, हवाई जहाज़ से लेकर मानवेतर प्राणियों तक को ध्वनि-प्रभावों और संवादों के माध्यम से इसमें साकार किया जा सकता है।

इसके बावजूद रेडियो नाटक की अपनी कुछ सीमायें भी हैं। जैसे-प्रेम, घृणा, क्रोध, उल्लास आदि भावनायें शब्दों के अलावा चेहरे से भी अभिव्यक्त होती हैं; जबकि रेडियो नाटक में उन्हें व्यक्त करने का एकमात्र आधार शब्द है। जैसे यदि किसी उदास व्यक्ति के बारे में कहना हो तो कहना होगा कि, ''क्या बात है, आज तुम्हारा चेहरा सूखे फूल की तरह मुर्झाया हुआ क्यों है?''

(ये मर्द: ये औरतें (सआदत हसन मंटो) का नाट्य-रूपान्तर- रूपान्तरकार- डॉ. किशोर सिन्हा)

(रेलवे गुमटी के पास की चहल-पहल..... चिड़ियों की चहचहाहट.... लड़कियों की चुहलबाज़ियां..... किसी ट्रेन का तेज़ी से आकर गुज़र जाना....) (ये सारे मंज़र बाज़ार के शोर.... फेरीवालों की आवाज़ों.... तांगेवालों की 'हटो जी.... बचो जी...' मोटरगाड़ियों के हार्न, साईकिल की घंटियों में तबदील हो जाते हैं...)

लतीफ-- (दूर से पुकारता हुआ) अरे.... सईद.... सईद... सुनो तो....(लगभग हांफ़ता हुआ, जैसे दूर से दौड़ा चला आ रहा हो...नज़दीक आकर) सईद... इस तरह लपके-लपके कहां जा रहे हो मियां....? सब ख़ैरियत तो है...?

सईद-- हां लतीफ़.... सब ठीक है....।

लतीफ-- क्या बात है मियां..... इस तरह मुरझाये हुए क्यों बोल रहे हो.... अरे हां.... कोई दोषीज़ा मिली या नहीं.... वो रेलवे फाटक पर.....।

• 34 •

सईद-- अरे कहां यार..... नौ दिनों तक तो मैं उन पर्दापोष और बेपर्दा लड़कियों को देखता रहा, लेकिन दसवें दिन जब कंपनीबाग़ के फूलों की महक से लबरेज़ सुबह की ठंडी-ठंडी हवा चल रही थी, मेरी दिलचस्पी उन लड़कियों के बजाय उन पेड़ों में बढ़ गयी थी, जिनपर परिन्दे अपना साज़ छेड़ रहे थे....। मेरे कान फ़रंटियर मेल की आहट सुनने के लिए बेचैन रहने लगे, जो धड़धड़ाती हुई आती थी और गर्दो-गुबार छोड़ती हुई गुज़र जाती थी....।

लतीफ़-- लाहौल विला कूवत.....। अमां यार तुम भी न.....।

सईद-- नहीं यार.... मैं षायद मोहब्बत के क़ाबिल ही नहीं....।

लतीफ़-- अरे.... तू हिम्मत क्यों छोड़ रहा है.... अच्छा, ऐसा कर.... अपने मोहल्ले में देख.... षायद कोई मिल जाये.....।

सईद-- अरे... नहीं यार.... कोई देख लेगा तो इज़्ज़त मिट्टी में मिल जायेगी....।

लतीफ़-- अबे... रहा न तू घोंचू का घोंचू.... कुछ नहीं होगा.... बस, अपनी नज़रें किसी एक पर टिका के रखना....। मैं चलता हूं..... (थोड़ी दूर से....ऊंची आवाज़ में...) और हां.... क़ामयाबी मिले तो ख़बर करना...।

सईद-- (ऊंची आवाज़ में ही) ठीक है......। (अपने आप से) चल बेटा... चढ़ जा सूली पे.... ओह... हो... मुझे तो अभी से कंपकंपी छूट रही है, ख़ुदा जाने क्या होगा आगे।

कथावस्तु

किसी भी नाटक की मूल आधारभूमि उसकी कथावस्तु होती है। घटना या घटना-समूह कथा का आधार होता है। यह उस नाटक की कहानी होती है, जो श्रोताओं की रुचि को निरन्तरता प्रदान करती है। एक अच्छी कहानी नाटक में आरम्भ से अंत तक रोचकता बनाये रखती है। इस कहानी के माध्यम से ही जाना जा सकता है कि चरित्र-विशेष के मन या मस्तिष्क में क्या चल रहा है।

दरअसल रेडियो नाटक में ये कहानी अनेक आंतरिक और बाह्य घटनाओं का संकलन है, जिसका निर्धारण होता है एक बेहतर 'प्लॉट' से। एक कहानी को अपने आरम्भ से चरम-सीमा तक पहुँचाने का कार्य 'प्लॉट' के द्वारा तय होता है। कहानी के 'प्लॉट' में संघर्ष वह बिन्दु है, जो उसे मज़बूत या कमज़ोर बनाता है। अगर कहानी में संघर्ष नहीं है, तो वहाँ नाटक भी नहीं है।

इस दृष्टि से रेडियो नाटक की कथावस्तु में अनावश्यक विस्तार की गुंज़ाइश नहीं होती। यह अपने आरंभ से ही कथा-विकास को चरमबिंदु तक ले जाने का प्रयास करता है, इसलिए इसमें आरंभ से ही पर्याप्त कौतूहल, उत्सुकता और जिज्ञासा की वृत्ति का होना अनिवार्य है; ताकि यह श्रोताओं के मनोभावों के साथ तादात्म्य स्थापित कर सके।

रेडियो नाटक- 'लौटती पगडंडियों पर' का एक अंश (लेखक- डॉ. किशोर सिन्हा)

अर्पिता-- ओह.... आ गये तुम...?

नीलेश-- अर्पि... ये शोर क्यों हो रहा है...? ओफ़.... जैसे कान के पर्दे फट जायेंगे.... अक्षर...क्षिप्रा..... ओफ़... ये घर है या कहवाख़ाना.... अर्पि... तुम कैसे ये सब सहन कर रही हो.... तुम इन्हें रोक नहीं सकतीं...?

अर्पिता-- अक्षर है अपने कमरे में दोस्तों के साथ... वो विवेक है न... उसकी बर्थडे पार्टी वे सेलिब्रेट कर रहे हैं...।

नीलेश-- क्या... बर्थडे पार्टी है उसके दोस्त की... और सेलिब्रेशन मेरे घर में हो रहा है...? क्या उसके घरवाले मर गये हैं... अक्षर... अक्षर.....

अर्पिता-- धीरे बोलो न.... क्यों ख़ामख़ाह तमाशा क्रियेट कर रहे हो... वे कौन-सा रोज़-रोज़ सेलिब्रेट करते हैं... एक दिन की ही तो बात है... उनका मूड क्यों ख़राब करें हम...।

नीलेश-- हां अर्पि.... अब हमें ये सोचना पड़ रहा है कि हम अपने ही बच्चों के मूड के मुताबिक़ काम करें, उन्हीं के अनुसार चलें.... अब हमारा ज़माना लद चुका है न... लेकिन.. लेकिन इन बच्चों का क्या कोई फ़र्ज़ नहीं बनता अपने मां-बाप के प्रति...?

अर्पिता-- अब छोड़ो भी... चलो कपड़े बदल लो... मैं चाय लेकर आती हूं....।

नीलेश-- अ... क्षिप्रा कहां है...?

अर्पिता-- वो अपनी फ्रेन्ड के यहां गयी है, नोट्स लाने... क्यों...?

नीलेश-- इस टाइम.... तुम्हें मालूम है, क्या समय हुआ है....? नहीं अर्पि... हमें कुछ-न-कुछ करना ही होगा। हमारे बच्चे हमारी परवाह न कर अपनी मनमानी करें.... ये मुझसे सहन नहीं होगा....।

अर्पिता-- नीलेश, अब छोड़ो भी... ये उम्र का तकाजा है। वक़्त अभी इन बच्चों की मुट्ठी में है। हम और तुम तो वक़्त की मुट्ठी से फिसले रेत की तरह हैं.... जीने दो इन्हें अपने तरीक़े से....।

नीलेश-- देखो अर्पि, तुम्हारी इसी कमज़ोरी का ये नाजायज़ फ़ायदा उठा रहे हैं। क्या हम कभी जवान नहीं थे.....? क्या हमारे भीतर कुछ नया करने की तबीयत नहीं होती थी...? क्या हममें विद्रोह की आग कोई कम थी..?

अर्पिता-- थी.... बिल्कुल थी... विद्रोह किया भी था, मगर एक दायरे के भीतर ही। तब भी हममें अपने बड़ों को लेकर उपेक्षा का भाव नहीं था। उनके सम्मान को ठेस पहुचायें, ये हम सोच भी नहीं सकते थे।

नीलेश-- तो अब क्या अंतर आ गया है..? हमारे ये बच्चे क्यों हमसे कुछ-कुछ छुपाने लगे हैं, हमसे झूठ बोलने लगे हैं.... और दिन-पर-दिन बिगड़ते जा रहे हैं...? ये अक्षर... दिन-भर मटरगश्ती करता रहता है.... बाइक पर घूमना और दोस्तों के संग पार्टिज़..... यही इसकी ज़िंदगी बन गयी है। और क्षिप्रा.... हफ़्ते-हफ़्ते भर उससे भेंट'ह नहीं होती। नहीं, अर्पि नहीं... कहीं कुछ ग़लत हो रहा है। हमें इसे संभालना ही होगा, इसपर क़ाबू पाना ही होगा। ओफ़... ये धमाचौकड़ी..... अक्षर... अक्षर...!

अक्षर-- क्या है पापा....?

नीलेश-- ये क्या हो रहा है.... इतना हंगामा क्यों हो रहा है...?

अक्षर-- हंगामा....? ये हंगामा थोड़े ही है पापा.... दिस इज़ अ सेलिब्रेशन... बर्थडे सेलिब्रेशन.....। वी आर सेलिब्रेटिंग विवेक'स बर्थडे पापा....। व्हॉट्स रॉन्ग विथ यू....?

नीलेश-- क्या.... क्या कहा तुमने.... सेलिब्रेशन....? सेलिब्रेट करना है तो किसी होटल में जाओ... मेरे घर में हंगामा क्यों कर रहे हो...?

अक्षर-- घर...? क्या ये मेरा घर नहीं है...?

अर्पिता-- अक्षर....! ये कौन-सा तरीक़ा है पापा से बात करने का...?

अक्षर-- नहीं मम्मी... आज आपलोग मुझे बता ही दो कि ये घर मेरा है या नहीं...।

अर्पिता-- है बेटा... क्यों नहीं है....

नीलेश-- अर्पि.... कोई ज़रूरत नहीं है समझाने की इसे..... अक्षर... तुम....

अक्षर-- बस पापा... कुछ कहने की ज़रूरत नहीं... हम सब यहां से चले ही जाते हैं... यहां मेरा दम घुटता है...।

अर्पिता-- अक्षर... सुन तो...

नीलेश-- अर्पि... जाने दो उसे.... जाने दो...।

संघर्ष

रेडियो नाटक की एक बहुत बड़ी ताक़त है, उसका संघर्ष। यह संघर्ष आंतरिक भी हो सकता है और बाह्य भी। बाह्य संघर्ष इस प्रकार हो सकता है-

1. दो चरित्रों के बीच।

2. चरित्र और समाज के बीच।

इसी प्रकार आंतरिक संघर्ष की स्थिति इस प्रकार बन सकती है-

1. व्यक्ति और उसके अहं-भाव के बीच।

2. मानव और प्रकृति के बीच।

3. मनुष्य और भाग्य या क़िस्मत के बीच।

संघर्ष की इन स्थितियों के अतिरिक्त नाटक में कई बार एक से अधिक संघर्षों की स्थिति भी हो सकती है।

रेडियो नाटक- 'लौटती पगडंडियों पर' का एक अंश (लेखक- डॉ. किशोर सिन्हा)

अर्पिता-- कितनी देर लगा दी बेटा.... मैं बहुत चिंतित थी.... अभी तेरे पापा का फ़ोन आया था कि वे मीटिंग में व्यस्त हैं, देर से आयेंगे..... अगर वे आ गये होते तो...!

क्षिप्रा-- ओ मामा...!

अर्पिता-- क्षिप्रा, सुन... मैं कब तक बचाती रहूंगी तुझे... कबतक....? तू कब सोचेगा कि हम किस तरह तुमदोनों को लेकर परेशान रहते हैं, तेरे पापा हमेशा टेन्शन में रहने लगे हैं, न ढंग से खा पा रहे हैं, न सो पा रहे हैं।

क्षिप्रा-- ममा, तुमलोग बेकार ही हमारे बारे में सोचते हो...। हम बच्चे तो हैं नहीं.... अपना भला-बुरा समझ सकते हैं....।

अर्पिता-- अपना भला-बुरा.... ख़ूब कही बेटी तूने....! अपना भला-बुरा तो तुमलोग आसानी से सोच लेते हो, पर कभी उनके बारे में, उनके भले-बुरे के बारे में सोचा है, जो अपने बेटे-बेटियों को अपने हर क़दम के साथ महसूस करना चाहते हैं.... लेकिन वे पाते हैं कि उनकी और बच्चों की राहें अलग-अलग हो गयी हैं.... जो वक़्त की फैलती जाती परछाइयों के साथ आशंकित होते रहते हैं कि उनके के क़दम कहीं चूकें नहीं.... उनके बारे में सोचा है कि....

क्षिप्रा-- ममा... एक बात मैं आपको.....

अर्पिता-- और उनके बारे में सोचा है कभी, उनके भले-बुरे के बारे में, जो अपनी कम होती जाती सांसों के साथ अपने बच्चों के भविष्य की चिंता में घुलते जाते हैं, घुलते ही जाते हैं...।

(कॉलबेल की आवाज़)

चरित्र

रेडियो नाटक चूँकि पूर्णतः ध्वनि और शब्दों का माध्यम है, अतः इसमें आने वाले चरित्रों की निजता अलग-अलग होती है। दूसरे शब्दों में, दो चरित्रों के बीच किसी प्रकार की साम्यता नहीं दिखाई देनी चाहिए - आदतों में, प्रकृति में, व्यवहार में और कार्य-कलापों में। प्रत्येक चरित्र का अपना एक अलग व्यक्तित्व होना चाहिए और अन्य चरित्रों से अलग दिखना चाहिए, यानी चरित्रों के बीच 'कॅन्ट्रास्ट' हो तथा वे पर्याप्त क्रियाशील, गत्यात्मक और विकासशील हों। साथ ही, चरित्रों की अपनी एक अलग भाषिक पहचान और शब्द-सामर्थ्य भी हो तो नाटक का सौन्दर्य द्विगुणित हो जाता है। चरित्र-विशेष का अंदाज़, उसकी विशेषताएँ, उसका स्वभाव, उसकी पारिवारिक पृष्ठभूमि का पता भी पात्रों की भाषा से चलता है। उदाहरणार्थ, एक समय आकाशवाणी, पटना से प्रसारित होने वाला अत्यंत लोकप्रिय धारावाहिक नाटक 'लोहासिंह' में लोहासिंह की पहचान उनकी भाषिक विशिष्टता के कारण संभव हुई। इस रूप में, चरित्रों का प्रामाणिक एवं विश्वसनीय होना रेडियो नाटक की अनिवार्य शर्त है।

इसके अलावा रेडियो नाटक में वे सभी चरित्र के रूप में परिगणित किये जा सकते हैं, जो जीवन्त रूप में नाटक के अंग होते हैं। मानवीय चरित्रों के साथ-साथ पशु-पक्षी, पेड़-पौधे, जड़-चेतन, पाषाण-मूर्ति और समय या काल; यहाँ तक कि मानवीय भावनायें भी ध्वनि (स्वर) का सहारा पाकर रेडियो पर जीवंत चरित्र का रूप धारण कर लेती हैं। इस प्रकार रेडियो नाटक में मुख्य रूप से चार प्रकार के पात्र दिखाई देते हैं- मुख्य पात्र, गौण पात्र, मानवेतर पात्र और अप्रस्तुत या निराकार पात्र।

'टूटू' (सआदत हसन मंटो) का नाट्य-रूपान्तर- रूपान्तरकार- डॉ. किशोर सिन्हा

ताहिरा-- तुम क्या समझते हो...? मैं कुछ जानती नहीं.....। तुम स्टूडियो की उस वाहियात-सी एक्ट्रेस को टैक्सियों में लिए-लिए फिरते हो.....। तुम्हें इसपर ज़रा भी शर्मिन्दगी है या नहीं...?

अता-- क्या बात कर रही हो....? ये सरासर ग़लत है...।

ताहिरा-- ग़लत है..... पूरी दुनिया जिसे देख रही है, उसे तुम ग़लत कह रहे हो....? मैं क्या अंधी हूं... मुझे कुछ दिखाई नहीं देता.... मैं कहे देती हूं.... अगर तुम अपनी आदत से बाज़ नहीं आये तो मैं कुछ कर लूंगी....।

अता-- अरे... ताहिरा... ताहिरा.... सुनो तो....। भई ये प्रोफ़ेशनल कामों के सिलसिले में आना-जाना पड़ता है। अगर मैं ये न करूं तो काम मिलना ही बंद हो जाये.....मेरा यक़ीन करो.... तुम भी न बस....।

ताहिरा-- बड़े पारसा बनते हो....। मैं सब जानती हूं...। तुम क्या-क्या गुलछर्रे उड़ाते हो, मुझे सारी ख़बर है।

अता-- अब मैं तुम्हें कैसे समझाऊं....।

ताहिरा-- मुझे समझाने की ज़रूरत नहीं है.....

(कॉलबेल बजता है.....)

अता-- देखो, कौन आया है....?

ताहिरा-- (मुंह फुलाकर) होगा तुम्हारा कोई मुरीद.... तुम ख़ुद ही क्यों नहीं देख लेते...।

एक्शन

रेडियो नाटक में 'एक्शन' वह तत्व है, जो नाटक को गति प्रदान करता है। 'एक्शन' के द्वारा दृश्यों में गतिशीलता आती है, जो नाटक के प्रवाह को बनाये रखने में सहायक होता है। यहां एक उदाहरण योगेश त्रिपाठी के रेडियो नाटक 'सेल्समैन' से द्रष्टव्य है-

" (कॉलबेल)

एमिली - येस ?

सूरज - मि. नारबर्ग...?

एमिली - हैं....बैठिये। मैं ले आती हूं....(जाने का पदचाप)

सूरज - (कमरे को देखकर) वा...ह ! अद्भुत...! कितनी ख़ूबसूरत मूर्तियां हैं.....

(एमिली व्हीलचेयर पर नारबर्ग को लाती है)

नारबर्ग - (क्रोध से) कौन हो तुम...? क्या काम है...?

एमिली - पापा....!''

संवाद

रेडियो नाटक में संवाद वह तत्व है, जिसके द्वारा संपूर्ण नाटक की कथा-व्यवस्था, स्थानीयता, पृष्ठभूमि और काल पर गहरा प्रभाव पड़ता है। संवाद के द्वारा ये पता चलता है कि 'क्या हो रहा है'। चूँकि रेडियो नाटक में पात्रों का 'एक्शन' दिखाई नहीं देता, इसलिए इनका संकेत संवाद द्वारा ही दिया जा सकता है। जैसे- "ये क्या कर रहे हो? ये अख़बार क्यों लिए जा रहे हो? ठीक है, वो किताब तो देते जाओ ज़रा!" यानी, संवाद श्रोता के कल्पना-लोक में बिम्बों को साकार करने की क्षमता से परिपूर्ण होने चाहिए।

यह चरित्रों के बारे में सूचना देता चलता है, चरित्रों के व्यक्तित्व पर प्रकाश डालता है- यानी चरित्र-विशेष की उम्र, उसकी मानसिक स्थिति, उसकी भावनाओं, सपनों, प्रेरणाओं और उसके नैराश्य को उभारने में सहायक होता है। इस रूप में संवाद का एक महत्वपूर्ण अंग है- स्वगत्-कथन। स्वगत्-कथन के द्वारा पात्र स्वयं अपने आत्मसंघर्ष, अपनी पीड़ा और अपने अंतर्द्वन्द्व को श्रोता-जगत् के सामने व्यक्त करता है और प्रायः यह कथन अत्यंत प्रभावकारी होता है। एक स्वगत्-कथन मनोजगत् की उन तमाम गुत्थियों को खोलने में समर्थ हो सकता है, जो संवाद या कथोपकथन के माध्यम से संभव नहीं है।

संवाद, नाटक की गति को निर्धारित करने का काम करता है। यह श्रोताओं की जिज्ञासा को उभारते हुए इसका संकेत देता है कि आगे क्या होना संभावित है। रेडियो नाटक में अच्छे और प्रभावशाली संवाद का अर्थ है- जो कम-से-कम शब्दों में अधिक-से-अधिक सूचना दे। लंबे संवाद या 'मोनोलॉग' नाटक को बोझिल बना सकते हैं, इसलिए संवाद छोटे, अर्थपूर्ण और दोहरावरहित होने चाहिए। योगेश त्रिपाठी के रेडियो नाटक 'सेल्समैन' से ही यह उदाहरण द्रष्टव्य है-

सूरज - एमिली...! वहां क्या कर रही हो तुम..!

एमिली - आइये मूर्तिकार जी...!

सूरज - अच्छा, तो मेमने की मरहम-पट्टी हो रही है....!

एमिली - मैं बेजान चीज़ों में सर नहीं खपाती....।

सूरज - हं...हं...और जानदार चीज़ मेमने से बढ़कर कौन हो सकती है तुम्हारे लिए...?

एमिली - कम-से-कम ये बोलता तो है....आपलोग तो गूंगी मूर्तियों के बीच रहकर खुद भी गूंगे हो गये हैं...।

सूरज - क्या वे मूर्तियां गूंगी हैं....?

एमिली - आप बोलती मूर्ति बना भी सकते हैं कभी...?

सूरज - देखो....मुझे परेशान कर रही हो तुम...!

एमिली - पापा से शिकायत करोगे...?

सूरज - हां... लेकिन तुम्हारी नहीं... मुझे तो उन्हीं से उनकी शिकायत करनी है......।

रेडियो नाटकों में संवादों की प्रभावोत्पादकता के लिए आवश्यकतानुसार दो स्थितियों का प्रयोग होता है- एक, 'इको' (echo) या 'अनुगूंज' तथा दूसरा 'मौन' (silence)।

'इको' या 'अनुगूंज' का प्रयोग प्रायः पात्रों के मानसिक द्वन्द्व को उभारने के लिए किया जाता है। इसके अलावा अतीत की स्मृतियों को दुहराने के लिए अथवा भय या डर के वातावरण की निर्मिति के लिए भी अनुगूंज का इस्तेमाल होता है। इसके अतिरिक्त परिवेश और वातावरण के हिसाब से भी अनुगूंज का प्रयोग किया जाता है। उदाहरणार्थ, किसी बड़े हॉल में किसी का भाषण, बाथरूम में गुनगुनाना, पानी के अंदर बोलने की आवाज़ें आदि।

'मौन' का महत्व ध्वनि या शब्द से कहीं कमतर नहीं है। शब्दों और वाक्यों के बीच लगाया जाने वाला 'पॉज़' अगर सही स्थान पर नहीं लगा तो अर्थ का अनर्थ हो सकता है। जैसे- ''रोको मत,(पॉज़) जाने दो'' और ''रोको,(पॉज़) मत जाने दो।'' इसी प्रकार शब्दों या वाक्यों के बीच का मौन, पात्रों के अनेकानेक भावों को अभिव्यक्त करने में सहायक होता है। इस 'मौन' का उपयोग कई प्रकार से हो सकता है-एक, स्वाभाविक मौन- बातचीत के बीच का सहज मौन और दूसरे, चरित्रों की मानसिक स्थिति को व्यक्त करने वाला मौन।

चरमसीमा (क्लाइमेक्स)

रेडियो नाटक में घटने वाली सारी घटनायें उसकी कहानी को चरमसीमा तक ले जाती हैं। यह चरमसीमा तब आती है, जब नाटक के सारे विवादों, सारी पहेलियों, सारी समस्याओं का समाधान होने-होने को होता है।

रेडियो नाटक- 'महुए का फूल' का एक अंश (लेखक- डॉ. किशोर सिन्हा)

वन्या-- (हांफ़ती हुई, जैसे दूर से भागकर आ रही हो) दरवाज़ा खोलो... दरवाज़ा खोलो.....।

निमेष-- (दरवाज़ा खोलकर) वन्या... तुम.... इस समय... इस हालत में....

वन्या-- बचा लो... बचा लो हमें... वो लोग हमें मार डालेंगे... वो लोग आ रहे हैं... हमारे पीछे... हमें ले चलो यहां से... जल्दी... ले चलो हमें....।

निमेष-- वन्या... पहले इ...इधर बैठो.... अब बताओ... क्या हुआ...?

वन्या-- उनलोगों ने हमें खरीद लिया है.... बापू ने हमें बेच दिया है... दो हज़ार में... वो ले जायेंगे हमें और मार डालेंगे... हमें ले चलो यहां से... हमें बचा लो... हमें बचा लो...।

निमेष-- वन्या.... मैं... अभी... कहां... वन्या मैं.... मेरी बात सुनो.... तुम जानती हो, क्या कह रही हो... इस समय... मैं कैसे... तुम्हें...।

वन्या-- क्या.... तुम हमें यूं छोड़ दोगे... बीच में.... तुम ऐसा नहीं कर सकते....

निमेष-- वन्या... सुनो तो...

वन्या-- हम समझ गये... सब समझ गये.... तुम सग पुरुष लोग....

निमेष-- वन्या, तुम ग़लत समझ रही हो.... ऐसा कुछ नहीं है.... मैं कैसे समझाऊं....

वन्या-- नहीं... कोई ज़रूरत नहीं है समझाने की.... हम समझ गये... सब समझ गये.... तुम्हारी बात भी.... अच्छी तरह से...।

निमेष-- वन्या... मेरी बात सुनो... मैंने तुम्हें प्यार किया है... और इस तरह....

वन्या-- (बात काटकर) मत नाम लो प्यार का... हुं... प्यार... प्यार करते होते तो आज इझ तरह ठुकरा कर.....

निमेष-- वन्या... बात ये है कि .... मेरी शादी हो चुकी है... मैं तुम्हें.....

वन्या-- बस.... हम समझ गये.... सब समझ गये.....

निमेष-- वन्या......

वन्या-- बस... मत कहो कुछ... हम जाते हैं....

निमेष-- जाते हैं... पर कहां वन्या...?

वन्या-- (कुंडी खोलती हुई.... पागलों की-सी हंसी के साथ) कहां... हां... कहां.... जाते हैं....(जैसे दरवाज़ा खुलते ही तेज़ हवा के साथ बारिश का शोर कमरे के अन्दर भर जाता है।)

ध्वनि-प्रभाव

जब तक विषय-वस्तु या दृश्य-विशेष की मांग ना हो, तब तक रेडियो नाटक में ध्वनि-प्रभावों का प्रयोग अत्यंत सीमित मात्रा में होना चाहिए। वस्तुतः ध्वनि-प्रभावों का प्रयोग उन्हीं स्थानों पर होना चाहिए, जहाँ वास्तव में इसकी आवश्यकता हो। आवश्यकता से अधिक और अनुपयुक्त स्थानों पर ध्वनि-प्रभावों का प्रयोग रेडियो नाटक की प्रभावोत्पादकता को कम करता है।

रेडियो नाटक में ध्वनि-प्रभावों का प्रयोग प्रायः इन रूपों में होता है-

1. मोंटाज के निर्माण में।

2. असंभव और काल्पनिक प्रभाव दर्शाने के लिए- विशेषकर फ़ैंटेसी नाटकों में, जासूसी या अपराध विषयक नाटकों में या विज्ञान अथवा विज्ञान फ़ैंटेसी में।

3. इसके अलावा चरित्र-विशेष के आगमन-निर्गमन या क्रिया-प्रतिक्रिया दर्शाने में।

संगीत-प्रभाव

रेडियो नाटक में संगीत की भूमिका अत्यंत महत्वपूर्ण होती है। संगीत के प्रयोग से नाटक में सरसता और उसके संपूर्ण प्रभाव में गहनता और तीव्रता आती है। रेडियो नाटक में संगीत का प्रयोग प्रयोजनवश ही होना चाहिए, मात्र प्रयोग करने के लिए नहीं। इस दृष्टि से रेडियो नाटक में संगीत का प्रयोग निम्न रूपों में होता है-

1. आरंभ, अंत और दृश्य-परिवर्तन के लिए।

2. देश और काल की सूचना के लिए।

3. चरित्र-विशेष के चारित्रिक गुणों को दर्शाने के लिए।

4. भावाविभाव एवं अंतर्द्वन्द्व तथा संघर्ष के प्रस्तुतीकरण के लिए।

5. वातावरण-निर्माण के लिए।

उपर्युक्त सभी रूपों में संगीत का प्रयोग स्वतंत्र रूप से, संवादों की पृष्ठभूमि में और ध्वनि-प्रभावों के साथ 'मोंटाज' के रूप में किया जाता है। लेकिन जो बातें ध्वनि-प्रभावों के संदर्भ में लागू होती हैं, कमोबेश वही संगीत-प्रभाव के संदर्भ में भी। संगीत चाहे कितना भी अच्छा क्यों ना हो, यदि आवश्यकता से अधिक या ग़लत स्थानों पर उसका प्रयोग होता है, तो वही संगीत अत्यंत बोझिल और उबाऊ हो जाता है।

इन सारी विवेचनाओं के बाद एक संपूर्ण रेडियो नाटक कैसा होना चाहिए, इसके उदाहरण के तौर पर योगेश त्रिपाठी लिखित रेडियो नाटक 'कागज़ पर लिखी मौत' को देखा जा सकता है; जिसमें रेडियो नाटक के प्रायः सभी तत्वों का समावेश हो जाता है-

रेडियो नाटक- 'कागज़ पर लिखी मौत'

एक

स्थान : जेलर का दफ़्तर

समय : प्रातःकाल

(एक दो सिपाही चहलक़दमी करते हुए। जेलर आता है। बूढ़ा हवलदार रामसिंह सैल्यूट मारता है।)

श्रामसिंह : जय हिन्द साब...!

जेलर : जय हिन्द राम सिंह, रात में सब ठीक-ठाक रहा न...?

रामसिंह : जी साब...ठीक ही रहा सब....।

जेलर : सदाशिव ने फिर खाना खाया था या नहीं.....?

रामसिंह : बड़ी मुश्किल से खाया साब...! कितना मनाया तब कहीं जाकर उसने......

जेलर : डॉक्टर आये थे...?

रामसिंह : जी, ये रिपोर्ट रखी है...(कागज़ की आवाज़)

जेलर : हूं.....अख़बार कहां है....?

रामसिंह : साब..! आप अख़बार इत्मीनान से पढ़ा करिये...

जेलर : रामसिंह...! अख़बार पढ़ने की यहां किसको फुर्सत है.....अपना सरकारी काम देखें कि अख़बार पढ़ें.....?

रामसिंह : फिर भी आप पन्ने ज़रूर पलटते हैं....।

जेलर : वो तो इसलिए कि कहीं..... अब ये बात तुम्हें बतानी पड़ेगी..?

रामसिंह : कहीं सदाशिव की फांसी की ख़बर न हो....!

जेलर : हां, क्योंकि कभी-कभी ख़बर पहले आती है, वारंट बाद में आता है... और इस बात की सख़्त हिदायत है कि फंदी को वारंट के पहले इस बात की बिल्कुल भनक न हो कि उसे फांसी पर कब लटकाया जायेगा।

रामसिंह : लेकिन साहब...जिसे मरना ही है उसे मौत कब आनी है, पता भी चल जाये तो क्या फ़र्क पड़ता है...?

जेलर : मौत नहीं रामसिंह..! मौत मिलनी कहो....। तक़दीर को कौन जानता है....?

रामसिंह : साब.... अब मन भर गया है। अब तो लगता है कितनी जल्दी रिटायर हो जाऊं। अब और बर्दाश्त नहीं होता...।

जेलर : मौत किसी को अच्छी नहीं लगती रामसिंह..... और ये मत भूलो जो काम हम कर रहे हैं वो कोई साधारण काम नहीं है।

रामसिंह : साब, कोई अंदाज़ा..? कबतक...?

जेलर : क्या कह सकते हैं..! कोर्ट के ऊपर है...। कभी भी आ सकता है...ब्लैक वारंट....! जाओ रामसिंह, उसे अख़बार दे आओ..... (रामसिंह के जाने का ध्वनि-प्रभाव)

दो

स्थान : जेल की कालकोठरी

समय : प्रातःकाल

(रामसिंह का अख़बार के साथ आने का ध्वनि-प्रभाव)

रामसिंह : (खांसता है।)

सदाशिवः आओ काका.....अख़बार लाये हो...?

रामसिंह : सदाशिव..! तू ये रोज़-रोज़ अख़बार में क्या पढ़ता है..? किसलिए पढ़ता है...? क्या करेगा तू जानकर कि दुनिया में क्या हो रहा है..? अरे....तू........कुछ धार्मिक किताबें पढ़, उससे तुझे शक्ति मिलेगी...... (सदाशिव के अख़बार देखने का ध्वनि-प्रभाव) 'रामायण' पढ़, 'गीता' मंगवा दूं तेरे लिए...?

सदाशिवः तुम्हारी तरह बूढ़ा नहीं होना है मुझे कि रामायण-गीता पढ़ूं..जाओ, अपनी ड्यूटी करो......चले आये बकबक करने...कोई भाषण सुनने को मिलता नहीं तो यहां आ जाते हैं.....!

रामसिंह : मैं अब सचमुच बूढ़ा हो गया हूं। पता नहीं कब रिटायर होऊंगा..! चलता हूं बेटे....!

सदाशिवः हां...हां...जाओ....(निराशा से) जाओ... काका....जाओ....!

तीन

स्थान : जेलर का दफ़्तर

समय : प्रातःकाल

(ए.डी.जे. रावत के आने का पदचाप, संतरी के सैल्यूट किये जाने की ध्वनि)

जेलरः अरे, सर आप...? गुड मॉर्निंग सर...!

रावतः गुडमॉर्निंग मि. सिंह...!

जेलरः आइये... बैठिये... प्लीज़..।

रावतः जेल में पहली बार आया हूं...!

जेलरः हूं...हूं...रामसिंह...! चाय बोलना. एडीशनल जज साहब आये हैं...।

रावतः नो...थैंक्स मि. सिंह..! फ़ार्मेलिटीज़ की कोई ज़रूरत नहीं.... दरअसल मौक़ा ही कुछ ऐसा है कि.....

जेलर: क्या बात हो गयी सर...?

रावत: जेलर साहब, मैं ए.डी.जे. की हैसियत से सदाशिव नाम के क़ैदी का 'ब्लैक वारंट' लेकर आया हूं....।

जेलर: ओ....हं.... ये तो ऑफ़िशियल रूटीन है सर...!

रावत: क्यों....क्या यहां आये दिन फांसी होती है...? (रामसिंह के पानी लेकर आने का ध्वनि-प्रभाव)

जेलर: लीजिये पानी.....ऐसा तो नहीं है.....मेरे ख़याल से सवा-डेढ़ साल बाद ही ये फांसी हो रही है...।

रावत: जेलर साहब, सवा-डेढ़ साल बाद कोई फांसी होना आपको रूटीन लगता है...?

जेलर: आई एम सॉरी सर....! लगता है, आप बुरा मान गये। दरअसल सर, सदाशिव जैसे अपराधियों का अंजाम फांसी ही तो है। इनसे कोई हमदर्दी जैसी चीज़ मन में कभी लानी ही नहीं चाहिए।

रावत: (बात बदलकर) जेलर साहब, मैं आपके लॉन को देखना चाहता हूं.

जेलर: सर......! माय प्लेज़र........(कुर्सी खिसकाकर उठने और चलने का ध्वनि-प्रभाव).... लॉन तो इस जेल की शान है सर.......मैं जब यहां आया था तो दो-चार गिने-चुने क़िस्मों के फूल थे- गेंदा, जीनिया जैसे घिसे-पिटे फूल, जिन्हें आजकल चौकीदार तक अपने आंगन में नहीं लगाते...हा...हा...

रावत: हूं......काफ़ी ख़ूबसूरत है आपका लॉन....!

जेलर: क़ैदियों से काम लेने आना चाहिए सर...बस....! बाक़ी तो....

रावत: (खोया-सा) ताज्जुब है.....इन हाथों से अपराध कैसे हो जाते हैं....

जेलर: जी सर...?

रावत: जेलर साहब..! आपका तो अनगिनत क़ैदियों से सरोकार रहा होगा, कभी किसी क़ैदी से लगाव महसूस किया है आपने...?

जेलर: (याद करता हुआ) ल...गा...व...ऊंहुं...! ह...ह...ड्यूटी इज़ ड्यूटी सर...! और ड्यूटी में नो इमोशंस...! ह....ह....वैसे कुछ क़ैदी बड़े अच्छे स्वभाव के होते हैं। अब, इसी को लीजिए...क्या नाम है इसका...हां, सदाशिव...! बड़े अच्छे स्वभाव का लड़का है, कभी कोई लफड़ा नहीं करता...। अरे एक-डेढ़ महीने पहले तक इस बगीचे का इंचार्ज सदाशिव ही तो था..! वैसे साहब, टेंशन बहुत है इसमें...। अब देखिये, मृत्युदंड मिलने के बाद अरसा गुज़र जाता है, तब कहीं जाकर फ़ाइनल होता है।

रावत: फ़ाइनल...?

जेलर: हां...सर...! फांसी...अब देखिये न, इस दौरान उसके तो प्राण ससुरे सूली में अटके ही हैं, हमलोगों की भी शामत चौबीसों घंटे आई रहती है। अरे क्या भरोसा इन हत्यारों का ...? कब क्या प्लानिंग कर लें...? नौकरी तो यों समझिये सर कि तलवार की धार पर रहती है।....सिगरेट....?

रावत: नो थैंक्स...! मैं सदाशिव के बारे में कुछ और जानना चाहता हूं...।

जेलर: हां...हां...पूछिये सर...!

रावत: इसने किया क्या है...आइ मीन टु से....

जेलर: मर्डर...! ज़ाहिर है मर्डर...। फांसी की सज़ा है साहब...कहीं किसी कंपनी में कुछ काम करता था। किसी बात पर कंपनी ने निकाल दिया इसको। बहुत लड़ाई लड़ी, पर सब बेकार रहा। एक दिन तैश में आकर इसने अपने बॉस और किसी सिक्योरिटी अफसर का मर्डर कर दिया। सेशन कोर्ट ने फांसी की सज़ा दी...हाई कोर्ट और सुप्रीम कोर्ट ने सज़ा बहाल रखी और अब....

रावत: मि. सिंह...! आपको हैरानी हो रही होगी कि मैं ये सब क्यों जानना चाह रहा हूं...!

जेलर: हा...हा...मैं जानता हूं...मैं जानता हूं....!

रावत: क्या जानते हैं आप....?

जेलर: फांसी की सज़ा पाने वाला, अपने आप में एक दिलचस्प आदमी होता है। उसने क्या किया, क्यों फांसी हुई, कौन नहीं जानना चाहेगा सर...! आपको मिलवा दूं सदाशिव से...? मिलना चाहते हैं आप..?

रावत: (रोमांचित) ज़रूर मि. सिंह...!

जेलर: अरे...तो पहले क्यों नहीं कहा...! वैसे भी इस बदनसीब से कोई मिलने-जुलने तो आता नहीं...। हां, इसकी मां ज़रूर थी... छे-सात महीने हुए उसका देहांत हो गया।....एक लड़की भी आया करती थी...कोई चक्कर रहा होगा...! अब वह भी नहीं आती....अ...इधर मुड़िये साब...बच के...इधर कुछ गड्ढे हैं....।

रावत: काफी सीलन है यहां.....

जेलर: हा...हा...जेल ही तो है सर...! अ...एक मिनट...वो देखिये...वो है सदाशिव की मंज़िल....फांसी वहीं होगी सर...!

..अभी पिछले महीने ही कमिश्नर साहब आये थे...फैमिली भी थी...फैमिली को बहुत अच्छा लगा सर...। यहां...ये देखिये सर...ये जो चबूतरा है न, असल में कोई चबूतरा नहीं, बल्कि अंडरग्राउंड बने कमरे की छत है....और..ये...यहां कैदी खड़ा होता है। कमरे की सीलिंग पर लगा हुआ यह दरवाज़ा है, अंदर कमरे की ओर खुलने वाला। ऊपर इस लकड़ी से रस्सी बांध कर दूसरे छोर में फंदा बना कर उसे गर्दन में पहना दिया जाता है....। अरे...आप तो खुद ही रहेंगे सर...सब देख लेंगे....और ये देखिये....ये है लीवर...इसे जब जल्लाद गिरा देगा तो ये दरवाज़ा, यानी फांसी का तख़्ता बीच से फट जायेगा और बॉडी कमरे की हवा में झूलने लगेगी। कुछ देर बाद कमरे में जाकर डॉक्टर साहब एक्ज़ामिन कर लेंगे, मरा या नहीं....। हा...हा...पिछली फांसी में सर पूरे पांच मिनट लगे थे नब्ज़ बंद होने में...। बाप रे...! वो टाइम बड़ी मुश्किल से कटा था....सर...सर...क्या सोचने लगे....?

रावत: कुछ नहीं जेलर साहब...चलिये, वापस चलें...।

जेलर: अरे...! सदाशिव से नहीं मिलना है आपको....?

रावत: मैं...(स्वगत्) मैं कैसे मिलूंगा उससे...?

जेलर: जी...!

रावत: जेलर साहब...! क्या हमलोग एक क़त्ल करने नहीं जा रहे हैं...?

जेलर: अरे, सर...हम कोई क़त्ल-वत्ल नहीं करने जा रहे...। आप अभी नया-नया ही ये सब देख रहे हैं न, इसलिए ऐसा सोचते हैं। हमलोग तो गवर्नमेंट के नौकर हैं। हमारी जो ड्यूटी है, हम कर रहे हैं।....चलिये, सदाशिव से मिल लीजिये...।

रावत: चलिये...।(चलने का ध्वनि-प्रभाव)

जेलर: ये देखिये...सदाशिव की कालकोठरी...(पुकारता है) सदाशिव...! लगता है, सो रहा है....सदाशिव...!

रावत: सोने दीजिये...सोने दीजिये उसे जेलर साहब...मैं बाद में मिल लूंगा..!

जेलर: अरे मिल लीजिये साब... फिर कब मौक़ा मिलेगा...अरे, सदाशिव...ये लीजिये, सामने ही खड़ा है...सदाशिव...ए.डी.जे. साहब हैं...यूं ही इन्सपेक्शन में आये थे...तुमसे मिलना चाह रहे थे.....।

सदाशिव: मां की तो तबीयत ठीक है न साब...? कोई सूचना आई क्या...?

जेलर: अं...हां....हां...मां की तबीयत बिल्कुल ठीक है.....म...मेरा मतलब है, तुम्हारी मां के बारे में हमलोग कुछ नहीं जानते...कोई सूचना नहीं आई...अ... साब आप बातें करिये...मैं राउंड लगा के आता हूं....।

रावत: मां की बहुत चिंता है...?

सदाशिव: बस साब...वही भर तो है मेरी....और कौन है...? क्या पूछना चाहते हैं साब आप मुझसे...पूछिये...।

रावत : अ...कुछ ख़ास नहीं...बस...बात करने आया हूं... अ...सदाशिव...! मैं सरकारी तौर पर तुमसे मिलने नहीं आया हूं...बस, ऐसे ही.... तुम्हारा लॉन बहुत सुंदर है सदाशिव...जेलर साहब ने बताया, तुमने सजाया है...!

सदाशिव: मैंने साब गुलाबों की कलमें बांधी थीं...फूल आये हैं क्या...? आपने देखा है...?

रावत: हां...एक ही पौधे में तीन-चार रंगों के फूल... तुम बाग़वानी बहुत अच्छी करते हो...।...अ...सदाशिव....तुम पड़े-पड़े यहां क्या सोचते हो...? क्या...तुम्हें अपने....किये...पर...पछतावा है....? मौत से डर तो लगता ही होगा...?

सदाशिव: आप ये सब मुझसे क्यों पूछना चाह रहे हैं...? क्या करेंगे आप ये सब जानकर...बल्कि...मेरी आपसे एक रिक्वेस्ट है...। क्या आप मानेंगे...?

रावत: हां...हां...बोलो....!

सदाशिव: साब...! यहां क़ैदियों को खाना ठीक से नहीं मिलता है। फल-दूध भी आता है क़ैदियों के लिये...न फल ही मिलते हैं, न दूध ही...। आप साब पूरे जेल का राउंड लीजिये...क़ैदियों की हालत देखिये..। साब ये जेल है लेकिन अस्पताल नज़र आता है...सारे के सारे क़ैदी मरीज़ लगते हैं....। ठीक है, हमने गुनाह किया है, हम उसकी सज़ा काटने को

तैयार हैं....लेकिन अन्याय हम सहन नहीं करेंगे...! ...आप यहां डिस्पेंसरी में जाइये...पता नहीं कैसे-कैसे डॉक्टर आते हैं यहां...! कुछ भी तक़लीफ़ होगी, कहेंगे...पापों का फल मिल रहा है... भोगो...! अरे...पापों का फल तो हम भोग ही रहे हैं....तुम लोग किसलिये हो...? छोड़ो ये नौकरी...जाकर कहीं नर्सिंग होम खोलो...लूटो जनता को....

जेलर: (आने की पदचाप) क्या बात है सर....क्या बात है...?

रावत: कुछ नहीं जेलर साहब....

सदाशिव: सॉरी साब...मैंने बकबक ज़्यादा कर दी...।

रावत: पर, मेरा मन नहीं भरा सदाशिव....!

जेलर: चला जाये सर...!

रावत: हां...चलिये...।

सदाशिव: अपने सवालों का जवाब नहीं लेंगे साब..? सोचता क्या हूं साब...समय काटता हूं....पछतावा तो है ही....मौत..! मौत से डर तो लगता ही है साब....पर जब सामने ही खड़ी हो तो कैसा डर...!...

चार

स्थान : रावत का घर

समय : रात्रिकाल

रावत: कल हमलोग मिलकर उस ख़ूबसूरत इंसान की हत्या करेंगे....! मैंने देखा है गीता कि कैसे कोई आदमी पल-पल मरता है...यह अहसास कि वह बहुत जल्दी मरने वाला है, उसे हर पल मारता जाता है। क्या तुम्हें नहीं लगता कि यह एक अतिरिक्त सज़ा है....?

गीता: मैं क्या बताऊं....मैं तो सिर्फ़ महसूस कर सकती हूं..। तुमने तो देखा है....। क्या उसे बता दिया गया होगा...?

रावत: क्या...?

गीता: यही कि कल सुबह उसे.....

रावत: हां...! कितने बजे होंगे गीता.....?

गीता: दो बजे हैं....।

रावत: दो बजे हैं...! (स्वगत्) क्या सदाशिव सो पाया होगा....? नहीं...चिरनिद्रा में जाने वाला सदाशिव अपनी आख़िरी रात सो नहीं सका होगा...! गीता, सॉरी...तुम्हें डिस्टर्ब कर रहा हूं....चाय बना सकोगी...?

गीता: बनाती हूं....।

रावत: (स्वगत्) बस....एक घंटे बाद ही....सब शुरू हो जायेगा....और हमेशा के लिए सब ख़त्म हो जायेगा....मैं कैसे देख सकूंगा ये सब...हे भगवान्....!

पांच

स्थान : जेल की कालकोठरी

समय : सुबह के चार बजे

(सिपाही के बूटों की आवाज़)

सिपाहीः सदाशिव, चलो...तुम्हारे नहाने का समय हो गया...

(जेलर और पंडित के आने का ध्वनि-प्रभाव)

जेलरः आइये पंडित जी...फंदी को स्नान कराया जा रहा है...थोड़ी देर में आ जायेगा...।

पंडितः जी...

जेलरः आप अपना आसन यहीं लगा लीजिये....।

पंडितः न जायते म्रियते वा कदाचिन्नायं भूत्वा भविता वा न भूयः।

अजो नित्यः शाश्वतोऽयं पुराणो न हत्यते हन्यमाने शरीरे।।

ये आत्मा किसी काल में न जन्मती है और न मरती है; क्योंकि ये अजन्मी, नित्य, शाश्वत और पुरातन है। शरीर के नाश होने पर भी ये नष्ट नहीं होती है।

(जेलर का प्रवेश, डॉ. जोशी और ए.डी.जे. रावत के साथ)

जेलर : आइये...आइये...आइये डॉ. जोशी...। आइये सर...! बस करिये पंडित जी...सदाशिव..! एडीशनल जज श्री तरुण रावत तुम्हें दंडादेश सुनायेंगे...! सर... (फ़ाइल देने का ध्वनि-प्रभाव)

रावत : अं...हं... सदाशिव राजकुमार वर्मा...ये अदालत....तुम्हें... कंपनी के जनरल मैनेजर श्री आनन्द खन्ना और सीनियर सिक्योरिटी अफ़सर श्री एम. के. माथुर की गोली मारकर हत्या कर देने के आरोप में, मृत्यु हो जाने तक फांसी पर लटका देने की सज़ा देती है।

जेलर : सदाशिव...! तुम एक समझदार आदमी हो। तुम अच्छी तरह जानते हो कि तुम्हें ये सज़ा क्यों दी जा रही है...। तुम्हें चाहिए कि ख़ुशी-ख़ुशी ये दण्ड स्वीकार करो।....सदाशिव...! हथकड़ियां पहनाना क़ानूनी रूप से ज़रूरी है। (सिपाहियों से) ले चलो...

रावत : सदाशिव...! कुछ कहना है तुम्हें...?

सदाशिवः अं....!...क्या...सचमुच...मैं मरने.....जा रहा हूं...?...क्या आप लोग मुझे मार डालेंगे....?....इसीलिए आये हैं....?....आप भी....सर....? क्या...कोई उपाय....नहीं है मेरे...बचने का....?

जेलर : सारे मौक़े तुम्हें मिल चुके हैं सदाशिव....! अब तुम्हें दंड स्वीकार कर प्रायश्चित करना है। तुम अपने अपराध का प्रायश्चित करो।....ले चलो....।

सदाशिवः सर.....सर...मुझे डर ल....लग रहा है....म..मैं....मरना नहीं चाहता....सर...सर...अ...आप..बचा लीजिये मुझे...मुझे बचा लीजिये सर....मैं...मैं...आपके पांव पड़ता हूं....आपके पांव...

जेलर : ले चलो....

सदाशिवः सर.....सर...

रावत : रुकिये ज़रा....! हां...बोलो सदाशिव...!

सदाशिवः ए...एक बात पूछना चाहता हूं सर...सिर्फ़..एक बात....आप जवाब दीजिये...। सैकड़ों हत्या करने वाले डाकुओं को आप माफ़ कर सकते हैं, उन्हें फिर से जीने का मौक़ा दे

सकते हैं....क्या मैं इस क़ाबिल नहीं था...? म...मुझे एक मौक़ा....(बेहोश हो जाता है)

रावत : (घबड़ाकर) ...जेलर साब....!

जेलर : बेहोश हो गया है...। पानी के छींटे डालो...सर...अब इससे और बातें न करिये....प्लीज़...!.....ले चलो... तुम लोग खड़े क्यों हो...? ले चलो, जल्दी....।

रावत : जेलर साब...!

जेलर : प्लीज़ सर...टाइम कम है अपने पास...। रुको....खड़ा करो...सदाशिव...! सदाशिव....! तुम औरों की जान ले सकते हो....अपनी जान देने में डर लग रहा है अब तुम्हें...?

सदाशिवः अ...अ...(घिघियाना)

जेलर : ले चलो...फिर बेहोश हो गया...! उठाकर ले चलो...हां.. खड़ा करो..होश में लाओ....छींटे मारो मुंह पे....सदाशिव...सदाशिव....! हां.... फंदा डालो....जल्दी...बड़ी मुश्किल पड़ी सर...! अब आप तैयार हो जाइये...घड़ी देखिये...बस आपको अब उधर....इशारा करना है....।

रावत : हे भगवान्....हे ईश्वर...मुझे शक्ति दो....! मुझे माफ़ करना सदाशिव।

जेलर : (समय जैसे हो गया हो) सर......!

(खट की आवाज़ के साथ फांसी देने का ध्वनि-प्रभाव)

जेलर : बस.. सर...! सिगरेट...ओ सॉरी, आप तो लेते नहीं....बड़े लफ़ड़े वाला काम है साहब...! बस थोड़ी देर में डॉक्टर साब अंदर जाकर बॉडी एक्ज़ामिन कर लेंगे....फिर फुर्सत.....

रावत : (गंभीर होकर) जेलर साब... मैं चलूं...?

जेलर : सर...थैंक्यू...(सैल्यूट....रावत के जाने का ध्वनि-प्रभाव) डॉक्टर साब, अच्छा नहीं लगता ये सब...! एक अच्छे-ख़ासे आदमी की जान लेना....वो भी....

डॉक्टर : सचमुच...ये...बहुत ही घिनौना काम है...! उसके कोई घरवाले नहीं हैं क्या...?

जेलर : नहीं...। कोई नहीं है....

डॉक्टर : तो फिर इसे आग कौन देगा....?

रामसिंह : मैं दूंगा...मैं आग दूंगा...।

जेलर : तुम... रामसिंह....?

रामसिंह : हां....मुझसे लड़ा करता था....आ...लड़ न... नालायक़...!...मुझे पहले जाना चाहिये था कि तुझे....... हमेशा लड़ता था साब....अपने लिये नहीं दूसरों के लिए...गंगादीन के लिए...क़ैदी है...दिन-भर खांसता रहता है, उसके लिए....! पर साब...अच्छा आदमी था...बेटा था मेरा....साब...आज से मैं...अब नहीं आऊंगा...बेटे को ले जाऊंगा...बस...दोबारा नहीं आऊंगा...दोबारा नहीं आऊंगा.....

छः

स्थान : रावत का घर

समय : प्रातःकाल

रावत : क्या देख रही हो गीता...?

गीता : देख रही हूं... तुमने ड्यूटी पूरी की है शायद....!

रावत : हां, गीता....मैंने....ड्यूटी पू...री.... की है...शा...य....द...!

(सदाशिव से मिलने का दृश्य फ़्लैशबैक में इको होता रहता है।)

?

आज का रेडियो नाटक

वास्तव में, रेडियो नाटक समय, परिवेश, स्थान तथा क्रिया-विशेष के अधीन नहीं होता, जैसा कि रंगमंचीय नाटक, बल्कि यह अंतरिक्ष और समय में तैरता रहता है।

इतना सब होने पर भी आज का रेडियो नाटक सुविधाभोगी बन गया है, पहले की तरह नहीं, जब नाटक की प्रस्तुति 'जीवंत' (लाइव) हुआ करती थी और रिकॉर्डिंग-डबिंग की पर्याप्त सुविधा नहीं थी। एक बार जो 'डायलॉग' बोल दिया गया, उसे लौटाना असंभव था। लेकिन आज रिकॉर्डिंग-डबिंग की सुविधा ने ड्रामा-प्रोड्यूसर और कलाकार- दोनों को लापरवाह बना दिया है। चाहे जितनी बार रिकॉर्ड करो, काटो-छाँटो, डबिंग कर लो। इसलिए कलाकार भी 'डायलॉग डिलिवरी' पर ध्यान नहीं देते। उन्हें भी पता है चाहे जितना अटकें, प्रोड्यूसर एक-एक शब्द, एक-एक लाइन जोड़कर डबिंग कर ही लेगा।

इसी प्रकार अब कुछ लोग ये कहने लगे हैं कि रेडियो नाटक समाप्त हो गया है, 'आउटडेटेड' हो गया है या ये विधा अब मृत हो गयी है। आश्चर्य और दुख अब होता है जब ये बात रेडियो के ही कुछ मित्र और नाटक-साहित्य के कुछ तथाकथित लेखक कहते हैं। जबकि सच्चाई यह है कि आज भी रेडियो में सबसे पुरानी और रेडियो को 'रेडियो' के रूप में स्थापित करने वाली दो ही विधायें हैं- एक नाटक और दूसरा संगीत। रेडियो नाटक अपने आप में कितनी प्रभावशाली विधा है, यह इस उदाहरण से समझा जा सकता है-

एच. जी. वेल्स द्वारा 1938 में एक नाटक लिखा गया था, जिसका नाम था-"वार ऑफ़ द वर्ल्ड्स"। अमेरिका में वह नाटक "द नाइट दैट पैनिक्ड अमेरिका" नाम से रेडियो पर प्रसारित हो रहा था। कहने की ज़रूरत नहीं कि ये नाटक जीवंत प्रसारित हो रहा था। इसमें मंगल ग्रह के निवासी पृथ्वी पर आक्रमण कर देते हैं, जिसका केन्द्र अमेरिका है। रेडियो से उद्घोषणा होती है, "लोग आतंकित ना हों। अभी-अभी पता चला है कि मंगल ग्रह से आये कुछ अज्ञात आक्रमणकारियों ने अमेरिका पर हमला कर दिया है...." इसके बाद पूरे अमेरिका में अफरा-तफरी का माहौल उत्पन्न हो गया और लोग अपना घर-बार छोड़कर भागने लगे। जब रेडियो स्टेशन को इस बात का पता चला तो तत्काल उस नाटक का प्रसारण रोक दिया गया और बार-बार ये उद्घोषणा करायी जाने लगी-"अभी मंगल ग्रह पर आधारित नाटक का प्रसारण हो रहा था। डरने की कोई बात नहीं है। यहाँ कोई आक्रमण नहीं हुआ है। अमेरिका में सभी सुरक्षित हैं।"

तो ये थी रेडियो नाटक के प्रभाव की समग्रता और प्रभाव-क्षमता। हाँ, ये बात ज़रूर है कि आज रेडियो नाटक लिखने वाले लोगों की कमी हो गयी है। फ़िल्म या टीवी सीरियल लिखने वाले लोग मिल जाते हैं, क्योंकि इसमें अपेक्षाकृत धन और ग्लैमर अधिक है; पर रेडियो की चुनौती स्वीकारने वाले अब कहाँ हैं, जो समय की माँग के अनुरूप नये विषयों, नये क्षेत्रों का अन्वेषण करें और उसपर एक सुदृढ़ और प्रभावशाली नाटक लिख दें।

रेडियो नाट्य रूपान्तरण

रेडियो नाटक के क्षेत्र में मौलिक लेखन के अलावा कहानियों, उपन्यासों और मंचीय नाटकों के रेडियो रूपान्तरणों को पर्याप्त जगह मिली है। इस प्रकार के रूपान्तरणों में एक तो श्रेष्ठ साहित्यिक रचनाओं की प्रस्तुति का आनन्द आता है तो दूसरी तरफ़ उन रचनाओं के पुनःसृजन की संतुष्टि भी प्राप्त होती है, जिसकी वर्णना का रूपान्तरण सर्जनात्मक कथ्य के रूप में दिखाई देता है।

किसी भी रचना के रेडियो नाट्य-रूपान्तरण के लिए निम्न बातें अधिक महत्वपूर्ण हैं-

व उपयुक्त रचना का चयन- सबसे पहले प्रसारण के लिए उपयुक्त रचना का चयन आवश्यक होता है। सभी प्रकार की रचनायें रेडियो रूपान्तरण के योग्य नहीं होतीं। जिनमें संवाद और ध्वनि-प्रभावों के लिए पर्याप्त अवसर और नाटकीय संभावनायें हों, उन्हीं रचनाओं को रूपान्तरण के लिए चुनना चाहिए।

व चरित्रों की संख्या- रचना-विशेष में पात्रों की संख्या अधिक होने पर यह निर्णय करना होता है कि किन पात्रों को रखा जाये और किन्हें छोड़ा जाये। मुख्य पात्रों को उनकी भूमिका के अनुसार रखना चाहिए और गौण पात्रों को छोड़ देना चाहिए।

व संवादों की विशेष योजना- आमतौर से उपन्यास या कहानियों की शैली वर्णनात्मक होती है। इसे संवादात्मक रूप देने के लिए अत्यधिक परिश्रम, कल्पनाशीलता और कौशल की आवश्यकता होती है। वर्णना को संवादात्मक रूप देने में यह देखना महत्वपूर्ण होता है कि मूल रचना का स्वरूप परिवर्तित न हो जाये। कुछ जगहों पर वर्णना के लिए 'सूत्रधार' का उपयोग भी किया जा सकता है।

व देशकाल और वातावरण का विशेष ध्यान- रूपांतरण में कई बार 'पीरियड कथानक' के साथ समस्या आती है कि उस 'पीरियड' को रूपांतरण में कैसे दिखायें। इसके लिए रचना में आये देशकाल और परिवेश के अनुसार ही चरित्र-चित्रण किया जाना चाहिए। साथ ही, संवाद उसके अनुरूप हो, इसका ध्यान रखा जाना चाहिए।

व समसामयिक संदर्भों के अनुसार रूपांतरण- किसी रचना में कोई विशेष काल या वातावरण की सृष्टि हो सकती है; जिसके कई प्रसंग उस काल-विशेष के लिए उपयुक्त होंगे, परन्तु आज के समय के हिसाब से हो सकता है वो अप्रासंगिक ठहरें। मसलन, किसी कहानी में ज़िलाधिकारी का वेतन 25/रु. बताया गया हो सकता है, जो आज के समय के हिसाब

से सही नहीं होगा। अतः इस विसंगति को रूपांतरण में ठीक कर वर्तमान वेतन 25,000/- बताया जा सकता है।

व मूल रचना का कथ्य और समग्र प्रभाव को बनाये रखना- मूल रचना की कथ्य-सामग्री बहुत विस्तारित होती है। उस सामग्री को समेट कर रचना की मूल प्रभाव-क्षमता को बनाये रखना अत्यंत कठिन होता है। इसलिए रूपांतरण में मूल विषय से भटकाव नही होना चाहिए, बल्कि उसके सारगर्भित अंशों को मुख्य आधार बनाना चाहिए।

ये मर्दः ये औरतें (सआदत हसन मंटो) का नाट्य-रूपान्तर- रूपान्तरकार- डॉ. किशोर सिन्हा

-1-

(बैठकख़ाना का प्रभाव- दो-तीन दोस्तों के ठहाकों की आवाज़ फ़ेड-इन होती है।)

लतीफ़-- यार सईद.... तेरा भी जवाब नहीं.... तू ज़रा अपनी खोल से बाहर निकल और देख दुनिया कहां जा रही है....।

हैदर-- हां... और तू है कि आये दिन जुकाम से ही परेशान होता रहता है। मुझे देख....मैं बिंदास रहता हूं.... और लड़कियां मुझपे मरती हैं....।

लतीफ़-- यार सईद.... हैदर ठीक कह रहा है.... मैं बताऊं अपना क़िस्सा.... मैं जिस लड़की से मोहब्बत करता हूं उसकी शुरुआत लुधियाने की दरी से हुई थी...।

सईद-- लुधियाने की दरी से.... मियां क्या कह रहे हो तुम...?

लतीफ़-- हां... इसी दरी की दूकान में वो आयी थी.....

हैदर/सईद-- आ.... हा.. हा....।

लतीफ़-- उसने कहा, 'देखिये जी.... मैं दरी ख़रीदने निकली थी, रुपये दुपट्टे में बंधे थे, जो खुलकर कहीं गिर गये.... अब मैं क्या करूं.... मैं चचाजान को क्या जवाब दूंगी...।'

सईद-- अच्छा... फिर...?

लतीफ़-- फिर उसने मुझसे कहा कि अगर मैं उसे एक दरी उधार में दे दूं तो बड़ी इनायत होगी.....।

हैदर-- तो जनाब ने इनायत फ़र्मायी या नहीं....?

लतीफ़-- हां..... इधर मैंने दरी उधार में दी और.....

हैदर-- और उधर इश्क़ परवान चढ़ा..... (सबकी हंसी)

सईद-- क्या करूं यार.... मैं भी यही सोचता हूं कि जुकाम होने के बजाय मुझे किसी दोशीज़ा से मोहब्बत क्यों नहीं हुई...!

लतीफ़-- होगी जनाब.... ज़रूर होगी.....। बस, आप आते-जाते परिन्दों पर नज़र डाले रखिये.... एक-न-एक दिन वो वक़्त ज़रूर आयेगा।

हैदर-- तू ऐसा कर सईद.... कल से सुबह के वक़्त रेलवे फाटक पर जाना शुरू कर दे.... वहां से ढेरों-ढेर लड़कियां हाईस्कूल की तरफ़ जाती हैं....। तेरा काम बन जायेगा...।

लतीफ़-- हैदर बिल्कुल ठीक कह रहा है सईद....।

सईद-- अच्छा... अगर तुमलोगों का यही मश्विरा है तो यही सही.....।

हैदर-- तो ठीक है, गुड लक...।

लतीफ़-- अब हमलोग चलते हैं.... ख़ुदा हाफ़िज़....

सईद-- ख़ुदा हाफ़िज़...

हैदर-- सम्हल के मियां....ख़ुदा हाफ़िज़...।

-2-

(रेलवे गुमटी के पास की चहल-पहल..... चिड़ियों की चहचहाहट.... लड़कियों की चुहलबाज़ियां..... किसी ट्रेन का तेज़ी से आकर गुज़र जाना....) (ये सारे मंज़र बाज़ार के शोर.... फेरीवालों की आवाज़ों.... तांगेवालों की 'हटो जी.... बचो जी...' मोटरगाड़ियों के हार्न, साईकिल की घंटियों में तबदील हो जाते हैं...)

लतीफ़-- (दूर से पुकारता हुआ) अरे.... सईद.... सईद... सुनो तो....(लगभग हांफता हुआ, जैसे दूर से दौड़ा चला आ रहा हो...नज़दीक आकर) सईद... इस तरह लपके-लपके कहां जा रहे हो मियां....? सब ख़ैरियत तो है...?

सईद-- हां लतीफ़.... सब ठीक है....।

लतीफ़-- क्या बात है मियां..... इस तरह मुरझाये हुए क्यों बोल रहे हो.... अरे हां.... कोई दोशीज़ा मिली या नहीं.... वो रेलवे फाटक पर.....।

सईद-- अरे कहां यार..... नौ दिनों तक तो मैं उन पर्दापोश और बेपर्दा लड़कियों को देखता रहा, लेकिन दसवें दिन जब कंपनीबाग़ के फूलों की महक से लबरेज़ सुबह की ठंडी-ठंडी हवा चल रही थी, मेरी दिलचस्पी उन लड़कियों के बजाय उन पेड़ों में बढ़ गयी थी, जिनपर परिन्दे अपना साज़ छेड़ रहे थे....। मेरे कान फ़्रंटियर मेल की आहट सुनने के लिए बेचैन रहने लगे, जो धड़धड़ाती हुई आती थी और गर्दो-ग़ुबार छोड़ती हुई गुज़र जाती थी....।

लतीफ़-- लाहौल विला कूवत.....। अमां यार तुम भी न.....।

सईद-- नहीं यार.... मैं शायद मोहब्बत के क़ाबिल ही नहीं....।

लतीफ़-- अरे.... तू हिम्मत क्यों छोड़ रहा है.... अच्छा, ऐसा कर.... अपने मोहल्ले में देख.... शायद कोई मिल जाये.....।

सईद-- अरे... नहीं यार.... कोई देख लेगा तो इज़्ज़त मिट्टी में मिल जायेगी....।

लतीफ़-- अबे... रहा न तू घोंचू का घोंचू.... कुछ नहीं होगा.... बस, अपनी नज़रें किसी एक पर टिका के रखना....। मैं चलता हूं..... (थोड़ी दूर से....ऊंची आवाज़ में...) और हां.... क़ामयाबी मिले तो ख़बर करना.....।

सईद-- (ऊंची आवाज़ में ही) ठीक है......। (अपने आप से) चल बेटा... चढ़ जा सूली पे.... ओह... हो... मुझे तो अभी से कंपकंपी छूट रही है, ख़ुदा जाने क्या होगा आगे।

-3-

(रात का सन्नाटा.... कुत्ते के भौंकने और घड़ी के घंटे की आवाज़ जिससे पता चलता है कि रात के बारह बजे हैं।)

अम्मी-- (दूर से) सईद.... क्या नींद नहीं आ रही है..... लाईट गुल कर और सो जा...। रात के बारह बज रहे हैं...।

सईद-- (दूर से) सो जाऊंगा अम्मी.... फ़िक्र न करो....। (ख़ुद से) इस ठंड में भला नींद भी कैसे आये....! थोड़ा टहलता हूं..... शायद गर्मी आ जाये....। ओह... हो... हो.... ये ठंड भी बड़ी ज़ालिम चीज़ है....ं (गुनगुनाता है...) "दीवाना बनाना है तो दीवाना बना दे..."

(कुछ मद्धिम-सी इन्सानी आवाज़ें.... एक लड़की की दबी-दबी-सी चीख.... किसी के गिड़गिड़ाने की आवाज...)

सईद-- उं.... माजरा क्या है.... ज़रा खिड़की खोल के तो देखूं.... (खिड़की का खुलना... आवाज़ें थोड़ा और क़रीब आती हैं....) अरे... ये तो मुहल्ले की ही लड़की है, सौदागरों की नौकरानी.... बिजली के खम्बे के नीचे खड़ी.....

(आवाज़ें थोड़ा और क़रीब आती हैं....)

पुरुष-- ख़ुदा के लिये अन्दर चली आओ.... कोई देख लेगा तो आफ़त आ जायेगी...।

लड़की-- नहीं आऊंगी... बस... एक बार जो कह दिया, नहीं आऊंगी, तो नहीं आऊंगी।

पुरुष-- ख़ुदा के लिये धीरे बोलो.... कोई सुन लेगा राजो....।

सईद-- अच्छा.... तो इसका नाम राजो है.....! और वो लड़का कौन है...? ठीक से दिखाई नहीं दे रहा...!

राजो-- सुन ले.... मेरी बला से.... और तुम इसी तरह मुझे अन्दर बुलाते रहे तो ख़ुदा क़सम, मैं पूरे मोहल्ले को जगाकर बता दूंगी...।

पुरुष-- राजो... ख़ुदा के लिये अन्दर चलो...। मैं तुमसे वादा करता हूं कि अब फिर कभी नहीं सताऊंगा... अब मान भी जाओ.... देखो... ये बगल वाला मकान वक़ीलों का है, उनमें से अगर किसी ने देख लिया तो बड़ी बदनामी होगी....।

सईद-- अच्छा... ये तो सौदागर का सबसे छोटा लड़का है....।

राजो-- वो सब मैं नहीं जानती.... मुझे मेरे कपड़े ला दो....। अब मैं तुम्हारे यहां नहीं रहूंगी.... मैं कल से वक़ीलों के यहां नौकरी कर लूंगी.... और अब अगर तुमने कुछ कहा तो मैं शोर मचाना शुरु कर दूंगी....। चुपचाप मेरे कपड़े ला दो....।

पुरुष-- लेकिन तुम रात कहां काटोगी....

राजो-- जहन्नुम में... तुम्हें इससे क्या...? जाओ... तुम अपनी बीवी के पास जाओ.... मैं कहीं भी सो रहूंगी...।

(राजो के रोने की आवाज़....आवाज़ें फिर मद्धिम हो जाती हैं....)

सईद-- बहुत ठंड है..... खड़े-खड़े पांव थक गये.... आरामकुर्सी पर बैठता हूं.....आह...(कुर्सी पर बैठने का प्रभाव) आखिर इनके बीच झगड़े की वजह क्या होगी....? एक अरसे से वो सौदागर भाईयों को एक ही दस्तरख़्वान पर खाना खिला रही थी.... लेकिन अब एकाएक क्या हो गया था....! (राजो की आवाज़ की प्रतिध्वनि..."जहन्नुम में... तुम्हें इससे क्या...? जाओ.. तुम अपनी बीवी के पास जाओ... मैं कहीं भी सो रहूंगी...।")

(आवाज़ें मद्धिम होकर बंद हो जाती हैं....।)

-4-

(घड़ी की टिकटिक की आवाज़..... फिर घड़ी के घंटे की आवाज़ जो दिन के बारह बजे की इतला देती है....) (घड़ी के घंटे की आवाज में से जैसे राजो की आवाज़ निकलती सुनाई देती है....)

राजो-- मियां जी, बारह बज गये हैं.... बीवी जी आपको बुलाती हैं.... चाय तैयार है....।

सईद-- हां..... तुम.... कल वो... वो....!

राजो-- क्या....?

सईद-- नहीं.... कुछ नहीं.... त... तुम जाओ....।

राजो-- जल्दी आइये....। (हंसती हुई चली जाती है....।)

सईद-- हंय.... ये ख़्वाब है या हकीकत....? ये राजो मेरे घर में कहां से चली आई....! क्या इसने सौदागरों की नौकरी छोड़ दी....! पक्का अम्मी ने इसे रख लिया होगा.... वो बड़ी रहमदिल औरत है.... ये जानते हुए कि राजो का चाल-चलन अच्छा नहीं है.... उसने कभी किसी से उसकी शिकायत नहीं की....। ज़रूर अम्मी को उसपर रहम आ गया होगा...। लेकिन मैं... मैं अम्मी की तरह रहमदिल नहीं हूं.... कल जो कुछ भी देखा था उसके बाद मुझे राजो से नफ़रत-सी होने लगी है....।

(तभी राजो का प्रवेश....पर्दे खोलने, झाड़ने-पोंछने का प्रभाव)

राजो-- आपकी चाय तैयार है... बीवी जी आपकी राह देख रही हैं...।

सईद-- सुबह की चाय साढ़े बारह बजे कौन पीता है....? अब नाश्ता करूं तो दोपहर का खाना रात को खाऊंगा और रात का खाना....!

राजो-- (हंसती हुई) रात का खाना सुबह को.....।

सईद-- (डांटते हुए) इसमें हंसने की क्या बात है....? जाओ.... कह दो.... मैं नाश्ता नहीं करूंगा, खाना ही खाऊंगा... मैं कल रात-भर जागता रहा हूं.... गली में शोर हो तो बिल्कुल नींद नहीं आती...रात न जाने वहां क्या गड़बड़ हो रही थी....।.... खाना तैयार है.....?

राजो-- (सिटपिटाकर) जी... तैयार है...।

सईद-- ठीक है.... तुम चलो....।

-5-

(सईद कहीं बाहर से आता है.....)

सईद-- अम्मी.... अम्मी.... कहां हैं आप..... लगता है, मुझे बुख़ार हो गया है.....।

अम्मी-- अरे.... सईद बेटा... तुम कमरे में आराम करो... मैं अभी डॉक्टर को बुलवाती हूं....(पुकारती हुई.....) राजो.... जरा डॉक्टर साहब को बुला तो ला.... कहना जल्दी आयें....।

(अंतराल संगीत)

सईद-- (बड़बड़ाता हुआ) अम्मी...... मेरा सिर तवे की तरह जल रहा है.... ये लड़ाई.... कौन लड़ रहा है.... कौन है वहां.... ओ... महमूद ग़ज़नवी.... अरे... छोड़ मेरा सिर.... क्या कर

रहा है...? छोड़ो... छोड़ो... मुझे....।

राजो-- (आते हुए) डॉक्टर साहब आ गये.....।

अम्मी-- देखिये न डॉक्टर साहब.... मेरे सईद को क्या हो गया है... न जाने क्या बकबक कर रहा है...।

(सईद का बड़बड़ाना जारी रहता है...)

डॉक्टर-- हूं..... तेज़ बुखार होने की वजह से ऐसा हो जाता है...। आप ऐसा करिये.... ये दवायें (पैड से नुस्खा फाड़ने की आवाज़) मंगवा लीजिये.... और माथे पर बर्फ़ के पानी में गीली कर पट्टियां रखिये....। अगर उसके बाद भी बुख़ार नहीं उतरा तो अस्पताल में भर्ती कराना होगा। अब मैं चलता हूं...।

(सईद का बड़बड़ाना जारी रहता है...)

अम्मी-- बेटे सईद.... ये क्या हो गया तुझे.... तू क्या बड़बड़ा रहा है... चुप हो जा मेरे बच्चे....

(सईद का बड़बड़ाना जारी रहता है...)

अम्मी-- राजो... तू ऐसा कर.... इसके माथे पर बर्फ़ की पट्टियां रखती जा.... मैं अभी आती हूं....।

(सईद का बड़बड़ाना जारी रहता है...)

सईद-- मैं महमूद ग़ज़नवी.....राजो.. राजो... मेरी तरफ़ देखो.. जानती हो... मैं तुमसे मोहब्बत करता हूं.... मैं... मैं जानता हूं, तुम मोहब्बत के क़ाबिल नहीं हो... फिर भी मैं तुमसे मोहब्बत करता हूं.... लानत है मुझ पर..... हा ...हा ...हा... डॉक्टर मैं कैसे समझाऊं आपको.... ये कुनीन बहुत नुकसानदेह चीज़ है.... मेरे कान बन्द हो गये हैं....दिमाग़ हवा में उड़ रहा है.... फड़... फड़.... राजो... मेरे माथे पर हाथ रखो... अम्मी आप हैरान क्यों होती हैं... मुझे राजो से मोहब्बत है... मुझे रा.... जो... से....मोह.....ब्बत....... है....।

राजो-- आप ख़ामोश हो जाइये..... लोग क्या कहेंगे.....?

सईद-- हां.... लोग... कौन लोग.... ख़ुदा के लिये जाओ... उसे अन्दर ले आओ... बाहर सर्दी में उसका सारा ख़ून जम गया होगा....। मैं पूछता हूं, आखिर उसके साथ तुम्हारी लड़ाई किस बात पर हुई...? बिजली के खम्बे के नीचे वो सिर्फ़ तुम्हारी बनियान पहने खड़ी रही और तुम.... तुम... लानत है तुम पर.... तुम समझते क्यों नहीं... राजो औरत है... पश्मीने का थान नहीं...

राजो-- ख़ुदा क़सम.... ये सब झूठ है....जो आप समझ रहे हैं वो बिल्कुल ग़लत है... मैंने अपनी मजीर् से सौदागरों की नौकरी छोड़ी है... वहां काम ज़्यादा था.... उस रोज़ रात को भी इसी बात का झगड़ा था।....

सईद-- ...प... पानी....।

राजो-- हां.... ये... ये लीजिये....।

सईद-- राजो.... अम्मी को यहां भेज दो....।

राजो-- देखिये... आप जिसकी क़सम दे दीजिये.... कोई और बात नहीं थी... मेरा उनसे सिर्फ़ इस बात पर झगड़ा हुआ था कि मैं दौलत से ख़रीदी गयी लौंड़ी नहीं हूं कि दिनरात काम करती रहूं। आपने मेरी ज़बान से इसके सिवा और क्या सुना था...?

सईद-- क्या... क्या कह रही हो तुम...? मैंने क्या कहा था....? जाओ, अम्मीजान को भेज दो...

राजो-- पर मैं सच कहती हूं....

सईद-- (ज़ोर से चिल्लाकर) जाओ.... ख़ुदा के लिये जाओ...।

(अंतराल संगीत)

-6-

(अस्पताल का प्रभाव)

नर्स-- अब टेम्प्रेचर ठीक हो गया है.... आप घर जा सकते हैं.... अस्पताल से आपकी छुट्टी..... लेकिन घर जाके आराम करने का.... ज़्यादा कामकाज नहीं करने का...

सईद-- नर्स... मैं तुम्हारा बहुत ही शुक्रगुज़ार हूं। तुमने मेरी बहुत ख़िदमत की है... काश... मैं इसका बदला तुमसे मोहब्बत करके चुका सकता....।

नर्स-- तो करते क्यों नहीं...।

सईद-- कैसे करूं... मैं अपने दिल की किवाड़ को हमेशा के लिये बंद कर चुका हूं...। तुमने उस वक़्त दस्तक दी, जब मकानमालिक हमेशा के लिये कोठरी में सो गया है...। मुझे इसका अफ़सोस है। इट इज़ टू लेट माई डियर...।

नर्स-- यू नॉटी ब्वाय...! चलिये... अब तैयार हो जाइये... बाहर फाटक पर आपका नौकर तांगा लिये खड़ा है...। आपने अपनी सब चीज़ें याद से अटैची में रख लीं हैं न....।

सईद-- जी... हां...।

नर्स-- आपकी घड़ी कहां है...? गद्दे के नीचे ही न रह जाये....।

सईद-- नहीं... मैंने जेब में रख ली है...।

नर्स-- और आपका फ़ाउन्टेनपेन...?

सईद-- वो मेरी जेब में है...।

नर्स-- और आपकी ऐनक...?

सईद-- ये मेरी नाक पर है.... आप देख सकती हैं...। देखिये तो... ये मेरी टाई की नॉट कैसी है...?

नर्स-- एकदम ठीक है.... लेकिन आप अपना आईना यहीं भूले जा रहे हैं...। रुकिये, मैं देती हूं....। (आईना नर्स एक कबर्ड को खोल कर निकालती है....)

सईद-- (थोड़ी दूर से) अब मुझे क्या मालूम कि आईने भी फलों और दूध की तरह जाली के अन्दर रखे जाते हैं। तुमने ही वहां रखा होगा, क्योंकि मेरे सोते वक़्त तुमने उसकी मदद से अपने होंठो पे लिपिस्टिक लगाई होगी...। ओ. के. थैंक्स फ़ॉर एवरीथिंग.... मैं चलता हूं.... बाई....।

• 58 •

नर्स-- बाई... बाई. मि. सईद.... टेक केयर....।

(पदचाप की आवाज़.... दूर जाती हुई..... सड़क की भीड़भाड़.... तांगे के चलने का इफ़ेक्ट)

-7-

(दूर से तांगे के आने और रुकने का इफ़ेक्ट.... पदचाप...)

राजो-- (दूर से) बीवी जी.... बीवी जी.... मियां जी आ गये..... मियां जी आ गये.....। (नज़दीक से) आप आ गये ठीक हो के....मैं पांच रुपये के पैसे लेने जा रही हूं....।

अम्मी-- तू आ गया बेटा....। चल ऊपर चल... तेरा कमरा तैयार है... चल के आराम कर....। मैं अभी फ़क़ीरों में पैसे बांट कर आती हूं।

(पुकारने की आवाज़..... "सईद भाई... सईद भाई...")

सईद-- (दूर से ही) चले आओ अब्बास मियां.... मैं ऊपर ही हूं...।

अब्बास-- क्यूं बे... तुझे अब फुरसत मिली है....। और तेरी उस नर्स... क्या नाम है उसका... हां... मिस फ़ारिया... उसका क्या हाल है...?

सईद-- उसने मेरी बहुत ख़िदमत की है.... मामूली से मामूली चीज़ का ख़याल रखती थी... कभी-कभी मेरा मुंह भी धुलाती थी, जैसे मैं बिल्कुल अपाहिज़ हूं...। मैं उसका बहुत अहसानमंद हूं...। मैं सोच रहा हूं कि क्यूं न उसे तोहफ़े में एक साड़ी भेज दूं...। क्यों अब्बास, तुम्हारा क्या ख़याल है...?

अब्बास-- बड़ा ही नेक ख़याल है...। मगर शर्त ये है कि साड़ी सफ़ेद हो...।

सईद-- ठीक है... तू ऐसा कर... ये रुपये ले.... (रुपये देने का इफ़ेक्ट) और एक अच्छी-सी साड़ी ख़रीद के मेरी तरफ़ से उसे दे आ... और हां, अस्पताल में तोहफ़ा देना ठीक नहीं होगा, उसके घर चले जाना...।

अब्बास-- ठीक है भाई.... मैं चला जाऊंगा....। तो चलता हूं... ख़ुदा हाफ़िज़...।

सईद-- ख़ुदा हाफ़िज़...।

(अंतराल संगीत)

-8-

सईद-- (ख़ुद से) एक अरसा हो गया है.... वक़्त जैसे ठहर-सा गया है...। ज़िंदगी में कोई रौनक़ नहीं बची...। एक ख़ामोशी और सन्नाटे की बर्फ़ मेरे चारों ओर पसरी है...। इस बर्फ़ को चीरकर मैं यहां से भाग जाना चाहता हूं.... शोरोगुल के बीच... (अम्मी का आवाज़ लगाना...."सईद.... सईद)... जहां इतना शोर हो कि कान पड़ी आवाज़ भी सुनाई न दे....।

अम्मी-- (नज़दीक आकर) सईद.... क्या बात है बेटा... ये तू अपने आप से क्या बातें कर रहा है....?

सईद-- कुछ नहीं अम्मी...। अम्मी... मैं ये सोच रहा था कि कहीं बाहर घूम आऊं...।

अम्मी-- क्या बात है बेटा....तू क्यों जाना चाहता है यहां से...। क्या अपनी अम्मी से दिल भर गया है तेरा...?

सईद-- नहीं अम्मी... ऐसी बात नहीं है... बस, कुछ दिनों के लिए जाना चाहता हूं...।

अम्मी-- अच्छा, लेकिन तू कहां जाना चाहता है...?

सईद-- अम्मी.... मैं लाहौर जाना चाहता हूं....। लेकिन वहां मेरे होने की ख़बर आप रिश्तेदारों को नहीं देंगी, क्योंकि मैं वहां होटल या प्राइवेट कमरे में ठहरूंगा..।

अम्मी-- ठीक है बेटा.... जैसा तू ठीक समझे... मैं अभी तेरे जाने का बंदोबस्त करती हूं....।

-9-

(पुरानी रेलगाड़ी का इफ़ेक्ट.....शहर की भीड़भाड़.... तांगे... साईकिल की घंटियों की आवाज़ें.....)

सईद-- ऐ तांगेवाले... रुको.....। ये सामान उठाओ....। हां... ठीक से रखो...।

(मिस फ़ारिया की आवाज़......''ऐ रिक्शावाले.... माल रोड चलोगे क्या...?'')

सईद-- ऐं... ये तो मिस फ़ारिया की आवाज़ लग रही है....।

तांगेवाला-- कहां चलना है साहब....? (मिस फ़ारिया की आवाज़ दूर से......''कितना भाड़ा होगा...?'')

सईद-- एक मिनट रुको....। अरे... मिस फ़ारिया.... किसे मालूम था कि यहां लाहौर में तुमसे मुलाक़ात होगी...। तुम यहां कब आईं...?

फ़ारिया-- अच्छा हुआ आप मिल गये....। मुझे आपसे बहुत-सी बातें करनी थीं...। लेकिन आप अभी-अभी आये हैं या कहीं जा रहे हैं...?

सईद-- नहीं... बस आया ही हूं.... होटल मुझे पसंद नहीं आये, इसलिये किराये का कमरा ले लिया है..।

फ़ारिया-- तो चलो... मुझे भी वहां ले चलो...। अ...गर.... आप..को.... तक़लीफ़ न हो... तो.. मेरा मतलब है कि मैं आपसे बहुत-सी बातें करना चाहती हूं, लेकिन यहां रास्ते में, चंद मिनटों में कुछ नहीं कह सकती...।

सईद-- नहीं.... नहीं... इसमें तक़लीफ़ की क्या बात है, उल्टे तुम्हें तक़लीफ़ होगी, क्योंकि वहां ख़ाली कमरा होगा.... ख़ैर, चलो... देखा जायेगा...। बैठो तांगे में..।

(तांगा चलने का इफ़ेक्ट.....)

सईद-- लो भई.... हमारी मंज़िल आ गयी...। तांगे वाले, सामान ऊपर ले चलो...।

तांगेवाला-- जी, साहब....।

सईद-- हां.... अब बताओ.... क्या बात....।

(फ़ारिया के रोने की आवाज़)

अरे. रे... क्या हुआ... मिस फ़ारिया, तुम्हारी आंखें तो कभी रोने वाली नहीं थीं...... अरे....कुछ बताओ तो सही....शायद मैं तुम्हारी कुछ मदद कर सकूं...।

फ़ारिया-- मैं इसीलिये तो आपके साथ आई हूं। अगर आपसे मुलाक़ात न होती तो सच कहती हूं मैं ज़हर खाकर मर जाने वाली थी...। मुझे किसी से मोहब्बत हो गयी थी...। उसने

भी मुझे अपनी मोहब्बत का यक़ीन दिलाया था। लेकिन मुझे नहीं मालूम था कि ख़ूबसूरत मर्द धोखेबाज़ भी हो सकते हैं। वो जल्द से जल्द मुझसे शादी करना चाहता था। शादी करने के लिये ही वो मुझे यहां लाहौर ले आया। हमलोग एक होटल में ठहरे। सात-आठ दिनों तक उसने मुझे हर तरह से ख़ुश रखा, लेकिन एक दिन सुबह उठकर जो मैंने देखा तो उसका सारा सामान ग़ायब था।

सईद-- तुमने उसे ढूंढ़ने की कोशिश नहीं की....? कोई पता तो होगा उसका....।

फ़ारिया-- उसका कोई पता मेरे पास नहीं था। मैंने कितनी बड़ी ग़लती की.... आप यक़ीन करेंगे कि मैंने उसका पूरा नाम भी नहीं पूछा था। अब तो मैं वापस अस्पताल भी नहीं जा सकती.... नर्सें क्या कहेंगी... लोग क्या कहेंगे....। मैं मरना नहीं चाहती, ज़िंदा रहना चाहती हूं....। मुझे एक दोस्त की ज़रूरत है, लेकिन ये मेरी दूसरी बेवकूफ़ी होगी जो मैं आपको दोस्त समझूं....। क्या मालूम आप मुझे दोस्त बनाना न चाहें। अस्पताल में आप कुछ दिन रहे, मुझसे हमेशा अच्छा बर्ताव किया, इसलिये मैं समझी शायद आप मेरे दोस्त बन सकें। अच्छा, तो अब मैं जाती हूं...।

सईद-- कहां जाओगी.... बैठ जाओ...। मिस फ़ारिया, जो कुछ भी तुमने कहा है, मेरे दिल पर उसका बहुत असर हुआ है। मुझे तुमसे पूरी-पूरी हमदर्दी है। लेकिन माफ़ करना फ़ारिया, तुम बिल्कुल ग़लत आदमी के पास आई हो...। तुम हमारी सोसायटी से वाकिफ़ नहीं हो....। हमलोग अपनी मां-बहन के सिवा किसी औरत को नहीं जानते....। हमारे यहां औरतों और मर्दों के बीच बड़ी मज़बूत दीवार खड़ी है। तुम इस बन्द कमरे में मेरे पास खड़ी हो। तुम्हें पता नहीं होगा, मेरे दिमाग़ में कैसे-कैसे ख़्याल चक्कर लगा रहे हैं। तुम अपनी मोहब्बत की बातें कर रही थीं और मेरा दिल बेचैन हो रहा था कि उठकर तुम्हें अपने गले से लगा लूं....। लेकिन मुझे अपनी भावनाओं पर क़ाबू पाने का गुर आ चुका है और इसीलिये अब तक मैं अपनी अनगिनत ख़्वाहिशें कुचल चुका हूं। मैं तुम्हारे क़रीब आना चाहता हूं लेकिन मैं तुमसे मोहब्बत नहीं कर सकता।

फ़ारिया-- लेकिन मैं.....।

सईद-- मेरी बात अभी पूरी नहीं हुई। मैं तुमसे मोहब्बत नहीं कर सकता इसका ये मतलब नहीं है कि मैं तुमसे नफ़रत करता हूं। बल्कि मैं आज तक समझ नहीं सका कि ये मोहब्बत क्या बला है। तुम्हें हैरानी होगी कि मुझे ऐसी औरत से मोहब्बत है जो किसी तरह से मोहब्बत के क़ाबिल नहीं। मुझे उससे नफ़रत है, दिली नफ़रत.... लेकिन उसी नफ़रत ने मुझमें उसके लिए मोहब्बत का जज़्बा पैदा कर दिया है।

फ़ारिया-- कौन है वो लड़की...?

सईद-- तुम जानकर क्या करोगी...? एक मामूली लड़की है। मेरे घर में नौकर है। पहले किसी और की नौकर थी। मैं इसीलिये अमृतसर छोड़कर चला आया हूं, क्योंकि उसे देखकर मेरे दिल में एक अजीब तूफ़ान-सा मच जाता था। उसका दिलोदिमाग़ बिल्कुल ठस हो चुका है। फिर भी मैं उससे मोहब्बत करता हूं और उस मोहब्बत ने मेरे दिल के दरवाज़े किसी दूसरे

के लिये एकदम बंद कर दिये हैं। सच पूछो तो मैं हमदर्दी के क़ाबिल हूं मिस फ़ारिया।

फ़ारिया-- तुम बिल्कुल बच्चे हो.....। इधर आओ.... मेरे पास...।

सईद-- न... नहीं... नहीं... मिस फ़ारिया... ये... ये ... ग़लत है....। (तेज़ सांसों की आवाज़)

फ़ारिया-- तुम बीमार हो.... तुम्हें एक नर्स की ज़रूरत है....। आओ.... यहां आओ....।

सईद-- नहीं... मिस फ़ारिया...। मैं तुम्हें कह चुका हूं कि मेरे दिल में बहुत सारी ख़्वाहिशें अपाहिज़ हो चुकी हैं और मैं ख़ुद भी नहीं जानता कि मैं क्या हूं।

फ़ारिया-- डार्लिंग... बेवक़ूफ़ मत बनो... मेरे पास आओ....।

सईद-- मैं बेवक़ूफ़ हूं तो वो मेरे माहौल का करिश्मा है। मुझमें और तुममें बहुत फ़र्क़ है। तुम आज़ाद माहौल की पैदाइश हो इसलिये तुम किसी भी जगह बेझिझक मुझे डार्लिंग कह सकती हो.... लेकिन यहां अकेलेपन में भी तुम्हें डार्लिंग कहते हुए मेरी ज़बान लड़खड़ा जायेगी। तुम्हारा जिस्म आज़ाद है लेकिन मेरा जिस्म ग़लत माहौल की जंज़ीरों में जकड़ा हुआ है। तुम मुकम्मल हो और मुझे अधूरा छोड़ दिया गया है। इसीलिये कहता हूं कि मैं तुम्हारे क़ाबिल नहीं हूं।

फ़ारिया-- लेकिन क्यों...?

सईद-- बताता हूं... लेकिन उससे पहले तुम मुझसे ये पूछो कि क्या मैं तुम्हें अपनी बीवी बनाकर अपने घर ले जा सकता हूं...!

फ़ारिया-- लेकिन मैंने तुमसे कब कहा है कि मुझसे शादी करो...। क्या हम शादी के बग़ैर एक-दूसरे से मोहब्बत नहीं कर सकते...?

सईद-- नहीं...।

फ़ारिया-- क्यों...?

सईद-- इसलिये कि मैं यहां चोरों की तरह रहता हूं और मुझमें हिम्मत नहीं है कि तुम्हारी मोहब्बत को सरेआम क़ुबूल कर सकूं।

फ़ारिया-- तुम बहुत पाक़दिल हो सईद.... बहुत अच्छी रुह है तुम्हारी। सच बात तो ये है कि मैं ही मोहब्बत करना नहीं जानती।

सईद-- नहीं। ये मेरा क़सूर है और मैं एक मुद्दत से इसकी सज़ा भुगत रहा हूं। तुमसे अलग हुआ तो ये सज़ा बामशक़्क़त हो जायेगी।

फ़ारिया-- तो क्या तुम मुझे छोड़ दोगे....?

सईद-- मुझे अपने-आप से यही उम्मीद है।

(फ़ारिया बिलख-बिलख का रोने लगती है....)

लेकिन मैं तुम्हें मना भी नहीं कर सकता.... क्योंकि मैं अब तुम्हारे....

(उसके आगे के शब्द डूब जाते हैं जैसे किसी ने ज़बर्दस्ती उसके होंठों को बंद कर दिया हो....।)

<h1 style="text-align:center">रूपक</h1>

शास्त्रीय अर्थों में 'रूपक' शब्द का उल्लेख सर्वप्रथम भरतमुनि के 'नाट्यशास्त्र' में मिलता है। वहाँ इसे नाटक का एक भेद माना गया है। साहित्यशास्त्र में रूपक एक 'अलंकार' के रूप में स्वीकृत है, जिसका अर्थ है-सदृश विधान। "सादृश्यगर्भ अभेदप्रधान आरोपमूल अर्थालंकार, जिसमें अति साम्य के कारण प्रस्तुत में अप्रस्तुत का आरोप करके अभेद दिखाया जाता है।" इसका मतलब यह हुआ कि अगर हम कहते हैं कि 'उसकी जुल्फें नागिन-सी हैं' तो यहाँ पर 'जुल्फों' के ऊपर 'नागिन' के लहराने वाले गुण को आरोपित किया गया है।

लेकिन रेडियो प्रसारण में 'रूपक' एक अलग अर्थ रखता है-'नाट्यशास्त्र' और साहित्यशास्त्र से भिन्न। रेडियो प्रसारण में 'रूपक' एक अलग और स्वतंत्र विधा है, जो नाटक और वार्ता-दोनों के कुछ-कुछ तत्वों को ग्रहण कर, अपने स्वतंत्र व्यक्तित्व का निर्माण करता है। वास्तव में, रूपक प्रस्तुति का माध्यम है, जिसमें प्रस्तुतकर्ता यथार्थ के निकट रहते हुए वस्तुनिष्ठ रहने की कोशिश करता है। कल्पना को वह सब्ज़ी की छौंक की तरह इस्तेमाल करता है, ताकि रूपक में रोचकता की सुगंध बनी रहे और श्रोताओं को बोझिल और बेस्वाद न लगे। लीजिये, इस वाक्य में भी रूपक आ ही गया। वस्तुतः रूपक रेडियो की अत्यंत ही सृजनात्मक विधा है।

यदि पारिभाषिक रूप में कहा जाये तो वह इस प्रकार होगा-"किसी विषय, प्रसंग, घटना या तथ्य का नाटकीय प्रस्तुतीकरण रूपक है" अथवा "रूपक नाटक शैली को अपनाता हुआ घटनाओं, स्थितियों या विषय-विशेष का दस्तावेज़ीकरण है।" दूसरे शब्दों में हम इसे 'तथ्याधारित नाट्य-प्रस्तुति' भी कह सकते हैं।

इतिहास और विकास

रेडियो प्रसारण की अन्य विधाओं की तरह रेडियो रूपक का जन्म और विकास भी विदेश में हुआ। रूपक के लिए सन् 1926 में पहली बार ग्रियर्सन ने 'डॉक्यूमेन्ट्री' शब्द का प्रयोग किया था। यह 'डॉक्यूमेन्ट्री' शब्द फ़्रेंच के 'दक्यूमेन्तायर' शब्द से आया है, जिसका अर्थ होता है-यात्रा वृत्तांत। लेकिन रेडियो पर आकर 'डॉक्यूमेन्ट्री' को रूपक का ही एक प्रकार माना गया। इसलिए ग्रियर्सन ने रूपक के बारे में कहा कि "यह जीवंत दृश्य और जीवंत तथ्य की फ़ोटोग्राफ़ी है।"

वास्तव में, रेडियो रूपक का विकास दूसरे महायुद्ध के समय हुआ। युद्ध के मैदान से भेजी जाने वाली रिपोर्ट, टिप्पणियां, वक्तव्य आदि की ध्वनि-प्रभाव के साथ प्रस्तुति ने रूपक को नयी दिशा दी।

बी.बी.सी. में रूपक, 'डॉक्यूमेन्ट्री' के अर्थ में प्रयुक्त होता हुआ 'यथातथ्य सूचनाओं पर आधारित रचना' के लिए व्यवह्त होता है। शुरू-शुरू में बीबीसी में 'फ़ीचर' की कोई

अवधारणा नहीं थी। 'फ़ीचर' का अर्थ वहाँ ऐसे कार्यक्रमों से था, जो अपनी प्रकृति में सामान्य कार्यक्रमों से अलग, विशेष अवसरों पर आयोजित किये जाने वाले कार्यक्रम थे। इन्हें वहाँ 'फ़ीचर्ड प्रोग्राम' और तदनन्तर 'फ़ीचर प्रोग्राम' कहा जाने लगा।

उन्हीं दिनों ब्रिटेन में 'डॉक्यूमेन्ट्री' फ़िल्मों का निर्माण शुरू हुआ और बी.बी.सी. के कुछ प्रोड्यूसर यथातथ्य घटनाओं को रिकॉर्ड कर, उन्हीं के आधार पर रचनायें लिखकर प्रसारण करने लगे। ये रचनायें अपने कलेवर में बिल्कुल नयी और सर्जनात्मक थीं और 'डॉक्यूमेन्ट्री' फ़िल्मों की तर्ज़ पर ही इन्हें 'रेडियो डॉक्यूमेन्ट्री' कहा जाने लगा।

बीबीसी के रूपक विभाग के एक भूतपूर्व प्रमुख लॉरेंस जीलियम के अनुसार- A combination of the authenticity of the talk with the dramatic force of the play, but unlike the play, whose business is to create dramatic illusion for its own sake; the business of the feature is to convince the listener of the truth of what it is saying, even though it is saying it in dramatic form.

भारत में इस विधा का विकास पचास के आसपास हुआ। कुछ छिटपुट रूपक आकाशवाणी के समाचार सेवा प्रभाग के अंतर्गत तैयार किये गये थे, लेकिन 1956 में अंग्रेज़ी रूपक एकांश की स्थापना के साथ विधिवत ढंग से रूपकों का प्रसारण शुरू हो गया। इसके प्रथम प्रभारी के रूप में सुविख्यात प्रसारक माल्विन डिमेलो का नाम आता है। इसके आठ साल बाद 1964 में केन्द्रीय हिन्दी रूपक एकांश की स्थापना हुई, जिसके प्रभारी बने शिवसागर मिश्र।

जैसा पहले कहा गया है कि रूपक में नाटक और वार्ता-दोनों के तत्व होते हैं; लेकिन रूपक न तो पूरी तरह नाटक है, न ही वार्ता; क्योंकि वार्ता में सपाटबयानी होती है तो नाटक में पूरी तरह नाटकीयता। रूपक में नाटकीयता के साथ-साथ सपाटबयानी भी होती है। नाटक के केन्द्र में एक कहानी का होना अनिवार्य है। ये कहानी एक घटना भी हो सकती है, या कोई विचार-बिन्दु भी कहानी का रूप ले सकती है; लेकिन रूपक का केन्द्रबिन्दु मुख्य रूप से एक विचार होता है, जो नाटकीय तत्वों से युक्त होते हुए भी मूल विचार पर क्रिया-प्रतिक्रिया और वैचारिक द्वन्द्व को रेखांकित करते चलने का प्रयास करता है। इस दृष्टि से यह कहा जा सकता है कि रूपक का मुख्य निकष तथ्य ही है। रूपक की यह तथ्यपरकता श्रोता-समूह के तर्कों को संतुष्ट करती चलती है और इसमें प्रयुक्त नाटकीय तत्व उसकी संवेदना को उकसाने का कार्य करते हैं।

इस तरह रूपक में अधिक विस्तार और कल्पनाशीलता की गुंज़ाइश है; क्योंकि तर्कों को बाँधने और संवेदनाओं को जगाने में इसमें प्रयुक्त ध्वनि-तंत्र जहाँ दृश्यबंध में बेहद मदद करता है, वहीं संगीत इसकी गति को बढ़ाने अथवा नियंत्रित करने में।

वास्तव में, रेडियो रूपक एक स्वतंत्र विधा है, जो नाटक आदि के स्वरूपविधानों से पूरी तरह भिन्न है। इस दृष्टि से एच. आर. विलियम्स का यह कथन बिल्कुल सार्थक है कि ''रेडियो के पास यदि कोई अपनी कला है, जिसका निर्माण केवल रेडियो ने किया है, तो वह रूपक है।''

दरअसल रेडियो की सभी प्रसारण-विधाओं में रूपक एक ऐसी विधा है, जिसमें अन्य सभी विधाओं का समाहार हो जाता है। इस प्रकार रूपक के अन्दर भेंटवार्तायें, बातचीत, परिचर्चा, प्रश्नोतरी, नाटक, कविता, गीत, रिपोर्टिंग, आंखों देखा हाल, संगीत आदि सभी का समावेश होता है। इसमें एक और विशिष्टता होती है और वह यह है कि अन्य कार्यक्रमों में प्रतिभागी जहां एक ही भाषा में बातचीत करने के लिए बाध्य होते हैं, वहां रूपक में एक व्यक्ति मराठी में, दूसरा बांगला में तो तीसरा गुजराती में अपनी बात रख सकता है, चाहे वह रूपक हिन्दी का ही क्यों न हो। यहां 'व्आयस ओवर' (Voice Over) तकनीक द्वारा श्रोताओं तक अपेक्षित विचार पहुंचाया जाता है।

रेडियो रूपक के प्रकार

वस्तुतः रेडियो रूपक हवा का माध्यम है, इसलिए सबसे पहले वह श्रोताओं की स्मृति में दर्ज़ होता है। जो अनुभूतियाँ मानवीय संवेदना से जुड़ी होने के कारण मानव-तन को आंदोलित करती हैं; जो कौन, क्या, कब, कैसे और क्यों-जैसे तमाम प्रश्नों को खड़ा करती हैं; सही मायने में रेडियो रूपक की विषयवस्तु हैं। इस विविधता के कारण ही रूपक के अनेक विभेद किये जा सकते हैं-

1. वृत रूपक या 'डॉक्यूमेन्ट्री'
2. संगीत रूपक
3. विज्ञान रूपक
4. फ़ैंटेसी रूपक
5. काव्य रूपक
6. सोदाहरण रूपक
7. इतिवृत्तात्मक रूपक
8. अभिनव रूपक
9. डॉक्यूड्रामा

वृत रूपक या 'डॉक्यूमेन्ट्री'

वृत रूपक को रेडियो में 'वृत-चित्र रूपक' या 'डॉक्यूमेन्ट्री' भी कहा जाता है। जैसा नाम से स्पष्ट है, इस प्रकार के रूपक में 'डाक्यूमेन्टेशन' यानी दस्तावेज़ीकरण पर अधिक ज़ोर होता है। इसमें सत्य को तथ्यों के आलोक में परखा जाता है। इस प्रकार के रूपक में कल्पना की ऊँची उड़ान की कोई आवश्यकता नहीं होती, क्योंकि इसके कथा-सूत्र यथार्थ धरातल पर रहते हुए अपनी यात्रा तय करते हैं। इसमें किसी भी स्तर पर, किसी भी तथ्य को मात्र कल्पना के आधार पर जोड़ा या घटाया नहीं जा सकता। इस दृष्टि से, वृत रूपक की प्रस्तुति के लिए तथ्यों का शोध और संकलन अत्यंत आवश्यक है।

रेडियो डॉक्यूमेन्ट्री यथार्थ की सच्ची, जीवंत और नाटकीय गुणों से भरपूर तस्वीर खींच पाने में सक्षम है, जिसमें विषय का मानव और मानव-समाज से एक ऐसा संबंध सामने आता है, जो जड़ है, भौतिक और यांत्रिक है, जो या तो अतीत के गर्त में डूब गया है या फिर भविष्य के गर्भ से जन्म ले रहा है। यह सार्थकता-बोध, यह 'डॉकिंग' ही रेडियो डॉक्यूमेन्ट्री की सबसे बड़ी पहचान है।

वैसे वृत रूपक का विषय समसामयिक ही होता है, जो किसी ज्वलंत समस्या, नये अन्वेषण अथवा ताज़ा घटना-क्रम पर आधारित होता है; लेकिन इसका केन्द्रबिन्दु सांस्कृतिक पृष्ठभूमि, स्थान तथा व्यक्ति-विशेष भी हो सकता है। उदाहरणार्थ, पीने के पानी की समस्या, आईपौड, बढ़ते अपराध आदि समसामयिक विषयों के साथ-साथ मधुबनी पेंटिंग, रोहतासगढ़ का क़िला अथवा मिर्ज़ा ग़ालिब पर भी अच्छे वृत्त रूपक का निर्माण हो सकता है। इसके अतिरिक्त जो अनुभूतियां मानवीय संवेदना के साथ सीधे-सीधे जुड़कर मनुष्य को झकझोरती हैं और उसके अन्दर कौन, क्या, कब, कैसे और क्यों के सवाल खड़े करती हैं; ये सभी 'डॉक्यूमेन्ट्री' की विषयवस्तु हो सकती हैं।

एक अच्छी 'डॉक्यूमेन्ट्री' के निर्माण के लिए निम्न प्रक्रियाओं से गुज़रने की आवश्यकता होती है।

1. विषय से सम्बन्धित ताज़ा तथ्यों का एकत्रीकरण- 'डॉक्यूमेन्ट्री' का विषय-नया या पुराना-कुछ भी हो, उसमें वर्णित तथ्य अद्यतन और ताज़ा होना चाहिए। उदाहरणार्थ, मिर्ज़ा ग़ालिब पर यदि 'डॉक्यूमेन्ट्री' का निर्माण करना हो तो उसमें ग़ालिब के जीवन-वृत्त के साथ-साथ उनकी रचनाओं का गायन या पाठ शामिल करना तो आवश्यक है ही, उनकी रचनाओं और पांडुलिपियों को लेकर आज क्या कार्य हो रहे हैं, इसपर प्रकाश डालना भी उतना ही ज़रूरी होगा।

2. पक्ष-विपक्ष की प्रतिक्रिया- 'डॉक्यूमेन्ट्री' में एक संतुलन का होना अत्यंत आवश्यक है, और यह संतुलन आता है विषय से सम्बन्धित पक्ष और विपक्ष-दोनों-की प्रतिक्रिया शामिल करने से। उदाहरणार्थ, बाढ़ पर प्रस्तुत 'डॉक्यूमेन्ट्री' में बाढ़-पीड़ितों से लिए गये इण्टरव्यू में यह बात आ सकती है कि उन्हें प्रशासन द्वारा वितरित खाद्य-सामग्रियों का पैकेट नहीं मिला या दवायें नहीं प्राप्त हुई। यहाँ पर उनके इण्टरव्यू के साथ-साथ प्रशासन का पक्ष रखना भी अनिवार्य होगा।

3. विवादास्पद विषय पर विश्वसनीय व्यक्ति की राय- 'डॉक्यूमेन्ट्री' में बहुत संभव है, एक विषय पर व्यक्तियों की राय अलग-अलग हो। विशेष तौर पर, हमारे देश में इतनी सामाजिक-सांस्कृतिक विविधतायें हैं कि इनसे सम्बन्धित विषयों पर एकमत होना बहुत मुश्किल होता है। ऐसे में विवादों से परे रहकर एक ऐसे व्यक्ति की बात को प्रमुखता देना चाहिए, जिसकी बात की प्रामाणिकता को लोग स्वीकार करने की स्थिति में हों।

4. तथ्यों का प्रमाणीकरण- 'डॉक्यूमेन्ट्री' के लिए जो भी तथ्य लायें, उन्हें प्रमाणीकृत अवश्य करा लें, अन्यथा बाद में सम्बन्धित संस्थान या व्यक्ति अपने द्वारा दी गयी

जानकारी से मुकर भी सकता है। इसका सबसे सरल उपाय यह है कि उनके द्वारा दी गयी जानकारी को टेपरिकॉर्डर पर रिकॉर्ड कर लें। यदि किसी कारण से यह संभव नहीं हो पा रहा हो और जानकारी दस्तावेज़ के रूप में मिल रही हो, तो उस दस्तावेज़ की छायांकित प्रति लेने पर भी उसे सक्षम अधिकारी से प्रमाणीकृत अवश्य करा लें।

5. रिकॉर्डिंग प्रसारण-अवधि के अनुपात में- 'डॉक्यूमेन्ट्री' की अवधि प्रायः 20 से 30 मिनट की होती है, जो आदर्श मानी जाती है। इस अवधि में प्रस्तुत 'डॉक्यूमेन्ट्री' के लिए इण्टरव्यू आदि की रिकॉर्डिंग 10 से 20 मिनट तक की जा सकती है।

6. प्रस्तुति में तटस्थता- आपके द्वारा प्रस्तुत कार्यक्रम को जनता के एक बड़े हिस्से द्वारा सुना जाना है, इसलिए श्रोताओं को उसमें वर्ग और वर्ण, ग़रीब और अमीर, क्षेत्रीयता और भाषा आदि-किसी भी स्तर पर पक्षपात का अनुभव नहीं होना चाहिए। 'डॉक्यूमेन्ट्री' में तथ्यों तथा साक्षात्कारों का समावेश इसी आधार पर होना चाहिए।

'मुझमें.... मैं ज़िन्दा हूँ.....!' (लेखक- डॉ. किशोर सिन्हा)

रेडियो रूपक 'रूपकों के अखिल भारतीय कार्यक्रम में 16 मार्च, 2017 को प्रसारित हुआ था, जो 'अन्तर्राष्ट्रीय अबू पुरस्कार (ABU) के लिये चयनित प्रथम चार प्रविष्टियों में एक थी।

ये रूपक ट्रांसजेंडर समुदाय के सामाजिक-आर्थिक पहलुओं और समस्याओं की पड़ताल करता है, जिसकी पुष्टि स्वयं ट्रांसजेंडर अमृता, रेशमा और डिम्पल अपने यथार्थ स्वर के माध्यम से करती हैं। मैं इनके बिंदास ढंग से दिये साक्षात्कारों के लिये इनका हार्दिक आभार प्रकट करता हूं। साथ ही, ये भी घोषणा करता हूं कि इस रूपक का उद्देश्य किसी भी प्रकार से इस समुदाय अथवा व्यक्ति की भावनाओं को ठेस पहुंचाने का नहीं है। इसका लक्ष्य है कि इन्हें समाज में वही इज़्ज़त, हैसियत और संवैधानिक रुतबा हासिल हो, जो एक आम नागरिक को हासिल है; क्योंकि ट्रांसजेंडर भी हममें से एक हैं, इन्सान हैं और इनकी भी भावनायें हैं, जिनका सम्मान होना चाहिये।

अपने प्रस्तुतीकरण में 'रेडियो रूपक' पूरी तरह से प्रोड्यूसर के ऊपर आश्रित होता है; न सिर्फ़ ट्रीटमेंट के स्तर पर, बल्कि ध्वनि एवं संगीत-प्रभावों के इस्तेमाल के स्तर पर भी। इसलिये इस प्रकार के संकेत कहीं-कहीं ही दिये गये हैं; शेष प्रस्तुतकर्ता के विवेक पर छोड़ दिया गया है।

'मुझमें.... मैं ज़िन्दा हूँ.....!' का एक अंश

(फ़ेड इन... गीत से... "हाय... हाय... जिये जिये रे ललना...

दशरथ-घर जनम लियो रे ललना.....)

एक आवाज़ अरे.... रे... देख..... छक्का.... मामू.... (व्यंग्य-भरी हंसी...)

(वायलिन की मीड़ के साथ नारी स्वर का दर्द-भरा आलाप, जो धीरे-धीरे मद्धिम होकर पृष्ठभूमि में जारी रहता है।)

किन्नर-- हट् नासपीटे..... तेरे घर में मां-बहन नहीं है क्या.... मुझे छक्का कह रहा है.... अगर तेरे घर कोई हो गया न इस तरह से..... तो देखना... मैं तब देखूंगी....।

(ट्रेन की आवाज़)

किन्नर-- ए बाबू.... दस रुपया दे ना..... भगवान तेरा भला करेगा..... तेरे घर में बच्चे होंगे..... दूधो नहाओ.... पूतों फलो...... आ... आय हाय.... (बच्चे के रोने की आवाज़)

किन्नर-- "दुनिया में जो हमारे समाज के बच्चे पैदा होते हैं, डर के मारे मार डालते हैं, फेंक देते हैं, तो उनसे भी मेरा हाथ जोड़कर निवेदन है, अगर कहीं हमारे जैसा बच्चा पैदा हो, तो कृपया हमलोगों को सौंप दें, ये तो भगवान् की देन हैं....।"

(आलाप)

(नाट्यांश)

लड़का-- -अरे चल न..... हम गुड़ियों का ब्याह रचायेंगे...।

लड़की-- -ना बाबा ना.... तू जा.... लड़को के साथ खेल.... ये गुड़िया-वुड़िया का ब्याह रचाना तो लड़कियों का काम है।

लड़का-- -तो क्या हुआ.... मैं भी तुम लोगों के साथ खेलूंगा... मुझे न, गुड़ियों के साथ खेलना बहुत अच्छा लगता है....।

लड़की-- -अच्छा... तू कहता है तो चल....।

दोनों-- -हां.... हां... चलो....। (हंसी..... संगीत)

किन्नर अमृता-- "सर पे दुपट्टा लेके बैठना, शरमाना, चलते वक़्त कमर में एक लचक लाना.... ये एक अलग (यथार्थ स्वर) ही बचपन था.... वो जो बचपन हम जी रहे थे तो इस समाज ने भी उस वक़्त ऐसे ताने खींच दिये कि वो बचपन भी छिन गया।"

(संगीत)

संगीत रूपक

संगीत रूपक में स्वाभाविक तौर पर संगीत की प्रधानता होती है। इसलिए इसका विषय भी प्रायः संगीत और नाद के निकट होता है। जैसे, वर्षा मंगल, होली, क्रिसमस आदि। लेकिन इसके अतिरिक्त ऐसे सभी विषय जिसमें संगीत या काव्य मौजूद है, संगीत रूपक के विषय हो सकते हैं, यथा- कवि हरिवंशराय बच्चन, कामायनी, मास्टर मदन आदि।

संगीत रूपक दो प्रकार के हो सकते हैं- एक, जिसमें गीतों के साथ-साथ सूत्रधार का कथन भी काव्यात्मक अथवा गीतात्मक होता है; और दूसरा वह, जिसमें सूत्रधार-कथन वार्तात्मक या वर्णनात्मक होता है।

सूत्रधार के कथन में काव्यात्मकता और गीतात्मकता-

(अंश-सूर्यकांत त्रिपाठी निराला की "राम की शक्तिपूजा" से-)

वाचक- फिर सुना-हँस रहा अट्टहास रावण खलखल,

• 68 •

भावित नयनों से सजल गिरे दो मुक्तादल।
ये अश्रु राम के" आते ही मन में विचार,
उद्वेल हो उठा शक्ति-खेल-सागर अपार,
हो श्वसित पवन उनचास, पितापक्ष से तुमुल
एकत्र वक्ष पर बहा वाष्प को उड़ा अतुल,
शत-वायु-वेग-बल, डुबा अतल में देश-भाव,
जलराशि विपुल मथ मिला अनिल में महाराव
वज्रांग तेजघन बना पवन को महाकाश
पहुँचा, एकादशरुद्र क्षुब्ध कर अट्टहास।
करने को ग्रस्त समस्त व्योम कपि बढ़ा अटल,
लख महानाश शिव अचल हुए क्षण-भर चंचल।"
सूत्रधार का कथन वार्तात्मक या वर्णनात्मक-

(अंश- संगीत रूपक 'वर्षा मंगल' से- 'अपना देश अपना संगीत'- भैया लाल व्यास)

सूत्रधारः धरती की तपस्या पूरी हो गयी। ग्रीष्म की लपटों में लिपटी इस तपस्विनी की अग्नि-परीक्षा को देख मानो आसमान रो पड़ा। पर्वतों ने रंग बदले तो मैदानों ने अपनी पोशाकें। नदी और नालों ने मर्यादाओं को मात देने की ठानी तो सागरों ने भी उन्हें समेट लेने को हाथ बढ़ा दिये। पुलक के फूल चढ़ाये जाने लगे। झरनों के कल-कल गान ने पत्थरों के दिल भी पिघला दिये।.....और वर्षा आ गयी। जन-जीवन में मंगल-सा छा गया। जड़-जंगम की व्याकुलता दूर हो गयी। सभी की छाती ठंडी हुई। मोरों के मन नाचने लगे।...गीतों से भी पानी बरसने लगा......"

विज्ञान रूपक

विज्ञान रूपक का लेखन कार्य-कारण शृंखला पर आधारित होता है। विज्ञान रूपक के लेखन में विशेष ध्यान रखने की बात ये होती है कि उसकी भाषा पारिभाषिक शब्दावली से भरी न हो। इसकी लेखन-कला की सामर्थ्य इस बात में है कि विज्ञान की गुत्थियों के बारे में इस तरह बताया जाये कि बड़े-से-बड़े वैज्ञानिक से लेकर छोटे-छोटे बच्चे तक वह विवरण संप्रेषित हो सके। उदाहरण के रूप में निम्नांश देखा जा सकता है-

परी-- : अलबर्ट, देखो, ये है हमारी दुनिया...(तेज़ वाहनों के चलने का ध्वनि-प्रभाव)

अलबर्ट--: अं...! ये गाड़ियाँ कितनी तेज़ चल रही हैं !... ओफ़..ये क्या..? इन गाड़ियों की लम्बाई घटती क्यों जाती है..? रानी परी...रानी परी....क्या कोई वस्तु प्रकाश से भी तेज़ चल सकती है..?

परी-- : नहीं...इस संसार में कोई वस्तु प्रकाश से तेज़ नहीं चल सकती। जानते हो, यदि ऐसा होने लगे, तो क्या होगा..?

अलबर्ट-- क्या होगा परी रानी..?

परी-- : वो देखो...वहाँ....

अलबर्ट-- वो भी तो एक परी ही है, तुम्हारी तरह....

परी-- : हाँ... वो छोटी परी है। वो आज यात्रा करने निकलेगी और अगर वो प्रकाश से भी तेज़ चल पाये, तो एक रात्रि पूर्व ही वापिस आ जायेगी।

अलबर्ट-- ये तो बड़ी अजीब बात है...!.....

परी-- : हाँ... जानते हो, एक बार एक परी जब दूसरे लोक से लौट कर आयी, तो बिल्कुल वैसी ही थी, जैसी जाने के समय थी; लेकिन उसका भाई बूढ़ा हो चुका था, उसके बाल सफ़ेद हो चुके थे।.....‘‘

(-लेखक की पुस्तक ‘विरासत’ में संकलित रूपक का अंश-)

उपर्युक्त उद्धरण से आइंस्टीन के ’रिलेटिविटी‘ के सिद्धांत को हर उम्र का व्यक्ति, ज्ञानी-अज्ञानी- कोई भी समझ सकता है।

फ़ैंटेसी रूपक

फ़ैंटेसी रूपक का क्षेत्र विज्ञान रूपक से अधिक विस्तृत और कल्पनाधारित होता है। इसका विषय विज्ञान हो सकता है, पुराकथायें हो सकती हैं और विशुद्ध कपोल-कल्पना भी। फ़ैंटेसी रूपक में प्रयोगों की अपार संभावनायें होती हैं। यह प्रयोगशीलता कथ्य में, उसके ‘ट्रीटमेंट’ में और यहाँ तक कि ध्वनि और संगीत-प्रभावों में भी दिखाई देती है। वास्तविक जगत् में जिन घटनाओं का होना संभव नहीं है, उन्हें फ़ैंटेसी रूपक में घटित होते चित्रित किया जाता है और उनके द्वारा किसी प्रभावशाली विचार या संवेदनापूर्ण अनुभूति की प्रतीति करायी जाती है।

इस प्रकार के रूपक में अलौकिक अथवा मानवेतर प्राणी भी चरित्र-रूप में आते हैं। उदाहरणार्थ-

“देखा- एक हाथ हवा में तना हुआ है--बलिष्ठ-सा और एक हाथ नीचे ज़मीन पर मिट्टी में सना हुआ है--बेचारा-सा.....धूल का एक गुबार-सा उठा और मेरे कंधे के पास सरक आया, फिर उसी के कण सरसराने लगे, जैसे कुछ कह रहे हों....अहसास हुआ कि गर्द में लिपटे हुए पवन के होंठ कह रहे हैं--देखो, हमारे अद्धनारीश्वर का क्या हुआ ? यह उसी के हाथ हैं-एक हवा में तना हुआ और एक मिट्टी में सना हुआ.....”

(‘दो हाथों की गाथा’--अमृता प्रीतम)

काव्य रूपक

काव्य रूपक, जैसा कि नाम से स्पष्ट है, मुख्य रूप से काव्याधारित होता है। ऐसे विषय जिनमें काव्य-रस की प्रधानता हो, काव्य रूपक के विषय हो सकते हैं। इस प्रकार के रूपक में सूत्रधार का वाचन तथा संवाद- सभी काव्यात्मक होते हैं। इनमें महत्वपूर्ण कवियों और

शायरों की रचनाओं तथा प्रमुख काव्य-कृतियों पर आधारित रूपक आते हैं। जैसे-

वाचक- गिरिजा कुमार माथुर के काव्य की मूल चेतना रंग और रोमांस है, जिसे उन्होंने हमेशा सामाजिक यथार्थ से समन्वित कर देखने की कोशिश की...

वाचिका- दूज कोर से उस टुकड़े पर

तिरने लगीं तुम्हारी सब सज्जित तस्वीरें

वाचक- सेज सुनहली

कसे हुए बंधन में चूड़ी का झड़ जाना

निकल गयीं सपने जैसी वे मीठी रातें

याद दिलाने रहा यही छोटा-सा टुकड़ा...''

(-लेखक की पुस्तक 'विरासत' में संकलित रूपक 'भीतरी नदी की अंतिम यात्रा' का अंश-)

सोदाहरण रूपक

सोदाहरण रूपक ऐसे रूपक हैं, जिनमें अपनी बात अथवा स्थापनाओं की पुष्टि के लिए उदाहरण देते चलने का प्रचलन है। उदाहरणार्थ, ''बस्तर के लोकगीत'' रूपक का एक अंश-

बस्तर के आदिवासी अंचल में, घोटुलों के मस्त माहौल में कोई आदिवासी युवती सोचती है-'इमली के फूल सुनहले हैं। सोने का रंग भी इन्हीं फूलों जैसा आकर्षक है। इमली के सुन्दर फूल झर जाते हैं, धन भी साथ नहीं देता। इस धन से उसका पेट तो भर जायेगा, लेकिन मन.....? वह तो अतृप्त ही रह जायेगा.....!

(-लोकगीत-समूह स्वर में-)

''....ए ऽ ऽ ऽ ऽ

ले जा, लेजा, ले जा दादा,

तेतली फुलिया सोन,

पेट के भर दे, पाठ के भर दे

मन के भर दे कौन.....?''

(-इस पुस्तक के लेखक द्वारा लिखे गये रूपक का अंश-)

इतिवृत्तात्मक रूपक

इतिवृत्तात्मक रूपक वैसे रूपक हैं, जो महान् व्यक्तियों अथवा चरित्र को आधार बना कर लिखे जाते हैं। इस प्रकार के रूपकों में पर्याप्त शोध की आवश्यकता होती है; क्योंकि इनमें एक ओर जहाँ विशिष्ट व्यक्तित्वों के जन्म और उनके कर्मक्षेत्र की पड़ताल की जाती है, वहीं दूसरी ओर इसमें एक इतिहास-बोध भी साथ-साथ चलता रहता है। इस दृष्टि से इन्हें एक तरह से 'पीरियड रूपक' भी कहा जा सकता है, जिसमें इतिहास के साथ किसी प्रकार की

छेड़छाड़ नहीं की जी सकती। उदाहरणार्थ,

वाचिका: पंडित नेहरु की दृष्टि वस्तुतः एक नैसर्गिक कलाकार की दृष्टि थी, जो ज़मीन से जुड़े रहकर आकाश की ऊँचाइयों को बाँधने की क्षमता रखती थी; जिसने न केवल भारत के आबाल-वृद्ध, नर-नारियों के विकास और समृद्धि का स्वप्न साकार किया, बल्कि नयी-नयी योजनाओं के नये और चटख़ रंगों से उसे रंगा भी।

वाचक : भारत की बड़ी-बड़ी प्रयोगशालायें, लम्बे पुल, विशाल बाँध, मनोरम उद्यान, राजमार्ग, कल-कारख़ाने, स्कूल-कॉलेज, विश्वविद्यालय; खेत-खलिहान, बाग़-बगान, पगडंडियाँ-इन सभी पर उस अद्वितीय कलाकार की ही छाप है, जिसे वक़्त की धूल कभी नहीं ढंक सकी।

(फ़ेड इन-पं. जवाहरलाल नेहरु के भाषण के अंश)

(लेखक की पुस्तक 'विरासत' में संकलित रूपक 'नेहरु की विरासत' का अंश)

इस प्रकार के 'पीरियड रूपक' ऐतिहासिक घटना अथवा घटनाओं को आधार बना कर भी लिखे जा सकते हैं, जिसमें इतिहास के कालक्रम को वास्तविक चरित्रों के माध्यम से जीवंत करने की कोशिश की जाती है। उदाहरणस्वरूप निम्नांकित अंश देखा जा सकता है-

स्वतंत्रता: मंगलपांडे उसी दिन शहीद क्यों नहीं हो गया विजय...? फांसी की यंत्रणा पाने के लिए वो घायल हो कर क्यों रह गया..?

विजय : शायद इसीलिए कि फांसी के फंदे पर झूलने वाले शहीदों का गौरव कुछ और ही होता है।

स्वतंत्रता: विजय! तुमने एकदम सच कहा है। चलो, इस गौरव को समेटने वाले शहीदों को भी एक नज़र हम देख ही लें। चलो, काल के उस सीमांत पर, जहाँ रामप्रसाद बिस्मिल काल-कोठरी में पड़े फांसी के फंदे को चूमने के लिए बेक़रार हुए जा रहे हैं।......

विजय : हाँ......हाँ....चलो............

बिस्मिल: ''बहे-बहरे फ़ना में जल्द या रब लाश बिस्मिल की,

कि भूखी मछलियाँ हैं जौहरे शमशीर क़ातिल की;

समझकर फूंकना इसको ज़रा ऐ दाग़े-नाकामी,

बहुत से घर भी हैं आबाद इस उजड़े हुए दिल के...!''

(सरसराती हवा का ध्वनि-प्रभाव/भारी गेट के खुलने की आवाज़/बूटों की खटखट, दूर से नज़दीक/पदचाप रुकती है।)

जेलर : पं. रामप्रसाद बिस्मिल ! ठीक हो न...? लो, ये सरकारी फ़रमान सुन लो ! प्राण निकल जाने तक गले में फंदा डाल कर लटका दिया जाये...!

बिस्मिलः (ठहाकेदार हँसी).....वाह साहब...वाह....! प्राण निकल जाने तक...हा...हा...हा....

जेलर : पंडित जी, मरने के पहले आपकी कोई आरज़ू हो तो.....

बिस्मिलः आरज़ू...? हा...हा...हा.....

मालिक तेरी रज़ा रहे और तू ही तू रहे,
बाक़ी न मैं रहूँ , न मेरी आरज़ू रहे;
जबतक कि तन में जान रगों में लहू रहे,
तेरा ही ज़िक्र या तेरी ही जूस्तजू रहे.......
मैं, ब्रिटिश साम्राज्य का विनाश चाहता हूँ....वंदे मातरम्.....वंदे मा त र म्..(मरण का प्रभाव/ करुण संगीत)..........“

(-लेखक की पुस्तक ‘विरासत’ में संकलित रूपक ‘स्वतंत्रता की पुकार’ का अंश-)

अभिनव रूपक

अभिनव रूपक, रूपक का बिल्कुल नया प्रकार है। इस प्रकार के रूपक में कल्पनाशील होने की पूरी छूट मिलती है। इसका विषय कुछ भी हो सकता है। फूल, मिट्टी, गंगा, ताजमहल, औरत होने का अर्थ, फांसी, बेरोज़गारी, सौन्दर्यबोध-और इन जैसे तमाम विषय अभिनव रूपक में शामिल हो सकते हैं। लेखक चाहे तो इसमें अपनी कल्पनाशीलता से अनेक नये रंग भर सकता है। अभिनव रूपक में दस्तावेज़ीकरण उतना आवश्यक नहीं है, लेकिन विषय की मांग के अनुसार यदि इसमें शोध को भी शामिल कर लिया जाये, तो इस प्रकार का रूपक और भी समर्थ तथा प्रभावशाली सिद्ध हो सकता है। उदाहरणस्वरूप, ‘प्रतीक्षा है एक भगीरथ की‘ रूपक का एक अंश द्रष्टव्य है-

पुरुषः घाट की इन्हीं सीढ़ियों में से किसी सीढ़ी पर मुँह-अँधेरे आ लेटे कबीर ने कहा था-‘गंगा गुसाइन गहन गंभीर, बाँध ज़ंजीर को खड़े कबीर।‘

नारीः समाज-बहिष्कृत पंडितराज जगन्नाथ ने अपनी प्रियतमा लवंगी सहित इन्हीं सीढ़ियों पर बैठकर ‘गंगा लहरी‘ के छंदों से तुम्हें टेरा था; और गंगे तुम, ममतामयी तुम, सीढ़ी-दर-सीढ़ी हाँफती हुई चढ़कर, पवित्र प्रेमी जन का अभिषेक कर लौट गयी थीं।

पुरुषः गंगे..! तुम ही तो हो, जो कभी जयदेव की जयदेई बनीं, कभी मौजगिरि बाबा की गंगा बनीं।

नारीः गंगे, तुम ही हो, जो कभी रैदास के कठौते में आ बैठीं तो कभी गुरु तेगबहादुर के कच्चे कमरे के गढ़े की गोद में दुबक गयीं।

पुरुषः फिर तुम कानपुर, ग़ाज़ीपुर, पटना, मुंगेर होती हुई जब आगे बढ़ी थीं, तब तुम्हारे पैर ठिठक गये थे। आत्महत्या को प्रस्तुत सिराजुद्दौला की विधवा की प्राणरक्षा के लिए तुम कैसी विचलित हो उठी थीं।

(-लेखक की पुस्तक ‘विरासत’ में संकलित रूपक ‘प्रतीक्षा है एक भगीरथ की‘ का अंश-)

डॉक्यूड्रामा

जैसा कि नाम से स्पष्ट है, 'डॉक्यूड्रामा' में दो विधायें शामिल हैं- एक 'डॉक्यूमेंट्री' और दूसरी 'ड्रामा'। 'डॉक्यूमेंट्री' में विषय से संबंधित शोध करके, भेंटवार्ताओं आदि को आधार बनाकर रूपक तैयार किया जाता है, जबकि नाटक में एक निश्चित कहानी होती है, चरित्र होते हैं, संवाद होते हैं। यदि नाटक के बीच चरित्रों के आपसी संवादों में रूपक के मूल विषय की जानकारी भी शामिल कर ली जाये तो श्रोताओं को मनोरंजन देने के साथ-साथ सूचना पहुँचाने का भी काम बख़ूबी हो जायेगा। यही 'डॉक्यूड्रामा' है। उदाहरणार्थ, आलोक रंजन लिखित डॉक्यूड्रामा 'मैं गांधी नहीं हूँ' को सम्पूर्णतः देखा जा सकता है-

(दृश्य-एक)

(सड़क पर गुज़रते वाहनों, लोगों की बातचीत आदि का ध्वनि-प्रभाव....शहर का एक व्यस्त इलाक़ा....सम्मिलित हँसी की आवाज़)

रमजान-- तुम भी यार बातें मज़ेदार कर लेते हो...

स्वदेश-- वो तो है...

(दोनों हँसते हैं। इसी दरम्यान रमजान किसी को सड़क से गुज़रते देख आश्चर्यमिश्रित स्वर में बोलता है।)

रमजान-- भाई स्वदेश! जरा उधर तो देखना, उस बूढ़े आदमी को ?

स्वदेश-- अच्छा वो, जिसके हाथ में लाठी और बदन पर सिर्फ़ धोती-चादर है...?

रमजान-- हाँ...हाँ...वही, जरा गौर से देखो...धोती भी कैसे बाँध रखी है...और आँखों पर गोल फ्रे़म का चश्मा...ये तो बिल्कुल महात्माजी जैसा लग रहा है, दूर से देखने में...!

स्वदेश-- रमजान भाई! तुम भी न बिल्कुल सठियाते जा रहे हो। महात्माजी और यहाँ.... अरे, वे अब नज़र आयेंगे भी तो बस नाटक, टीवी और फ़िल्मों के पर्दे पर ही। हाँ, कभी-कभार रेडियो वाले उनकी आवाज़ ज़रूर सुनवा देते हैं।

रमजान-- लेकिन आख़िर ये बहुत कुछ बापू जैसा क्यों लग रहा है ?

स्वदेश-- बापू जैसा ? (हँसता है) अरे मियाँ, इतना भी नहीं समझे! कोई बहुरूपिया है भई, आज बापू की शक्ल बना कर निकला है। ये लोग तो रोज़-रोज़ अपना रंग-रूप बदल-बदल कर घूमा ही करते हैं।

रमज़ान-- हाँ...हाँ...और फिर आख़िरी दिन लोगों से पैसे माँग फिर चल पड़ते हैं, किसी नये इलाक़े या शहर की ओर।

स्वदेश-- चलो देर से ही सही, असल बात समझ में तो आयी तुम्हारे!

(घंटाघर में समयसूचक घंटे की ध्वनि)

अच्छा, मैं तो चला अपनी दूकान खोलने। बातों-बातों में पूरे नौ बज गये।

रमजान-- अच्छा, ख़ुदा हाफ़िज़ भाईजान...!

स्वदेश-- ख़ुदा हाफ़िज़...!

(अंतराल संगीत)

(दृश्य-दो)

(दिल्ली महानगरी की भीड़-भरी सड़कों पर विभिन्न क़िस्म के वाहनों के चलने की आवाज़ें...सड़क-किनारे के फुटपाथ पर गाँधीजी चले जा रहे हैं। फेरीवालों की, खोमचेवालों की आवाज़ें।)

गाँधीजी-- (आश्चर्य और प्रसन्नता-भरे स्वर में) आह्..हा... ये चौड़ी-चौड़ी सड़कें, ये ऊँचे-ऊँचे मकान, इतने बड़े-बड़े सरकारी कार्यालय, जगह-जगह लगे फ़व्वारे....कितना अच्छा लग रहा है आज की इस दिल्ली को देखकर ! सच, कितना तरक्क़ी कर गया हमारा हिन्दुस्तान !...लेकिन जिधर देखो, बस भीड़-ही-भीड़ नज़र आ रही है। लगता है, पूरा भारत सिमट कर दिल्ली में ही आ गया है- हर धर्म, हर क्षेत्र के लोग एक साथ....रास्ते अलग-अलग, पर सब एक ही साथ- ऐसे ही भारत का सपना देखा था मैंने कभी!

(पीछे से आते एक व्यक्ति की आवाज़)

व्यक्ति-- इतना रुक-रुक कर क्या चल रहे हो बाबा, जरा जल्दी-जल्दी चलो...चाहे हमें आगे निकलने दो। गाड़ी छूट गयी तो फिर अगले दिन तक प्लेटफार्म पर ही डेरा डालना पड़ेगा। अपनी तक़लीफ़ तो एक तरफ़, ऊपर से पुलिसवालों की चेकिंग और तरह-तरह के सवाल अलग से!

गाँधीजी-- वो क्यों ?

व्यक्ति-- लगता है, पहली बार आये हो दिल्ली, बुढ़ापे में। अरे रेडियो भी नहीं सुनते क्या ? अब तो पूरी दिल्ली में आतंकवादियों का डर बना रहता है...पता नहीं, कब, कहाँ बम फट जाये!...

गाँधीजी-- आतंकवादी, और वो भी भारत की राजधानी में ?

व्यक्ति-- क्यों, दिल्ली देश से अलग है क्या ? अरे, वे तो अब धीरे-धीरे पूरे देश में फैल चुके हैं।

(ट्रेन के आने-जाने ओर रुकने का ध्वनि-प्रभाव, जिससे पता चलता है कि वे लोग रेलवे स्टेशन तक आ पहुँचे हैं।)

- ये लो, बातों-बातों में हमलोग स्टेशन तक आ पहुँचे।

गाँधीजी-- भई, कौन-सा स्टेशन है ये ?

व्यक्ति-- नयी दिल्ली। यहाँ से पूरे भारत में जहाँ जाना चाहो, चले जाओ। अच्छा, मैं तो चला, मेरी गाड़ी बस आने ही वाली होगी....

गाँधीजी-- अ...अ...कहाँ जा रहे हो भाई ?

व्यक्ति-- राजस्थान....कम्पनी के काम से निकला हूँ.....

गाँधीजी-- अ...आ...ठीक है...ठीक है। चलो, मैं भी तुम्हारे ही साथ हो जाता हूँ। राजाओं का स्थान- राजस्थान। पता नहीं, स्वराज्य मिल जाने के बाद अब कितना बदल गया होगा।

(नयी दिल्ली रेलवे स्टेशन का ध्वनि-प्रभाव)

व्यक्ति-- जल्दी-जल्दी क़दम बढ़ाओ बाबा.... गाड़ी छूट गयी तो.....लो आ गयी हमारी गाड़ी। जयपुर होते हुए उदयपुर तक जायेगी। जहाँ जी चाहे उतर जाना। पीर-महात्मा लगते

ही हो, कोई टिकट भी नहीं माँगेगा।

(गाड़ी के आने और धीरे-धीरे स्टेशन छोड़ने की ध्वनि...लोगों में चढ़ने की धक्का-मुक्की)

टिकट कले टिकट.... टिकट....ए.. तुम...चलो उधर जाओ, ये ए.सी. बौगी है।

व्यक्ति 2-- अरे, इधर कहाँ घुसे आ रहे हो भाई..! ये रिजर्व बौगी है। उधर देखो, वो है जेनरल बौगी, तुम जैसों के लिए।

व्यक्ति 3-- चलो, जल्दी चढ़ो बाबा....यही है जेनरल बौगी.....

गाँधीजी-- हाँ....हाँ....(लम्बी साँसें)....चलो, किसी तरह आ तो गया गाड़ी में। (स्वतः) पर वो भलामानुस पता नहीं किस डिब्बे में चढ़ गया ? (गाड़ी में बैठे लोगों में दो नवयुवक भी जिनमें एक सरदार है)

युवक-- अरे दूसरों की फिक्र करना छोड़ो बाबा....आओ...आओ...इधर आओ...बैठो...ए दार जी, जरा खिसकना उधर जरा भाई....हाँ...हाँ...अब बन गयी जगह। आओ, बाबा बैठो....!

गाँधीजी-- (बैठते हुए) आह.... धन्यवाद, ये लाठी किधर खड़ी करूँ ?

सरदार-- इदर दे दे बाबा....कोणे में खड़ी रहेगी चुपचाप।

गाँधीजी-- एक बात पूछूँ भाई, ये तो थर्ड क्लास का ही डिब्बा है न ?

(युवक के साथ-साथ सभी यात्री भी जोर से ठहाका लगाते हैं।)

युवक-- अरे, किस ज़माने की बात कर रहे हो बाबा! अरे थर्ड क्लास तो बहुत पहले ख़त्म हो गया। अब या तो जेनरल है या फिर आरक्षित। दारजी! हमारे लिए तो बस यही दोनों हैं।

सरदार-- ऐं बाबा, मैनू तब से एक गल समझ में नई आ रई है कि तू देखणे-सुणने में तो बिल्कुल बापूजी जैसा लग रिया ए....फिर तैनु इद्र आने की कि लोड पै गयी थी ? फ्रीडम फ़ाइटर वाला पास तो है न तेरे कोड़ ?

गाँधीजी-- नहीं भाई, आज़ादी की लड़ाई का एक सिपाही तो मैं रहा, पर कोई पास-वास नहीं है मेरे पास।

युवक-- अरे.......पैरवी-पहुँच नहीं होगी, नहीं तो अब तक......(ज़ोर से हँस देता है)

सरदार-- छड्ड यार, ये सब्ब घपलेबाजी तो भौत पुराणी पड़ चुक्की है। टैंजिस्टर तो है न तेरे कोड़, चल्ल विविधभारती लगा। कोई गाना-वाणा सुणा। जानदा है, मण लगावण लई आज्ज भी सफ़र बिच टैंजिस्टर दा जवाब नईं.....!

(युवक ट्रांजिस्टर ऑन करता है। चलती गाड़ी के साथ ही गीत बजने लगता है.....फेड़ इन-गीत...

''देखो कहीं बरबाद न होवे ये बगीचा,

जिसको हृदय के ख़ून से बापू ने है सींचा,

रखा है ये चिराग शहीदों ने बाल के ....

इस देश को रखना मेरे बच्चों संभाल के....(फेड़ आउट..)

वाचक-- इस तरह रेलगाड़ी की यात्रा कर बापू जा पहुँचे राजस्थान के उदयपुर की सड़कों पर, जहाँ राजाओं-महाराजाओं के महल अब बड़े-बड़े सुविधा-सम्पन्न, महँगे होटलों की शक्ल ले चुके थे ।

(सुपर इम्पोज-गीत 'केसरिया बालमा पधारो म्हारे देश'-सड़कों से वाहनों के गुज़रने की आवाज़ें)

गांधीजी-- वाह...! इन महलों की ख़ूबसूरती तो पहले से और भी बढ़ गयी लगती है। (पुकारकर) अ...अ...क्यों भाई.....?

राजस्थानी-- हाँ....ज्जी..... जरूर बड्ढ गयी है, पर इनके किराये सुण्णोगे तो पाँव के निच्चे से ज़मीन ही खिसक जावेगी......दस-बारह हजारण से लाखण तक । हम्म तो जिणगी में इणके भीतर जाणे से रहे, मगर लोगण के मुँह से सुण्णा है कि भीतर तो समझो, वो उसको के कहे हैं- हाँ....... पूरा-का-पूरा सरग ही बसा हुआ है। सब्ब, पइसो का खेल है बाबा...

गांधीजी-- (साश्चर्य) अच्छा, तो फिर इसमें ठहरते कौन-से लोग हैं ?

राजस्थानी-- अरे मण्णे तो लागे है बुढ्ढापे में पूड़ा सठिया गये हो बाबा। अब ई भी कोणो पूच्छण वाली बात ए...! अरे भाया, बड्डे नेता, व्योपारी, ऊँचे-ऊँचे अफ़सर, वो का कहते हैं- देसी-विदेसी किरकिट टीम के छोकरन से बूढ़न तक........और हाँ, फिलिम वाल्ले भी। सब्ब के पास अथाह पइसो है न !

गांधीजी-- मगर इतना पैसा आता कहाँ से है ?

राजस्थानी-- घोटाला से, टैक्स का चोरी से और का... अरे किस ज़माने में हो बाबा....टीभी भी नईं देक्खन को है का ? (विराम)...अच्छा, तुम यईं खड़े-खड़े महल को देक्खो.... हम्म तो चले अपणो धंधो-पाणी पर। अच्छा, राम...राम...।

गांधीजी-- मैं तो निकला था ये सोचकर कि भारत की तरक्की देखूँगा, कुछ देख भी लिया, मगर वो सब-कुछ अबतक नहीं देख पाया, जो मुझे पहले ही देखना चाहिए था- भारत के गाँवों को, जहाँ आज भी भारतमाता की आत्मा बसती है। शहरी विकास और चकाचौंध तो बहुत देख लिया, अब चलकर देखूँ तो जरा अपने गाँवों को....

(अंतराल संगीत)

(दृश्य-तीन)

वाचिका-- गाँधी तो यात्री थे ही लोकपथ, सत्यपथ और धर्मपथ के; फिर उन्हें भला क्या देर लगती गाँवों तक पहुँच पाने में।

वाचक-- सड़क से ही निकलता था गाँवों में जाने का टेढ़ा-मेढ़ा रास्ता और आगे दूर-दूर तक बस रेत-ही-रेत। फिर क्या, गाँधी चल पड़े राजस्थान के गाँवों की रेतीली राहों पर।

(दूर से गाती हुई महिलाओं का स्वर धीरे-धीरे पास आता जाता है, जो कोसों दूर से सिर पर पानी के मटके लिए चली आ रही हैं। बीच-बीच में उनके एक-दूसरे को छेड़ने और हँसी की सम्मिलित आवाज़ें भी सुनायी दे जाती हैं।)

(फ़ेड इन-गीत) ''पाणी ड़ो बरसा दे म्हारा राम रे...

(सुपरइम्पोज)

गाँधीजी-- पता नहीं, कितनी दूर से मटकों में पानी भर ला रही होंगी ये औरतें! पास जा, जरा पूछूँ तो! (गीत जारी-पाणी ड़ो बरसा दे....)

बेटी, एक बात बताओगी, कितनी दूर से ये घड़े माथे पर रख चली आ रही हो ?

औरत 1-- बब्बा, अब कोई इंची-टेप ले के तो णाप्पो नई, पण कोई कोस-भर तो होग्गा ही। ठीक बोल्ली ण कजरी ?

कजरी-- अरे, ये कौण-सी णवी बात है बाबा। हम्म तो बचपण से यई करती आयी हैं-वा मैका हो के सासुर-औरत जात के जिणगी में कहीं चैण नहीं।

गाँधीजी-- क्यों, अब तक नल नहीं पहुंचा तुम्हारे गाँवों तक....हैंड पम्प...हाथ से चलने वाला...?

औरत 2-- अब इतणा मूरख भी हमें नई समझो बब्बा....हेण्ड पम्प से लोंग जम्प तक, सब्ब समझते हैं हम!

कजरी-- चोप्प...! अ.....बात ई है कि हेंड पम्प कहणे को तो चार-चार लग गये म्हारे इलाके में; पर वा में तीण तो चार-पांच मासण से खराब पड़े हैं।

औरत 1-- हाँ बब्बा, सरकार ने गड़वा तो दियो, पण इ देक्खणवाला कोई नई कि वो चल रहा है के नई। परमुख के, परधान के....सब्ब के पास गयो हम, पण उन्हें हमारी फिकर काये को होवे। उणके घर के पास का पम्प तो ठीक से चल रिया है न...बरोबर मरम्मत भी करवा देता ए बीडीओ.....।

कजरी-- बस, बस...भौत भासण झाड़ ली। घर चल के जल्दी रसोई पका ले, नई तो सासु तेरी, वही चंडी माई- माता की पुज्जा से जल्दी जो लौट आयी, तो फिर तेरी तो वो पुज्जा करेगी झाड़ू से कि...... (सम्मिलित हंसी)

औरत 2-- चल जल्दी....सरपंच इधर ही आ रहा है......

सभी-- हाँ.....हाँ....चल....चल......

गाँधीजी-- कितनी अजीब बात है....। आज़ादी मिले इतने साल हो गये, पर आज तक लोगों को पीने का पानी भी ठीक से नसीब नहीं।

सरपंच-- होग्गा कहाँ से बब्बा, सब्बों को तो यहाँ अपणी-अपणी पड़ी है। देखा नई, अब्बी कुछ ही पैले क्या-क्या नई हुआ यहाँ....! एक-दूसरे के बीच नफरत की आग सुलग उठी और उस आग में जलकर बरबाद हो गयी लाखों-करोड़ों की सम्पत्ति....मारपीट, खून-खराबा हुआ, सो अलग से। अरे, यहाँ के आग की लपट जब हरियाणा और रज्जधानी तक पहुँच गयी न, तब कहीं जाकर मामला कुछ महीनों के लिए शांत हुआ।

गाँधीजी-- महज अपनी स्वार्थ-सिद्धि के लिए इतना बड़ा गुनाह...! (संगीत सुपरइम्पोज़) आज़ादी के बाद ये हाल हो गया लोगों का इस देश में...! राम-कृष्ण, बुद्ध, महावीर, रामकृष्ण परमहंस, विवेकानन्द, कविगुरु......

सरपंच-- भौत बड्डे-वड्डे णाम गिणा चुक्के बाबा..... पर अब्ब तक असल णाम तो लिया ही णई...अरे, मुँह का देख रहे हो मेरा....बाप्पूजी का, महात्मा जी का, और किसका ? (हँसी)

ए, बब्बा, थारी तो सकल-सूरत भी मिलती है बाप्पू जी से, और रूप भी उण्हीं का बणा रखा है ।.........(संगीत सुपरइम्पोज़)

गाँधीजी-- कोई नया रूप नहीं बना रखा है मैंने। मैं ही हूँ गाँधी... मोहनदास करमचंद गाँधी.....!

सरपंच-- (हँसी) अच्छा बब्बा, चलो....चलो माण लिया कि तुम असली गाँधी बाबा हो। सुनो, फिर तुम्हीं एक बात बताओ बब्बा। क्यों नहीं कोई भी गाँधी की तरह बैठ गया अनशन पर ? कहता- कि जब तक तुमलोग झगड़ा-फसाद, मार-काट बन्द नहीं करोगे, तब तक उठूँगा नहीं अनशन पर से.... नहीं किया न...? कैसे करते...? उनके मन में तो प्रेम और त्याग की भावना हो तब ना...

गाँधीजी-- हाँ, मैं तो जीवन-भर सत्याग्रह, उपवास और अनशन के जरिए यही सब करता रहा। मैं रहता तो यही कहता कि- भाई! ये हिंसा बन्द करो । आपस में मिलबैठ विचार करो और फिर कोई ऐसा फ़ैसला लो, जो सब के हित में हो, समाज के हित में हो, देश-हित में हो ।

सरपंच-- बब्बा, ए बब्बा, काश्....महात्मा जी के बाद उन जैसा त्यागी, कष्टभोगी और लोकहित की बात सोचने वाला कोई जणनेता पैदा हुआ होता, तो आज भारत के गाँवों की तस्वीर ही कुछ और होती बब्बा....!

(संगीत सुपरइम्पोज)

(दृश्य चार)

वाचक-- मन दुखी तो आदमी के पाँव बरबस बढ़ ही जाते हैं, अपने घर, अपने लोगों के बीच जाने को, उनके बीच मिल-बैठ अपने हृदय की पीड़ा कुछ कम करने को। सो बापू जा पहुँचे गुजरात ।

(गुजरात को प्रतीकित करता संगीत.....दूर से आती बस के रुकने की आवाज़......अन्य वाहनों के आने-जाने की आवाज़ें)

कन्डक्टर-- चलो, उतरो बैण, आ गया तुम्हारा गाँधी नगर..... (बस की बॉडी पीटता है)

गाँधीजी-- गाँधी नगर ......तब तो पोरबन्दर की यात्रा बाद में, पहले जरा इस नगर को तो देख लूँ। (थोड़ा ज़ोर से) ठहरो भाई, मैं भी यही उतर रहा हूँ।

(गाँधी बस से उतरते हैं........ बस के आगे चल देने का ध्वनि प्रभाव)

गाँधीजी-- पहले चलूँ, थोड़ा विश्राम कर लूँ, फिर घूमूँगा अपने नाम की इस नगरी में - मगर हाथ-पाँव सीधे करने को....... हाँ, वो पार्क नज़र आ रहा है, वहीं चलना ठीक रहेगा।

(पार्क के सूखे पत्तों पर गाँधी के चलने का ध्वनि-प्रभाव......पार्क में तीन युवकों की सम्मिलित हँसी की आवाज़)

व्यक्ति 1-- अरे, जरा उस बूढ़े को देखो तो......

व्यक्ति 2-- हाँ... अरे, वो तो बिल्कुल अपने बापू जैसा लग रहा है।

व्यक्ति 3-- क्या परफ़ेक्ट रूप बनाया है। लगता है, किसी नाटक कंपनी में काम करने जा रहा है....!

व्यक्ति 1-- अच्छा रुको...! मैं ही देखता हूँ आगे बढ़कर (पॉज.....वह आगे बढ़ता है, औरों के भी उसके पीछे चलने की आवाज़)

-बाबा, कौन हो तुम और यहाँ क्या कर रहे हो ?

गाँधीजी-- म् मैं...मैं बापू हूँ.......तुम सबका अपना बापू ....गाँधी...गाँधी है मेरा नाम... इतनी देर से पहचान नहीं रहे.....?

व्यक्ति 3-- (धीमे स्वर में) लगता है, कोई पागल है...(गाँधी से मुख़ातिब) अच्छा, ये बताओ, क्या करने आये हो यहाँ अपनी नाटक-नौटंकी छोड़कर ?

गाँधीजी-- गुजरात को देखने, उसके हालात जानने, आख़िर ये घर है मेरा....!

व्यक्ति 1-- हाल जानना चाहते हो गुजरात का, तब तो बड़ी देर कर दी। आना तो तब था, जब पूरा गुजरात धू-धू कर जल रहा था...क़ौमें भाई-भाई न रह, एक-दूसरे के ख़ून की प्यासी हो उठी थीं, क्यों सुलेमान !

व्यक्ति 2-- दोस्त, याद मत दिलाओ उस ख़ूनी मंजर की...... रूह काँप उठती है।

(बैकग्राउंड से मारो, काटो, जला दो...बम.......गोलों.....गोलियों की आवाज़ें....चीख-चीत्कार...)

गाँधीजी-- (चीखते हुए) नहीं....... (इको में)

बस, बहुत हो चुका ..... अब और नहीं सह पाऊँगा..... मेरी अपनी जन्मभूमि की ऐसी दुर्दशा... और वो भी इस इक्कीसवीं सदी में, आज के आधुनिक, विकसित और सभ्य भारत में.....?...... इस उज्ज्वल दिखते भारत की ऐसी काली-दर्दीली हक़ीक़त ? आह्....अच्छा हुआ, बहुत अच्छा हुआ, मैं तब नहीं आया यहाँ ।

व्यक्ति 3-- अरे....आते भी तो क्या कर लेते ? बदल देते सारे हालात को ?

गाँधीजी-- दावा तो नहीं करता, पर कोशिश ज़रूर करता ।

व्यक्ति 1-- कैसी कोशिश....?

गाँधीजी-- ठीक वैसी ही, जैसी *सितम्बर' 47 में कलकत्ते में मैंने की थी-हिन्दू-मुस्लिम एकता स्थापित करने के लिए 72 घंटों का उपवास।*

व्यक्ति 2-- और फिर 14 जनवरी, 1948 को तुम्हारा सत्रहवाँ और अंतिम उपवास। 121 घंटों का वो उपवास भी तो क़ौमी एकता के मक़सद से ही रखा था, आज़ादी मिलने के बाद फैले दंगे को शांत करने के लिए, दिल्ली में......! हाँ, याद आ गया मुझे, सब याद आ गया......अब्बा ने बताया था ये सब। अब मुझे यक़ीन आ गया, तुम कोई बहुरूपिया नहीं, वाकई बापूजी हो, इस मुल्क़ के बाबा-ए-क़ौम.... हम-सब के राष्ट्रपिता महात्मा गाँधी......!

गांधी-- नहीं..........!...(संगीत सुपरइम्पोज़) नहीं...गांधी नहीं हूँ मैं....मैं गांधी नहीं हूँ.....मैं गांधी नहीं हूँ.....गांधी तो कब का मर गया.....पर एक बात कहूँ....गोडसे ने तो तीन गोलियों से ही ख़त्म कर दिया था मेरा नश्वर शरीर, पर इस आज़ादी और लोकशाही में तो पग-पग पर, रोज़-रोज़ मर रही है मेरी आत्मा.....मेरी रूह....! और कब तक मारोगे तुम सब मुझे......कब तक मारोगे........?.....तोड़ दो मेरी सारी मूर्तियाँ....बदल दो सारी जगहों के नाम, जिन्हें मेरे नाम से जाना जाता है.....और अब मत चढ़ाओ फूल मेरी समाधि पर.......नहीं चाहिए, नहीं चाहिए मुझे किसी की भी कोई हमदर्दी........बंद करो मेरे जन्म और मरण पर मनाया जाने वाला ये सालाना जलसा....क्या अधिकार है तुम सबको मेरे नाम पर, मेरे आदर्शों, सिद्धांतों और विचारों को बार-बार दुहराने का, जब तुम उनपर चल ही नहीं सकते...! अरे....गाँधीविचार तक को नहीं बख़्शा तुम लोगों ने, गाँधीगिरी बनाकर रख दिया, जैसे वो भी कहीं की कोई दादागिरी हो....! मत कहो मुझे गाँधी....मैं गांधी नहीं हूँ.... मैं गाँधी नहीं हूँ.... मैं गाँधी नहीं हूँ....(लगातार बोलते-बोलते गाँधी हाँफने लगते हैं....आवाज़ बदलती चली जाती है और फिर ख़ामोश पड़ जाती है)

व्यक्ति 2-- अरे....रे...ये क्या.....लगता है बेहोश हो गये.....

व्यक्ति 1-- कहीं मर तो नहीं गये.....

व्यक्ति 3-- अरे, जल्दी अस्पताल ले चलो....

व्यक्ति 3-- हाँ....हाँ.....

व्यक्ति 2-- नहीं....गाँधी कभी नहीं मर सकते, कभी नहीं...। उन्होंने अपनी ज़िंदगी में, अपने बड़े-बड़े कामों से जितनी रौशनी फैलायी, उससे हम ख़ुद को कितना रौशन कर पाये, ये गुज़रा कल नहीं, आने वाला कल ही बता पायेगा.....आने वाला कल ही बता पायेगा......।

(एक लंबा सन्नाटा.......फिर धीरे-धीरे हवा का शोर बढ़ता और तेज़ होता हुआ)

(गाँधीजी का यथार्थ स्वर)

"कोई भी तालीम किसी को सच्ची तरह से मिल नहीं सकती है, जबतक उसकी जड़ सत्य और अहिंसा नहीं है। और सच्ची विद्या तो ये कि संस्कृत में कहा गया है कि विद्या उसका नाम है, जिसको पढ़ने से और जिसके मुताबिक़ आचरण करने से आदमी को मुक्ति मिलती है।"

?

रेडियो रूपक की शैली

रूपक में सिर्फ़ विषयवस्तु के चयन से ही बात नहीं बनती, बल्कि श्रोताओं के दिलोदिमाग़ पर अधिक देर तक असर बनाये रखने के लिए समय-समय पर इन प्रस्तुतियों में नयी-नयी शैलियों का समावेश भी किया जाता रहा है। शब्दों का संयोजन किस प्रकार हो; उनका प्रयोग किस प्रकार किया जाये कि शब्द-दृश्य का निर्माण हो सके, बिम्ब उभर कर सामने आ सकें। इस दृष्टि से, रेडियो रूपक की निम्नलिखित शैलियाँ निर्धारित की जा सकती हैं-

1. रिपोर्ताज शैली
2. विवरण शैली
3. न्यूज़रील शैली
4. आँखों देखा हाल शैली
5. लोककथात्मक शैली
6. काव्यात्मक शैली

रिपोर्ताज शैली

जैसा कि नाम से स्पष्ट है, 'रिपोर्ताज' शब्द अंग्रेज़ी के 'रिपोर्टिंग' से बना है, जिसका अर्थ होता है-"किसी तथ्य का वर्णन, जो सुना, देखा अथवा किया गया हो।" इस शैली के रूपकों में दृश्यों अथवा घटनाओं के विवरण को इस तरह से प्रस्तुत करने का प्रयास किया जाता है कि लगता है जैसे सूत्रधार वहाँ स्वयं उपस्थित हो। उदाहरणार्थ-

"यहाँ बड़ी-बड़ी अट्टालिकायें हैं, कहकहे हैं, मचलती और पूरी होती आरज़ूएँ हैं, रंगीनियों की शामें हैं, ज़िंदगी की धड़कन है, संतुष्टि का सामाज्य है।

दूसरी ओर शहर के कचरे को अपनी गोद में समेटने को अभिशप्त, दुबली और कमज़ोर झोपड़पट्टियाँ हैं; जहाँ आँसू हैं, कभी पूरे ना होने वाले ख्वाब हैं, अँधेरी गुफा में घुटती सांसें हैं, घोर ग़रीबी और बदहाली की फटी हुई चादर है।"

(-इस पुस्तक के लेखक द्वारा लिखे गये रूपक 'बदहाल ज़िंदगी' का अंश-)

विवरण शैली

इस शैली के रूपकों में दृश्यों, स्थितियों अथवा विचारों के विवरण इस प्रकार प्रस्तुत करने के प्रयास होते हैं, जिससे घटना की संवेदना को अनुभव किया जा सके। उदाहरणार्थ-

वाचक-- "वैशाली में यहाँ का 'धातु-स्तूप' अद्भुत है। यह भगवान्बुद्ध के धातु-अवशेष पर बने धातु-स्तूपों में से एक है। महापरिनिर्वाण के बाद कुशीनगर के मल्लों द्वारा बुद्ध के शरीर का राजकीय सम्मान के साथ अंतिम संस्कार किया गया। इसके बाद उनके धातु-अवशेष को आठ बराबर भागों में बांटा गया, जिसमें एक भाग वैशाली के लिच्छिवियों को मिला था। शेष भाग मगध के अजातशत्रु, कपिलवस्तु के शाक्य, अलिकप्पा के बुलियाग्राम, वेद्दीय के एक ब्राह्मण तथा पावा एवं कुशीनगर के मल्लों को मिले।

वाचिका-- पाँचवीं सदी ईस्वी-पूर्व में निर्मित यह स्तूप 8.07 मीटर व्यास वाला मिट्टी का एक छोटा-सा स्तूप था। बाद के दो सौ पचास वर्षों में मौर्य, शुंग एवं कुषाण युग में पकी ईंटों से आच्छादित करके इसके आकार एवं ऊँचाई को परिवर्धित किया गया। इसके उत्खनन में पुरातत्विक महत्व की कई वस्तुएँ-आहतु मुद्रा, मणकों एवं स्वर्ण-सामग्री के अतिरिक्त एक धातु-मंजूषा भी प्राप्त हुई है, जिसमें राख-मिश्रित मिट्टी रखी है। दरअसल ये सारे

अवशेष वैशाली के 'कोल्हुआ' में लगभग 22 एकड़ परिसर में फैले हैं।''

(-इस पुस्तक के लेखक द्वारा लिखे गये रूपक 'वैशाली का सौन्दर्य' का अंश-)

न्यूज़रील शैली

इस प्रकार की शैली के रूपकों की विशेषता यह होती है कि इसकी वर्णना में तथ्यात्मक गतिशीलता दिखाई देती है। उदाहरणार्थ-

वाचक-- तखत श्रीहरिमंदिर पहुँचने के लिए सबसे सुगम है, पटना साहिब रेलवे-स्टेशन उतरना, अगर आप कहीं बाहर से आ रहे हों। वहां से रिक्शा द्वारा जाया जा सकता है, जहाँ से तखत की दूरी मात्र एक किलोमीटर है और रिक्शे का भाड़ा पाँच रुपये।

वाचिका-- विशेष परिस्थितियों में, गुरुद्वारा में बाहर से आये लोगों के ठहरने की व्यवस्था भी की जाती है। इसके अलावा आसपास में मध्यम दर्ज़े के होटल भी उपलब्ध हैं, जहाँ ठहरा जा सकता है।

वाचक-- यहाँ अगर कुछ दिन रुकने की योजना हो तो गुरुजी से संबंधित आसपास के दो और स्थलों को देख सकते हैं। इनमें एक है 'मैनी संगत' और दूसरा है 'गोविन्द घाट'। ये सभी पाँच किलोमीटर के दायरे में हैं।

(-इस पुस्तक के लेखक द्वारा लिखे गये रूपक 'तख़्त श्रीहरिमंदिर' का अंश-)

आँखों देखा हाल शैली

यह शैली, रिपोर्ताज शैली के अत्यंत क़रीब है। अंतर सिर्फ़ इतना है कि रिपोर्ताज शैली में जहाँ दृश्यों अथवा घटनाओं के विवरण को इस तरह से प्रस्तुत किया जाता है कि लगता है जैसे सूत्रधार वहाँ स्वयं उपस्थित है, जबकि आँखों देखा हाल शैली में श्रोता स्वयं को ही घटनास्थल पर मौजूद समझने लगता है। उदाहरणार्थ-

"...गाँव में मेला लगा हुआ है। इस मेले में रूनू और झुनू अपने बालपन में घुटनों पर चल रही हैं। उनकी नाक बह रही है, धूल में खेल रही हैं वो, गुड़ियों से खेल रही हैं वो...."

(-इस पुस्तक के लेखक द्वारा लिखे गये रूपक 'बेटियाँ' का अंश-)

लोककथात्मक शैली

लोककथात्मक शैली में मूल विवरण को प्रस्तुत करने के लिए कहानी कहने और सुनने की शैली अपनायी जाती है, जिसमें जिज्ञासा, प्रश्न आदि का समावेश किया जाता है। उदाहरणार्थ-

तारा-- तो कथा कहो उस रचनाकार की, या फिर कथा कहो अपने जन्म की, अपने समय की....

महेन्द्र-- अर्थात्, कथा कोणार्क की !
(धीरे-धीरे नारी-स्वर में आलाप)
"प्रणय का नहीं करुण उच्छ्वास, छिन्न आशाओं का अवसान;
कला की जोत अटल विश्वास, जगाये खंडहर सोता है;
दूर वह खंडहर सोता है।"
(रूपक-जगदीशचंद्र माथुर: लेखक-राकेश कुमार सिंह)

काव्यात्मक शैली

काव्यात्मक शैली, जैसा कि नाम से ही स्पष्ट है, इसमें काव्यात्मकता प्रधान होती है। इस प्रकार के रूपक में वाचन का स्वरूप भी पूर्णतः काव्यात्मक होता है, जिसकी पहुँच गेयता के आसपास तक होती है। उदाहरणस्वरूप लेखक द्वारा 'कामायनी' का काव्यात्मक शैली में किया गया रूपान्तर देखा जा सकता है।

('कामायनी' का आरंभ जलप्लावित पृथ्वी से होता है। प्रलय के बाद समुद्र की लहरें शांत होने लगी हैं। मनु चिंतामग्न एक शिला पर बैठे हैं। उन्हें देवजाति के वैभव और विलास पर क्षोभ हो रहा है, लेकिन लहरों के बीच से पृथ्वी और प्रकृति की शोभा जैसे-जैसे उभरती है, वैसे-वैसे मनु अभिभूत होते जाते हैं और एक गुफा में आश्रय बनाकर वहाँ यज्ञ-कर्म करने लग जाते हैं।)

(प्रलय-दृश्य-ड्रम आदि की आवाज़ से अपेक्षित प्रभाव)

(कोरस-स्वर)

"प्रलय हुआ ये प्रलय हुआ
सोच रहा तू क्या इन्सान
अबतक जो तूने है किया
ये उसका ही है परिणाम्"
-प्रलय-दृश्य जारी,-
मनु --: मैं हूँ मनु .... बच गया एकमात्र शायद
इस प्रलय-सिंधु की हलचल में
भाव बेचैन विचरते हैं मन में
बुद्धि, मनीषा, मति, आशा, चिंता
न जाने कितने नामों से भ्रमित मैं,
बस चाहता हूँ, विस्मृति के उपवन में सो जाऊँ मैं;
अवसाद पुकारे और खो जाऊँ मैं .... आह्
ये जलप्लावन भी धीरे-धीरे उतर रहा,
महावट से बँधी ये नौका भी रिक्त है

जैसे मन मेरा मर्मवेदना और करुणा से
हो विकल रहा.......
(गीत-मनु)
''चिंता करता हूँ मैं जितनी उस अतीत की उस सुख की,
उतनी ही अनंत में बनती जातीं रेखाएँ दुख की;
आह सर्ग के अग्रदूत! तुम असफल हुए, विलीन हुए,
भक्षक या रक्षक जो समझो, केवल अपने मीन हुए।''
मनु-- : स्मृतियों के अँधेरों में
तांडव सुन रहा हूँ,
और जयघोष जो पल-पल
बेध रहे मुझे ।
(फ़्लैशबैक ... तेज़ आंधियाँ ... बारिश ... बिजली की कड़क)
हाँ! देव-दंभ से निकला वो महाघोष......
प्रकृति हमसे हुई पराजित,
प्रकृति हमसे हुई पराजित,
हाँ, हम सबने किया पददलित उसे ।
भोले थे हम,
तिर रहे थे मद में चूर,
विलासिता के नद में सब डूबा, हम भी डूबे
उन्मत्त विलास के हाथों
हम सब गये
छले, टूटे ।
प्रकृति ने लिया प्रतिशोध,
विशृंखल कर दी सृष्टि
तभी तो अचानक हुई
बड़ी आपदाओं की वृष्टि ।
झंझा आयी, तूफ़ान बढ़ा,
झटके में टूट गये सारे बंधन;
क्षितिज डूबा, फिर डूबी धरती
बढ़ता गया पंचभूत का तांडव-नर्तन ।
(गीत-समवेत-स्वर)
''एक नाव थी, और न उसमें डांड़े लगते या पतवार,
तरल तरंगों में उठ-गिरकर बहती पगली बारंबार।
लगते प्रबल थपेड़े, धुंधले तट का था कुछ पता नहीं;

कातरता से भरी निराशा देख नियति पथ बनी वहीं।''

मनु-- : कितनी रातें गयीं, दिन बीते

इसका कोई भान नहीं रहा;

कबतक घूमता रहा कालचक्र,

इसका कोई ज्ञान नहीं रहा;

सुध-बुध खोया पड़ा था

कि महामत्स्य ने दिया एक चपेटा

जर्जर नाव क्या सह पाती उसे ?

कंदुक-सा उछलाया उसे

और ला पटका इस उत्तरगिरि के शीर्ष पर

और महामरण बन गया पुनः

देव-सृष्टि का वास !

(गीत-समवेत-स्वर)

''उषा सुनहले तीर बरसाती जयलक्ष्मी-सी उदित हुई,
उधर पराजित काल-रात्रि भी जल में अंतर्निहित हुई ।
वह विवर्ण मुख त्रस्त प्रकृति का आज लगा हँसने फिर से,
वर्षा बीती, हुआ सृष्टि में शरद-विकास नये सिर से ।
नव कोमल आलोक बिखरता हिम-संसृति पर भर अनुराग,
सित सरोज पर क्रीड़ा करता जैसे मधुमय पिंग पराग ।
धीरे-धीरे हिम-आच्छादन हटने लगा धरातल से,
जगीं वनस्पतियाँ अलसायीं मुख धोतीं शीतल जल से ।''

मनु-- : देखा मैंने वो दृश्य अतिरंजित एकांत का,
नीरवता भी चपल थी प्रकृति की चंचलता से,
ये जैसे मैं 'मैं' नहीं हूँ, न ये सब हैं वैसे ही,
सब हैं परिवर्तन के पुतले ।

(गीत-मनु)

''मैं हूँ, यह वरदान सदृश, क्यों लगा गूंजने कानों में!
मैं भी कहने लगा, 'मैं रहूँ शाश्वत नभ के गानों में!
यह संकेत कर रही सत्ता किसकी सरल विकासमयी,
जीवन की लालसा आज क्यों इतनी प्रखर विलासमयी?
तो फिर क्या मैं जिऊँ और भी,जीकर क्या करना होगा?
देव ! बता दो, अमर वेदना लेकर कब मरना होगा?''

मनु-- : मरण नहीं, जीवन है,
जीवन में ही जीवन है ।

हा! कहाँ जाऊँ, किस विधि

प्रसन्नता या वेदना में सुख पाऊँ ...

अरे! दूर दिख रही एक गुफा है,

तप के अनुकूल प्रकृति की कैसी रमणीय छटा है,

हाँ, यहीं होगी प्रारंभ पुनः सृष्टि की रचना,

मरण नहीं, जीवन है

ये जीवन की रचना ।

(ओ३म्... ओ३म्... ओ३म्... श्लोक-पाठ आदि का स्वर-प्रभाव)

वास्तव में, रेडियो रूपक प्रस्तुतीकरण की विधा है, चाहे वह किसी भी विषयवस्तु पर आधारित हो, किसी भी शैली में निबद्ध हो। उसकी चामत्कारिकता प्रस्तुतीकरण पर ही निर्भर करती है; विशेष रूप से इसपर कि उसमें ध्वनि और संगीत-प्रभावों का इस्तेमाल कितनी रचनात्मक कौशल से किया गया है।

रूपक: लेखन-कला

रूपक-लेखन एक विशेष कला है और इसलिए यह अपने लेखक के लिए ख़ास कौशल की मांग करता है। इसकी प्रमुख मांगें इस प्रकार हैं-

लिखने की तैयारी

किसी भी रूपक को लिखने के पहले उसका एक खाका तैयार करना ज़रूरी होता है। इसे रूपक की नींव भी कहा जा सकता है और सभी जानते हैं कि मज़बूत नींव के बिना अच्छी और सुदृढ़ इमारत नहीं खड़ी हो सकती। इसलिए रूपक लिखने के पहले निम्नलिखित 'होमवर्क' करना ज़रूरी होता है-

1. शोधकार्य- विषय से संबंधित सभी तथ्य पूर्ण रूप से एकत्रित कर लिये जायें।

2. सामग्री-संकलन- विषय से संबंधित सभी अद्यतन तथ्य एकत्रित करें। साथ ही, पक्ष-विपक्ष-दोनों की प्रतिक्रियाओं का समावेश करें।

3. संदर्भ के स्रोत- प्रमाणित स्रोत से संदर्भ और तथ्य इकट्ठा करें। जो तथ्य इकट्ठा करें, उन्हें ठीक से प्रमाणीकृत करा लें।

4. लेखन का प्रारूप- लेखन प्रारम्भ करने से पूर्व उसका एक ख़ाका ज़रूर तैयार कर लें।

5. क्रम- रूपक का आदि, मध्य और अंत तय कर लेना चाहिए। इससे लेखन में भटकाव की संभावना बहुत कम हो जाती है।

6. समग्रता- लेखन में यह अवश्य देखना चाहिए कि आप जो कुछ भी कह रहे हैं, उसका प्रभाव समग्र रूप में पड़ रहा है या नहीं। विवादास्पद पक्ष पर किसी विश्वसनीय व्यक्ति की राय शामिल करें। लेखन में तटस्थता का होना अनिवार्य है।

7. मूल प्रश्न- मूल प्रश्न पूर्व में तय हो जाने चाहिए।

8. साक्षात्कार के स्रोत- भिन्न-भिन्न साक्षात्कारों के स्रोत नोट कर रखने चाहिए।

9. आरंभ- रूपक का आरंभ रोचक होना चाहिए जो जिज्ञासा का भाव प्रकट करने में सक्षम हो और आगे क्या होने वाला है उसके बारे में संकेत देता चले।

10. अंत- इसी प्रकार रूपक का अंत विषय-विस्तार को समेटते हुए एक समाधान की ओर इशारा करता हुआ लगना चाहिए, भले ही वह प्रश्नात्मक क्यों न हो।

उपर्युक्त ढांचा या खाका तैयार हो जाने के बाद ही रूपक का लेखन प्रारंभ किया जा सकता है। रूपक-लेखन में निम्नलिखित बातों का ध्यान रखना बेहद ज़रूरी है-

11. शीर्षक- विषय का समग्र चित्र प्रस्तुत करने वाला।

12. लक्ष्य- किस श्रोता-समूह के लिए कार्यक्रम है।

13. अवधि- अवधि के अनुसार लेखन।

14. प्रसंग- प्रसंग को पकड़ कर रखना आवश्यक।

15. ध्वनि एवं संगीत-प्रभाव- ध्वनि एवं संगीत प्रभावों का स्थान आलेख लिखते समय तय।

उच्चरित शब्द (*Spoken Words*)

यों तो शब्दों से बनी ध्वनि का प्रसारण किसी भी प्रकार से हो, वह उच्चरित शब्द ही होगा; लेकिन रेडियो में उच्चरित शब्द का प्रयोग रूढ़ अर्थ में होता है। रेडियो में यह दो रूपों में प्रयुक्त होता है। एक, लिखित रूप में और दूसरा अलिखित रूप में। लिखित रूप में प्रसारित सामग्री वार्ता (Talk) कही जाती है और अलिखित सामग्री के अन्तर्गत इण्टरव्यू या बातचीत, परिचर्चा या परिसंवाद आदि आते हैं।

वार्ता

'वार्ता' का शाब्दिक अर्थ है बातचीत या वृत्तांत। इसी का विस्तृत रूप है वार्तालाप। परन्तु रेडियो में 'वार्ता' का अर्थ 'रेडियो टॉक' के अर्थ में रूढ़ होकर 'स्पोकेन वर्ड' का पर्याय बन गया है। शाब्दिक तौर पर 'स्पोकेन वर्ड' का मतलब होगा-'बोले गये शब्द'। यानी शब्द या संदेश सिर्फ़ पढ़े ही नहीं, बोले भी जायेंगे। ज़ाहिर है कि 'पढ़े गये शब्द' (छपे हुए शब्द) और 'बोले गये शब्द' (स्पोकेन वर्ड) में बहुत अंतर है।

पठित सामग्री का असर जहाँ वैयक्तिक और आत्मकेन्द्रित होता है, वहीं उच्चरित शब्द का प्रभाव सामूहिक, व्यापक और दूरगामी होता है। रोज़मर्रा जीवन में भी जहाँ हम एक-दूसरे से वार्ता करते हैं, वहाँ थोड़ी-बहुत सामूहिकता का आभास ज़रूर होता है; फिर भी, वहाँ परस्पर संवाद का ही आदान-प्रदान होता है। लेकिन रेडियो वार्ता में संवाद की कोई गुंज़ाइश नहीं होती, क्योंकि वहाँ दो ही पक्ष होते हैं- एक, वक्ता और दूसरा, श्रोता।

लेकिन इससे यह नहीं समझ लेना चाहिए कि रेडियो वार्ता एक प्रकार का भाषण है। प्रत्यक्ष भाषण में वक्ता पूरी सभा को संबोधित करता है, व्यक्तियों को नहीं। जबकि रेडियो वार्ता में वक्ता अपने को इस प्रकार प्रस्तुत करता है कि प्रत्येक श्रोता को यह अनुभव होता है कि वक्ता सिर्फ़ उसी से बातें कर रहा है। दूसरे शब्दों में, रेडियो वार्ताकार से प्रत्येक श्रोता एक आत्मीय संबंध स्थापित कर लेता है।

इस रूप में, रेडियो वार्ता का सबसे महत्वपूर्ण तत्व है- इसकी बोधगम्यता। पठित सामग्री की तरह श्रोता वार्ता के अनसुलझे या छूटे अंशों को दुहरा नहीं सकता, इसलिए वार्ता को अत्यंत सरल, सुस्पष्ट और बोधगम्य होना चाहिए। वार्ता की सरलता या दुरूहता इसके विषय पर भी निर्भर करती है। मसलन साहित्यिक वार्ताओं में साहित्य के सामासिक शब्दों की प्रधानता हो सकती है और विज्ञान-विषयक वार्ताओं में तक़नीकी शब्दावली की। परन्तु एक सफल रेडियो वार्ता वही हो सकती है, जो कठिन विषयों को भी सहज और सरल रूप में श्रोताओं के सामने प्रस्तुत कर सके। वास्तव में, वार्ता आलेख का वाचन मात्र नहीं है, बल्कि यह अभिव्यक्ति का ऐसा माध्यम है, जिसमें वाचिक अभिनय-परम्परा का रूप भी सम्मिलित होता है। इसलिए इसकी प्रस्तुति के लिए विशेष लाघव और सतत् अभ्यास की आवश्यकता होती है, जो मात्र पुस्तकीय ज्ञान से संभव नहीं। फिर भी, कुछ तक़नीकों को ध्यान में रखने से कोई भी व्यक्ति रोचक और प्रभावशाली वार्ता लिख सकता है।

1. सामान्य बोलचाल का लहज़ा- रेडियो में सामान्य बोलचाल के लहज़े में प्रस्तुत आलेख विशेष प्रभावकारी माना जाता है। यह सामान्यतया ऐसा हो कि विषय की गंभीरता भी बनी रहे और बात भी सबकी समझ में आ जाये। कई बार सरलता के चक्कर में वार्ताकार बचकाने पर उतर आते हैं, जिससे विषय की गंभीरता तो नष्ट होती ही है, श्रोताओं पर वार्ता का नकारात्मक प्रभाव भी पड़ने लगता है।

2. आत्मीयता की भाषा- रेडियो वार्ता की भाषा ऐसी होनी चाहिए कि श्रोताओं को ये न लगे कि वह किसी विशेषज्ञ से सीख ले रहा है या ज्ञान प्राप्त कर रहा है; बल्कि उसे यह अनुभव होना चाहिए कि वह अपने किसी दोस्त की बात सुन रहा है। इसीलिए रेडियो वार्ता में 'हम' और 'आप' का प्रयोग होता है, 'मैं' और 'तुम' का नहीं। उदाहरणार्थ,

अनुपयुक्त- "मैं यदि चाहूँ, तो प्रत्येक दिन आकर बता सकता हूँ कि किसान अधिक फसल कैसे उपजा सकते हैं।"

उपयुक्त- "किसान भाइयो ! आप-सब वैसे तो खेती-किसानी के बहुत जानकार हैं, लेकिन आप हमारे द्वारा बतायी नयी तक़नीक अपनाकर अधिक फसल उपजा सकते हैं।"

3. परिचित शब्दों का प्रयोग- रेडियो वार्ता आसानी से श्रोताओं की समझ में आ जाये, इसके लिए आवश्यक है कि वैसे शब्दों का प्रयोग किया जाये, जो सामान्य तौर पर परिचित हों। गूढ़ और पांडित्यपूर्ण शब्दों अथवा वाक्यों का प्रयोग वार्ताकार का श्रोताओं से सम्बन्ध-विच्छेद करा सकता है।

4. छोटे वाक्यों और अनुच्छेदों का प्रयोग- वार्ता को छोटे-छोटे वाक्यों में प्रस्तुत करना चाहिए, जिसका अनुच्छेद अधिक लम्बा न हो। छोटे अनुच्छेद होने से वार्ता के एक प्रसंग को अत्यंत सुगठित तौर पर सामने रखा जा सकता है।

5. आँकड़ों से बचें- आँकड़े भ्रम पैदा करते हैं। साथ ही, ये अत्यंत नीरस और उबाऊ होते हैं। श्रोताओं के लिए वैसे भी आँकड़ों का बहुत महत्व नहीं होता। मसलन, "इस राज्य में गन्ने का उत्पादन सात लाख निन्यानवे हज़ार आठ सौ नव्बे टन हुआ" कहने के बजाय यदि "लगभग आठ लाख टन" कहा जाये तो यह सामान्य श्रोता को याद रह सकता है।

6. स्थानीय मुहावरों और संबोधनों का प्रयोग- रेडियो वार्ता में स्थानीयता का भी पुट होना चाहिए, विशेष तौर पर संबोधनों में। अब जैसे हम आकाशवाणी के पटना केन्द्र से वार्ता प्रसारित कर रहे हैं, तो इसमें यदि हम ये कहें कि "आपके घर में ताया या ताई होंगे, तो उनका भी ध्यान रखना ज़रूरी है"; तो यह अनुपयुक्त होगा, क्योंकि बिहार में 'चाचा-चाची' संबोधन ही प्रचलित है।

7. समान ध्वनि वाले शब्दों का प्रयोग ना करें- एक ही वाक्य में समान ध्वनि वाले शब्दों के प्रयोग से परहेज़ करना चाहिए; क्योंकि इससे पायः उच्चारण में परेशानी होती है और शब्दों का सही अर्थ श्रोताओं तक नहीं पहुंच पाता।

8. उच्चारण की शुद्धता- वार्ताकार का उच्चारण स्पष्ट और शुद्ध होना चाहिए। इसके लिए वार्ता प्रस्तुत करने से पूर्व उसका दो-तीन बार रिहर्सल या पूर्वाभ्यास अवश्य कर लेना चाहिए।

9. व्याकरण का ज्ञान- वार्ताकार को व्याकरण का समुचित ज्ञान होना आवश्यक है। कई बार अच्छी आवाज़ के मालिक होते हुए भी लिंग या कारक की ग़लती वार्ताकार के गुणों पर पानी फेर देती है।

10. विचारों में क्रमबद्धता- वार्ता में प्रस्तुत विचारों में क्रमबद्धता का होना अत्यंत आवश्यक है। इससे श्रोताओं को वार्ता के मुख्य पहलुओं को याद रखना आसान हो जाता है।

11. पुनरावृति से बचें- रेडियो वार्ता में विषय का क्रमिक विकास होना चाहिए, ना कि पहले कही हुई बात को दुहराने की ज़रूरत हो।

12. इन शब्दों का प्रयोग ना करें- निम्नांकित, उपर्युक्त, पुनः, क्रमशः, तथापि, यद्यपि, भड़काने वाले शब्द।

क्या करना चाहिए-

?कागज़ के एक ही ओर पर्याप्त हाशिया छोड़कर लिखें।

?दो पंक्तियों के बीच संपादन के लिहाज़ा से पर्याप्त स्थान (ळंच) छोड़ें।

?उपशीर्षक ना लिखें।

?पन्ने की समाप्ति अधूरे वाक्य से ना करें।

?विराम चिह्नों का समुचित प्रयोग करें।

?अंको के बजाय शब्दों का प्रयोग करें। यानी 10 और 50 के लिए 'दस' और 'पचास' लिखें।

?आलेख की लम्बाई वार्ता प्रस्तुत करने की अवधि के अनुपात में हो, ताकि उसमें कुछ जोड़ना या घटाना ना पड़े।

?वार्ता-प्रस्तुति के लिए दी गयी अवधि की जांच आलेख को वास्तविक ढंग से पढ़ कर करें।

माइक्रोफ़ोन के सामने क्या करें-

?माइक्रोफ़ोन से सही दूरी और दिशा।

?बातचीत का लहज़ा आत्मीय।

?वाणी में उत्साह का समावेश।

?सही विराम-स्थलों पर विराम।

क्या ना करें-

?छींकना।

?गला साफ़ करना।

?मेज़ थपथपाना।

?कागज़ ज़ोर से खिसकाना।

?कुर्सी या जूते की आवाज़।

?बार-बार पहलू बदलना।

?थूक गटकना।

13. वार्ता की अवधि- यों तो वार्ता के प्रसारण की शुरूआत से ही इसकी अवधि दस मिनट के आसपास निर्धारित की जाती रही है, लेकिन समय बदलने के साथ-साथ जैसे-जैसे प्रचार-माध्यमों की चुनौतियाँ बढ़ीं और रेडियो की प्रतिस्पर्धा अन्य माध्यमों- विशेषकर दृश्य-माध्यमों से होने लगी; तब से वार्ता के लिए आदर्श अवधि पाँच से छः मिनट की मानी जाने लगी- यानी जं.सा की जगह जं.सासमजे प्रचलित होने लगे।

कुछ प्रभावशाली वार्ताओं के उदाहरण

1. वार्ताः राष्ट्रनिर्माण में बिहार की भूमिका

न जाने कितनी आहुतियों के बाद देश आज़ाद हुआ और इसके प्रथम राष्ट्रपति हुए डॉ. राजेन्द्र प्रसाद और बिहार की भूमि पर डॉ. श्रीकृष्ण सिंह ने प्रथम मुख्यमंत्री के रूप में शपथ ग्रहण किया।

इसके बाद से बिहार ने अनेक उतार-चढ़ाव देखे, अपने को बनते-बिगड़ते देखा और एक समय ऐसा भी आया जब इसके नवनिर्माण की चिंता करता हुआ 72 साल का युवा उठ खड़ा हुआ इसके वजूद को बचाने के लिए...जिसने बिहार से प्रारम्भ कर पूरे देश की राजनीति को एक नयी दिशा दी।... और वो थे लोकनायक जयप्रकाश नारायण।

आज आकाश नहीं बदला है, धरती नहीं बदली है, मौसम नहीं बदला है, चांद नहीं बदला है, चांदनी नहीं बदली है, हवा नहीं बदली है, लेकिन फिर भी ऐसा बहुत कुछ बदला है, जो पहले कभी नहीं बदला था। ...चमकने लगी है गर्व से सड़कों की छाती.... गांव-गांव, शहर-शहर ने बांटी है ममता....

बिहार का शरीर चाहे कितनी ही बार बंटा हो, इसकी आत्मा के संस्कार आज तक नहीं बंटे। आज भी यहां कृषि, पशुपालन और घरेलू उद्योग हैं, पर्याप्त जल-भंडार हैं, कहलगांव और बरौनी जैसे सुपर थर्मल पावर प्लांट हैं, कोसी और भैंसालोटन जैसे हाइड्रल प्रोजेक्ट हैं, शिक्षित मानव संसाधन हैं....

भागलपुर के रेषम उद्योग की ख्याति दूर-दूर तक है, तो दाउद नगर और कोइलवर ठठेरा उद्योगों के लिए प्रसिद्ध हैं।

पटना की चित्रकला में पटना कलम की ख्याति है तो भागलपुर की टिकुली कला भी कम नहीं और मिथिला की मधुबनी पेंटिंग तो विश्वप्रसिद्ध है ही.....

बिहार की मिट्टी की सोंधी महक लिए समरस संस्कृति से पगे हुए तीज-त्यौहार होली, ईद, क्रिसमस सहित आस्था का महापर्व छठ है....

सोनपुर का विश्वप्रसिद्ध मेला यहीं है तो पितृपक्ष, श्रावणी और सौराठ सभा के मेले का अद्भुत रंग भी यहीं घुला-मिला है।

विद्यापति के मधुर गीत यहीं हैं..... कहीं नचारी है तो कहीं चैती, कहीं जट-जटिन, सामा-चकेवा, डोमकच है तो कहीं पूरबी और कहीं फाग के मदमस्तों की टोली......

पं॰श्री विंध्यवासिनी देवी के गाये सुमधुर गीत हैं तो इस विरासत को आगे ले जाने वाली शारदा सिन्हा का कोकिल कंठ भी है....

साहित्य और ज्ञान-जगत् के शीर्ष पर हैं 'बौद्ध चरित' के रचयिता अश्वघोष, हिन्दी के प्रथम कवि सरहपाद, विदुषी भारती और उनके पति मंडन मिश्र, 'उर्वशी' के कृतिकार राष्ट्रकवि दिनकर, 'देहाती दुनिया' के कलमकार शिवपूजन सहाय, आंचलिक कथाधारा के जनक फणीश्वरनाथ रेणु, गीतों के राजकुमार गोपाल सिंह नेपाली, नाट्य-शिल्पी जगदीशचंद्र माथुर और रामवृक्ष बेनीपुरी तथा जनकवि बाबा नागार्जुन..।

बिहार की इतनी समृद्ध विरासत है, मेधा है, संसाधन हैं, सबकुछ है.... इतना है कि बांट कर भी खाली न हो ... बिहार ने ईश्वर-वंदना की कि ओ महावीर, जन्म लो इस पावन भूमि पर, हम तुम्हारे ईश्वरत्व को नमन करते हैं।

इस धरती ने हर्षोल्लास मनाया, जन्म लें गोविन्द सिंह जी इस पावन भूमि पर, गुरु की भूमिका में नये मार्ग प्रशस्त करें।

हे आर्यभट्ट, इस पावन भूमि पर तुम्हारी वेधशाला विश्व को ज्ञान प्रदान करे।

हे चाणक्य, आपका ज्ञान और आपकी कूटनीति विश्व में सर्वश्रेष्ठ है।

बिहार ने हमेशा कहा, हे विश्व नागरिको, आओ, हम ज्ञान के इस मंदिर में तुम्हारा स्वागत् करते हैं।

बिहार जो आज सोचता है, देश उसे कल.... क्योंकि ये सोचता है अपने बेटे-बेटियों के बारे में, उनके उज्ज्वल भविष्य के बारे में... क्योंकि वो हमारी आन हैं, बान हैं, शान हैं......

ये विविधवर्णी रंग बिहार के हैं। इन सभी रंगों को मिला दें तो एक ही रंग बनता है- प्रेम, भाईचारे और सद्भाव का शुभ, उज्ज्वल रंग। यही रंग सूर्य में भी है, जो क्षितिज पर उभरकर पूरी दुनिया को रौशनी देता है और लाता है एक नया विहान। वह नया विहान आ चुका है, वह नया विहान आ चुका है.....

2. अतीत के निमित्त से वर्तमान-बोध तकः जयशंकर प्रसाद

1907 से लेकर 1933 के जिस कालखंड में प्रसाद के नाटक लिखे गये हैं, वह भारतीय इतिहास का सर्वाधिक उथल-पुथल का समय है। उस युग को रामकृष्ण परमहंस, विवेकानन्द, महर्षि अरविन्द, दयानन्द सरस्वती, महात्मा गांधी, तिलक, टैगोर, ज्योति फुले-सरीखे महामानव इस रूप में परिभाषित कर रहे थे कि भारतवासियों के प्रत्येक कार्य-कलाप के केन्द्र में आन्दोलन, सत्याग्रह, स्वदेशी आन्दोलन, सिविल नाफरमानी के साथ-साथ स्वाधीनता, स्वराज्य, स्वदेश-प्रेम, अध्यात्म-चिन्तन जैसी सोच थी और जिसके नित नये-नये अर्थ खुल रहे थे। उस समय तक एक प्रकार से गांधीजी की हिन्द स्वराज की अवधारणा भी अपना रूप ले चुकी थी। यही कारण है कि प्रसाद के नाटकों में प्रकृति के प्रति विशेष अनुराग दिखाई देता है। उनके नाटकों में ‘शिप्रा तट के कुंज’ हैं; ‘विटन मंडप’ हैं, ‘उद्यान’ हैं, ‘उपवन’ हैं, पहाड़ हैं; ‘झरने’ हैं। उनके स्त्री-पात्रों की हृदय-वेदना और गर्वानुभूति, प्रकृति की गोद में ही दीप्त होती है। ‘चन्द्रगुप्त’ में अलका सिल्यूकस से कहती है- ‘‘मेरा देश है, मेरे पहाड़ हैं और मेरी नदियां हैं और मेरे जंगल हैं। इस भूमि के एक-एक परमाणु मेरे हैं और मेरे शरीर के एक-एक क्षुद्र अंश उन्हीं परमाणुओं के बने हैं। फिर मैं कहां जाऊंगी यवन।’’ जबकि ‘ध्रुवस्वामिनी’ में तो नाटक का आरम्भ ही प्रकृति के साहचर्य में और उसके माध्यम से ध्रुवस्वामिनी की वर्तमान स्थिति की प्रतीकात्मक अभिव्यक्ति से होता है- ‘‘(ध्रुवस्वामिनी पर्वत की ओर देखकर) सीधा तना हुआ, अपने प्रभुत्व की साकार कठोरता, अभ्रभेदी उन्मुक्त शिखर। और, इन क्षुद्र कोमल निरीह लताओं और पौधों को इसके चरण में लोटना ही चाहिये न।’’

यह भी तथ्य है कि प्रसाद के समय भारतेन्दु की रंगमंचीय परम्परा क्षीण हो चुकी थी; मात्र प्रयाग और कलकत्ता में माधव शुक्ल-जैसे कुछ लोग रामलीला मंडलियों और नाट्य-समितियों को किसी तरह चला रहे थे। प्रसाद ने इस बारे में लिखा है- ‘‘जब काशी में पारसी रंगमंच की प्रबलता थी तब भी मैंने किसी दक्षिणी नाटक मंडली द्वारा संस्कृत ‘मृच्छकटिक’ का अभिनय देखा था। उसकी भारतीय विशेषता अभी मुझे भूली नहीं है।’’ उनका मानना था

कि रामलीला, रासलीला, यात्रा, भांड की परिहास लीला, नौटंकी, कथकली आदि भाव मुद्राओं वाले नृत्यों आदि ने उत्तर भारत में अभिनयात्मक ह्रास के युग में चलते-फिरते रंगमंचों और विधानों की रक्षा की, जो पारसी थियेटर से अलग परम्परा की लोकस्वीकृति का प्रमाण है। प्रसाद ने लिखा है कि पारसी व्यवसायियों ने पहले-पहल नये रंगमंच का विधान किया। भाषा मिश्रित थी- इन्द्र सभा, चित्र बकावली, चन्द्रबली हरिश्चन्द्र आदि के अभिनय होते थे, अनुकरण होता था रंगमंच में 'शेक्सपीरियन स्टेज' का।

सन् 1931 में रचित नाटक 'चन्द्रगुप्त' का स्थान प्रसाद के नाटकों में अव्वल है। इसमें विदेशियों से अपने देश के लोगों का संघर्ष और उसमें भारत-विजय को दर्शाया गया है। निस्संदेह उस काल की परिस्थितियों का असर इस नाटक पर है। भारत की गुलामी को लेकर जो व्यथा प्रसाद के मन में थी, वह चन्द्रगुप्त मौर्य के उत्थान और मगध सम्राट घनानन्द के पतन की कहानी के माध्यम से अभिव्यक्त हुई है। यह नाटक चाणक्य के प्रतिशोध की कहानी है; यह नाटक राजनीतिक चातुरी, घात-प्रतिघातों, संघर्षों, महात्वाकांक्षा, घृणा, बलिदान और राष्ट्रप्रेम की गाथा है; यह नाटक प्रेम और उसके लिये दिये गये बलिदान की आहत पुकार है, यह नाटक त्याग और उसके भीतर से तप कर निकले हुए राष्ट्रप्रेम की हुंकार है।

आकाशवाणी से वार्ताओं का प्रसारण

आकाशवाणी से वार्ताओं का प्रसारण यों तो आकाशवाणी के प्रारंभिक काल से ही शुरू हो गया था, परन्तु वार्ता को एक राष्ट्रीय चरित्र मिला सन् 1953 में, जब अंग्रेज़ी में 'वार्ताओं का अखिल भारतीय कार्यक्रम' प्रारम्भ हुआ। एक साल तक यह पाक्षिक रहा और 1954 से यह साप्ताहिक रूप में प्रसारित होने लगा। इसी प्रकार हिन्दी में 'वार्ताओं का अखिल भारतीय कार्यक्रम' अगस्त, 1968 में प्रारम्भ हुआ, जो साप्ताहिक रूप से आज भी प्रसारित हो रहा है।

इनके अतिरिक्त दो स्मृतिपरक वार्ता-शृंखलाओं का प्रसारण वार्षिक तौर पर होता है। इनमें से एक है- सरदार वल्लभ भाई पटेल की स्मृति में आयोजित 'पटेल स्मृति व्याख्यानमाला'। इसकी शुरूआत 1955 में हुई और इसके पहले वार्ताकार थे सी. राजगोपालाचारी।

इस शृंखला में दूसरी है, देश के प्रथम राष्ट्रपति डॉ. राजेन्द्र प्रसाद की स्मृति में आयोजित 'राजेन्द्र प्रसाद स्मृति व्याख्यानमाला'। 1969 में शुरू इस व्याख्यानमाला की पहली वार्ताकार थीं, हिन्दी साहित्य की महान् कवयित्री महादेवी वर्मा।

साक्षात्कार (Interview)

'साक्षात्कार' या 'इण्टरव्यू' लेना एक कला है, जो यों तो बहुत आसान लगती है; परन्तु है उतनी ही कठिन। 'इण्टरव्यू' करना है ? कौन-सी बड़ी बात है ? आठ-दस प्रश्न ही तो तैयार

करने हैं! प्रश्न पूछा- 'हाँ जी, आपकी पढ़ाई कहाँ से शुरू हुई ?...अच्छा, अगला प्रश्न- 'आपके प्रेरणा-स्रोत कौन रहे ?.. ...अब बताइये कि आपका संदेश क्या है..?......इन सवालों के उत्तर मिल गये, बस हो गया इण्टरव्यू...! लेकिन यह इण्टरव्यू बहुत ही बुरा इण्टरव्यू होगा।

दरअसल इण्टरव्यू में इण्टरव्यूकर्ता की बोलने की क्षमता, प्रत्युत्पन्नमतित्व और विषय के प्रति उसके पूरे ज्ञान की परीक्षा हो जाती है। इसलिए इण्टरव्यू से पूर्व इण्टरव्यूकर्ता को विषय से संबंधित पूरी तैयारी- जिसे 'होमवर्क' कहते हैं- करनी चाहिए।

यह तैयारी कुछ इस तरह से होनी चाहिए-

? इण्टरव्यू से पूर्व इण्टरव्यूदाता के बारे में संपूर्ण जानकारी का होना अत्यंत आवश्यक है-मसलन, उसका व्यक्तित्व, उसके बोलने की क्षमता या अक्षमता, संबंधित विषय की जानकारी, उसकी अभिरुचियाँ आदि।

? इण्टरव्यूदाता को विषय से संबंधित प्रश्न तैयार कर कभी नहीं देना चाहिए; बल्कि इण्टरव्यू से पूर्व सामान्य बातचीत के द्वारा विषय की एक रूपरेखा निश्चित कर लेनी चाहिए।

? इण्टरव्यू का प्रारम्भ इण्टरव्यूदाता के गर्मजोशी से भरे परिचय से होना चाहिए।

? इण्टरव्यूदाता को अनौपचारिक और घरेलू वातावरण का अहसास कराना चाहिए। आवश्यकता से अधिक गंभीरता इण्टरव्यू को बोझिल बना देगी और इण्टरव्यूदाता को संकुचित।

? यह ध्यान रखना चाहिए कि इण्टरव्यूदाता इण्टरव्यूकर्ता से अधिक महत्वपूर्ण है; अतः उससे बात करते समय अपनी विद्वता का प्रदर्शन ना करें।

? इण्टरव्यू से पहले कभी भी पूरे इण्टरव्यू की रिहर्सल ना करें; ऐसा करने से इण्टरव्यू की सहजता बाधित होगी।

? इण्टरव्यू को प्रश्नोत्तर का कार्यक्रम ना बनने दें; बल्कि उसे एक बातचीत का स्वरूप देने की कोशिश होनी चाहिए।

? एक बार में एक ही प्रश्न पूछना चाहिए; प्रश्नों की शृंखला प्रस्तुत नहीं करनी चाहिए।

? जब इण्टरव्यूदाता बोल रहा हो तो सही विराम-स्थलों के अलावा कभी भी बीच में प्रतिक्रिया, जैसे-हूँ, हाँ, अच्छा, ठीक है, जी......आदि नहीं देना चाहिए। साथ ही, निरर्थक प्रतिक्रियाओं से भी बचना चाहिए।

? जहाँ बात हल्के-फुल्के ढंग से और विनोद के रूप में कही गयी हो, वहाँ स्वाभाविक रूप से हँसना भी चाहिए या इण्टरव्यूदाता की हँसी में उसका साथ देना चाहिए।

? बातचीत का वातावरण सहज और अनौपचारिक हो।

? इण्टरव्यूदाता से ऐसे प्रश्न ना करें जिसका उत्तर 'हाँ' या 'ना' में हो।

? कोशिश यह होनी चाहिए कि इण्टरव्यूदाता के उत्तर से ही सहज भाव से प्रश्न निकाले जायें, ताकि इण्टरव्यू की रोचकता बनी रहे।

? कभी भी इण्टरव्यूदाता के कहे शब्दों या वाक्यों को दुहराना नहीं चाहिए।

? इण्टरव्यू समाप्त होने से पूर्व इण्टरव्यूदाता का गर्मजोशी से धन्यवाद करना चाहिए।

उपर्युक्त सभी बातों को ध्यान में रखने मात्र से ही अच्छा इण्टरव्यू संभव नहीं, जबतक लगातार अपनी ग़लतियों से सीख ना लें। हर इण्टरव्यू को एक परीक्षा के तौर पर लेना चाहिए और जैसे-जैसे इस क्षेत्र में अनुभव बढ़ता जायेगा, इण्टरव्यू करने की क्षमता में भी उसी प्रकार विकास होता जायेगा।

परिचर्चा और परिसंवाद (*SYMPOSIUM*)

रेडियो पर प्रसारित वार्ता व्यक्तिपरक होती है, तो इण्टरव्यू दो व्यक्तियों की बातचीत पर आधारित होती है; जबकि परिचर्चा और परिसंवाद में दो से अधिक व्यक्तियों की भागीदारी होती है। रेडियो परिचर्चा की अवधि अमूमन 25 से 28 मिनट होती है और यह किसी भी विषय से संबंधित हो सकती है।

इण्टरव्यू के ही समान परिचर्चा भी अलिखित होती है, लेकिन यह ज़रूरी है कि इसके प्रतिभागी आवश्यकतानुसार विषय से संबंधित संक्षिप्त नोट अवश्य तैयार कर लें वरना विषय से भटकने का डर होता है।

परिचर्चा में एक संचालक या नियामक की भूमिका होती है, जो पूरी परिचर्चा को संचालित करता है। इस संचालक के मन-मस्तिष्क में विषय की रूपरेखा और उसकी सीमा स्पष्ट और सुनिश्चित होनी चाहिए। साथ ही, उसे विषय की व्यापक जानकारी होनी चाहिए।

कई बार परिचर्चा के विषय थोड़े-बहुत विवाद या तर्क-वितर्क की मांग करते हैं; ऐसे में नियोजक की भूमिका बहुत महत्वपूर्ण हो जाती है, क्योंकि उसे तटस्थ भाव से बिना किसी का पक्ष लिए या विरोध किए मूल विषय के लक्ष्य की ओर प्रतिभागियों को लाना होता है।

परिचर्चा में हास्य-विनोद कर भी समावेश होना चाहिए; लेकिन इसका अनुपात उतना ही हो कि विषय की गंभीरता नष्ट न हो।

परिचर्चा की पूरी रिहर्सल करने के स्थान पर प्रतिभागियों के साथ विषय-विस्तार पर चर्चा करनी चाहिए। साथ ही, पक्ष तथा विपक्ष में बोलने वाले वक्ता का भी निर्धारण कर लेना चाहिए। ध्यान रहे कि सभी वक्ताओं को समान अवसर मिले। ऐसा न हो कि कोई एक वक्ता बार-बार बोलता रहे और किसी को बोलने का वक्त बहुत कम मिले।

परिचर्चा में ऐसा भी होता है कि एक से अधिक वक्ता एक साथ बोलने लगते हैं; ऐसे में किसी की भी बात स्पष्ट रूप से समझ में नहीं आती और परिचर्चा शोर का रूप धारण करने लगती है।

समाचार

'समाचार' का शाब्दिक अर्थ व्यवहार, आचरण, वृत्तांत, संवाद, ख़बर, विवरण आदि है। जैसे, हम किसी से मिलते हैं तो पूछते हैं-'कहिए, क्या समाचार है?' लेकिन मीडिया (प्रिंट और

इलेक्ट्रोनिक) में समाचार का व्यापक अर्थ व्यवहृत होता है। समाचार जन-जन तक सूचना पहुंचाने का एक अत्यंत सबल माध्यम है। दुनिया-भर में रेडियो, टेलीविज़न और अख़बारों के ज़रिए लोगों तक समाचार पहुचाये जाते हैं। इसमें अब इन्टरनेट और सेलफ़ोन भी जुड़ गया है।

सुप्रसिद्ध प्रसारक जे. जे. सिगलर के अनुसार, "पर्याप्त संख्या में मनुष्य जिसे जानना चाहे, वह समाचार है।'' यानि एक कुत्ता अगर काटे तो समाचार नहीं, पर कोई मनुष्य यदि कुत्ते को काट ले तो समाचार बनता है। 'न्यूयॉर्क सन' के भूतपूर्व संपादक चार्ल्स ए डान के अनुसार, "किसी समय होने वाली महत्वपूर्ण घटनाओं का सही और पक्षपातरहित विवरण समाचार है।''

एक और धारणा के अनुसार-

News—"That which is new, interesting and true."

New- An account of events.

Interesting- Metarial is relevant.

True- Factually corrected.

इस समाचार का प्रसरण चारों दिशाओं में होता है-

N- North

E- East

W- West

S- South

इस रूप में समाचार के निम्न प्रमुख घटक हैं-

व यथार्थ का विवरण

व सामयिकता।

व विषय-विविधता।

व पाठकों/श्रोताओं में अभिरुचि पैदा करने की शक्ति।

व घटनायें, जो समुदाय, क्षेत्र, वर्ग को प्रभावित करें।

व वस्तुनिष्ठता।

इसके आधार पर समाचार माध्यम घटना का समाचार देने से पहले उसे कुछ कसौटियों पर परखते हैं, जो हैं- क्या, कौन, कब, कहां, कैसे और क्यों।

यह तो समाचार का वह स्वरूप हुआ, जो प्रिंट और इलेक्ट्रोनिक- दोनों जगह दिखाई देता है। लेकिन रेडियो में समाचार-लेखन अख़बार के समाचार-लेखन से अलग होता है। श्रव्य मीडिया होने के कारण इसकी गति मुद्रित समाचार से बहुत तेज़ होती है। रेडियो के समाचारों में समय-सीमा निर्धारित होती है, जबकि अख़बार में स्थान की उपलब्धता महत्वपूर्ण होती है। अख़बार में विज्ञापनों के कम या अधिक होने पर समाचारों का आकार-प्रकार निर्भर करता है, जबकि रेडियो में ऐसी बात नहीं होती। रेडियो पर समाचार के शुरू और ख़त्म होने का समय निश्चित होता है, इसलिए लोग प्रायः अपनी घड़ियों का समय रेडियो के समाचारों

से मिलाते हैं। रेडियो के लिए सभी घटनायें समाचार नहीं होतीं। जो घटनायें समाचार हो सकती हैं, वह हैं-

1. दुर्घटना या टकराव।
2. प्राकृतिक आपदा।
3. नयी नीतियों की घोषणा।
4. महत्वपूर्ण सभा या बैठक।
5. नयी योजना या प्रोजेक्ट का शुभारम्भ।
6. खेलकूद के कार्यकलाप।
7. मौसम।

एक और महत्वपूर्ण पक्ष रेडियो समाचारों का है, और वह है इसकी निष्पक्षता और विश्वसनीयता। रेडियो पर कोई भी समाचार बिना मानक स्रोतों से संपुष्ट हुए प्रसारित नहीं हो सकता। इस रूप में रेडियो समाचारों के स्रोत इस प्रकार हैं-

1. टेलीफ़ोन, टेलीप्रिंटर, फ़ैक्स, मोबाइल, इन्टरनेट।
2. पत्र सूचना कार्यालय, राज्य सरकार का सूचना और जनसंपर्क विभाग।
3. प्रमुख सरकारी विभाग, औद्योगिक प्रतिष्ठान।
4. प्रेस सम्मेलन।
5. समाचार एजेंसियां-पीटीआई, यूएनआई, भाषा, यूनिवार्ता, रायटर आदि।
6. प्रसारण संस्थानों के मॉनिटरिंग सेल।
7. संवाददाता।

आम तौर से रेडियो समाचारों की अवधि 10 या 15 मिनटों की होती है, लेकिन कुछ विशेष न्यूज़ बुलेटिन 30 मिनट की अवधि के भी होते हैं। बल्कि अब तो रेडियो से हर घंटे 5 मिनट के बुलेटिनों का भी प्रसारण होने लगा है और इसके साथ-साथ 'न्यूज़ ऑन फ़ोन' भी उपलब्ध है, जिसे संबंधित प्रसारण-क्षेत्र में सुना जा सकता है।

तो आज जब समाचारों के प्रसारण में इतनी विविधता है, निश्चित ही उसका लेखन भी तदनुरूप कला-कौशल की मांग करता है। समाचार-लेखन के कुछ बिन्दु इस प्रकार हैं-

? सरल, सुस्पष्ट, बोधगम्य, छोटे-छोटे वाक्य।

? मुहावरों का कम-से-कम प्रयोग।

? नाटकीयता न हो।

? भाषण के मुख्य बिन्दु लें।

? अनुवाद मूल भाषा की प्रकृति के अनुसार।

? लघु नामों (पदपजपंसे) का प्रयोग न करें।

? आंकड़ों के प्रयोग से बचें।

? समाचार मनोबल गिराने वाले न हों।

? अपूर्ण या अपर्याप्त समाचार न हों।

? समाचारों में तटस्थता और निरपेक्षता आवश्यक है।

? समाचार तैयार करने में आकाशवाणी कोड का पूरा ध्यान रखना चाहिए।

? हड़ताल या बंद के बारे में सूचना जनहित को ध्यान में रखकर दें।

? राष्ट्रपति, प्रधानमंत्री, राज्यपाल आदि महत्वपूर्ण और संवैधानिक पदों पर आसीन व्यक्तियों के लिए गरिमामय शब्दों तथा संबोधनों का प्रयोग करें।

? राजनैतिक दलों के लिए विशेषणों के प्रयोग से बचें।

? सभी राजनैतिक दलों को समान अवसर दें।

? समाचार प्रचारात्मक न हो।

? समाचारों का प्रसारण समाज के सभी वर्गों की अभिरुचि को ध्यान में रखकर हो।

? बासी ख़बरों से बचना चाहिए।

? दूसरी भाषाओं के अज्ञात शब्दों तथा तकनीकी या अपरिचित शब्दों के इस्तेमाल से बचें।

? समाचार लिखने में उचित विराम-चिह्नों का प्रयोग करें ताकि वाचन सही ढंग से हो सके।

? अंकों को शब्दों में लिखें-जैसे, 30 नहीं लिखकर 'तीस' लिखें। इसी प्रकार 1/2 को आधा और आवश्यकतानुसार दुगना, तिगुना, चौथाई आदि शब्दों का प्रयोग करना चाहिए।

? शब्दों के संक्षिप्त रूपों से बचें। अत्यंत प्रचलित रूपों का ही प्रयोग करें- जैसे, 'यूनिसेफ़', 'यूएनओ'।

? रेडियो के समाचार भाषा की दृष्टि से शुद्ध और प्रासंगिक हों, जिसमें भाषा की प्रचलित शैली का प्रयोग हो।

? समाचारों का प्रसारण जनहित को ध्यान में रखकर होना चाहिए।

समाचार कक्ष

आकाशवाणी में समाचारों का प्रसारण कई स्तरों पर होता है। दिल्ली मुख्यालय में 'समाचार सेवा प्रभाग' द्वारा पूरे देश के लिए सभी भारतीय भाषाओं तथा अंग्रेज़ी में और विदेशों के लिए कई विदेशी भाषाओं में समाचारों का प्रसारण होता है। इसके साथ-साथ आकाशवाणी के क्षेत्रीय केन्द्रों के समाचार-कक्ष होते हैं जो अपने-अपने क्षेत्र की भाषाओं में प्रादेशिक समाचारों का प्रसारण करते हैं।

दिल्ली में 'समाचार सेवा प्रभाग' के समाचार-कक्ष के अनेक खंड हैं, जहां से देश और विदेशों के लिए अलग-अलग भाषाओं में समाचारों का प्रसारण किया जाता है। इसके अलावा एक 'जेनरल न्यूज़ रूम' यानी केन्द्रीय कक्ष है, जहां देश-विदेश से प्राप्त समाचारों का पुनर्लेखन किया जाता है और इस सामग्री को एक 'पूल' में रखा जाता है। ये 'पूल' सुबह, दोपहर, शाम और रात के अलग-अलग होते हैं। इन 'पूलों' के समाचारों का उपयोग सभी

भाषाओं के समाचार-कक्ष आवश्यकतानुसार करते हैं।

समाचार-संपादन

रेडियो में समाचार संपादन का कार्य समाचार संपादक का होता है। संपादक ही यह निर्णय करता है कि बुलेटिन में कौन-से समाचार जायेंगे और कौन-सा नहीं। इसके अलावा संपादक समाचारों का क्रम निर्धारित करता है, उसकी भाषा में संशोधन-परिमार्जन करता है, उसकी तथ्यपरकता और वस्तुनिष्ठता की जांच करता है। इस रूप में समाचारों को दो वर्गों में रखा जा सकता है- एक, मुख्य समाचार और दूसरा, गौण समाचार। इसके बाद मुख्य समाचारों को शीर्षक-रूप में 'मुख्य समाचार' या 'हेडलाइंस' बता कर पढ़ा जाता है और फिर विस्तार से समाचार का प्रसारण होता है, जिसके बीच में गौण समाचारों की स्थिति होती है।

समाचार-वाचन

समाचार-लेखन और संपादन तबतक पूरा नहीं है, जबतक उनका वाचन या प्रस्तुतीकरण नहीं हो जाता। इसके लिए एक ऐसे वाचक की आवश्यकता होती है जो रेडियो के प्रसारण-मानकों पर खरा उतरता हो; यानी, उसकी आवाज़ सुस्पष्ट, मधुर और प्रवाहयुक्त हो। इसके लिए समय-समय पर समाचार-वाचकों का स्वर-परीक्षण होता है, जिसमें उत्तीर्ण होने के बाद कोई भी व्यक्ति इस कार्य को कर सकता है। आकाशवाणी में ऐसे कई समाचार-वाचक हुए हैं, जिन्होंने समाचार-वाचन के क्षेत्र में बहुत नाम कमाया है, जैसे-देवकीनन्दन पांडेय, विनोद कश्यप आदि।

न्यूज़रील

समाचारों के प्रसारण के अलावा समाचारों से संबंधित कई अन्य कार्यक्रमों का भी प्रसारण होता है, जो मुख्य तौर पर समाचारों पर ही आश्रित होते हैं। इन्हीं में एक है, न्यूज़रील। यह एक प्रकार से समाचार का पूरक होता है। इसमें उद्घाटन-समारोह, सभा, विचार गोष्ठियों, सांस्कृतिक समारोहों आदि का कवरेज किया जाता है, जिनको आधार बना कर एक ध्वनि-चित्र का रूप दिया जाता है। उदाहरणार्थ, मुख्यमंत्री ने किसी जनसभा को संबोधित किया, या किसी महत्वपूर्ण व्यक्ति की जयंती मनायी गयी, तो इन घटनाओं को न्यूज़ बुलेटिन में शामिल किया गया। लेकिन इन घटनाओं की जो रिकॉर्डिंग की गयी, उसे बुलेटिन में शामिल कर पाना संभव नहीं होता। इसके लिए न्यूज़रील होता है, जिसमें इस पूरी रिकॉर्डिंग का उपयोग संभव है।

समाचार पत्रिका

समाचार पत्रिका की अवधि 15 से 30 मिनट की होती है, जिसके लगभग दो तिहाई समय में तथ्यात्मक ख़बरें होती हैं और शेष समय में किसी प्रमुख समाचार पर समीक्षा या टिप्पणी होती है। इसी के अन्दर किसी महत्वपूर्ण हस्ती के वक्तव्य का छोटा-सा अंश भी शामिल होता है। इसके अलावा स्थान-विशेष की रिपोर्ट को विवरण के रूप में प्रस्तुत किया जाता है, जिसे 'वॉयस कास्ट' कहते हैं।

समाचार समीक्षा

समाचार समीक्षा समाचार पत्रिका का ही एक रूप है, किन्तु प्रायः इनका प्रसारण स्वतंत्र रूप से होता है। आकाशवाणी से प्रसारित होने वाले 'सामयिकी' और 'संसद् समीक्षा' जैसे कार्यक्रम इसी कोटि में आते हैं।

विज्ञापन

आज का युग विज्ञापन का युग है। जनसंख्या-वृद्धि और तदनुरूप जीवन-शैली में बदलाव के साथ-साथ उपभोक्ता वस्तुओं की मांग और आपूर्ति में भी वृद्धि हुई है। वैश्वीकरण के चलते अब दुनिया सिमट कर छोटी हो गयी है। बाज़ारवाद का विकास हुआ है। अमरीका और योरोप के बाज़ारों में आयी वस्तुएं दूसरे ही दिन भारत के बाज़ारों में उपलब्ध हो जाती हैं। ऐसे में, विज्ञापन उन वस्तुओं को घर-घर में, उपभोक्ताओं तक पहुंचाने में सहायक सिद्ध होता है।

विज्ञापन का महत्व

विज्ञापन द्वारा हमें विभिन्न उत्पादों और सेवाओं की सूचना प्राप्त होती है। इसके द्वारा उपभोक्ता के मन में रुचि उत्पन्न होती है और वे उस उत्पाद को ख़रीदने के लिए प्रेरित होते हैं। दूसरी ओर विज्ञापनों से उत्पादकों को भी लाभ होता है। उनकी बिक्री बढ़ती है, लाभांश बढ़ता है और साथ-साथ उत्पादन का स्तर भी बढ़ता है। इस दृष्टि से विज्ञापन उत्पादक, विक्रेता और उपभोक्ता के बीच कड़ी का काम करता है, जो अंततः तीनों को ही लाभ पहुंचाता है।

विज्ञापन की परिभाषा

'विज्ञापन' शब्द में दो शब्द समाहित हैं-'वि'$'ज्ञापन'। 'वि' का अर्थ है विशेष रूप से और 'ज्ञापन' का मतलब है, जानकारी देना। यह 'विज्ञापन' अंग्रेज़ी के 'Advertisement' का रूपांतर है। यह लैटिन के मूल शब्द 'Adverter' से आया है, जिसका अर्थ होता है- 'To turn to'- यानी, किसी की ओर मोड़ना, आकर्षित करना आदि।

वस्तुतः विज्ञापन उपभोक्ता-सामग्री की सूचना देते हैं, लोगों का ध्यान आकर्षित करते हैं, उनमें सामग्री-विशेष के लिए क्रय की इच्छा उत्पन्न करते हैं, वस्तु की मांग में वृद्धि करते हैं और उसके उत्पादन के स्तर को बढ़ाते हैं।

विज्ञापनों के प्रकार

विज्ञापनों की दुनिया मायाजाल की दुनिया है। यह लुभाती है, अपनी तरफ़ खींचती है, अपनी चकाचौंध से सबको हतप्रभ कर देती है; क्योंकि यह देश, काल, समय, परिस्थिति तथा प्रयोजन के हिसाब से अपना रूप-परिवर्तन करती रहती है। इस लिहाज़ से विज्ञापन के अनेक भेद किये जा सकते हैं-

1. भौगोलिक आधार पर: अंतर्राष्ट्रीय, राष्ट्रीय, क्षेत्रीय, स्थानीय।

2. प्रयोजन-आधारित: सामान्य उपभोक्ता के लिए, विज्ञापन, व्यापारिक विज्ञापन, राजनैतिक विज्ञापन, वित्तीय विज्ञापन।

3. उद्देश्य-आधारित: वस्तु की बिक्री के लिए, शिक्षा के लिए, संस्था के लिए, जनहित के लिए।

4. संचार माध्यम-आधारित: समाचार पत्र, रेडियो, टीवी, सिनेमा, वीडियो, सेलफ़ोन, इन्टरनेट।

5. प्रस्तुति-आधारित: प्रत्यक्ष और अप्रत्यक्ष, व्यक्तिगत और सामूहिक, सादा और सुसज्जित, वर्गीकृत।

6. विज्ञापनदाता- आधारित: सरकारी, ग़ैरसरकारी, व्यावसायिक, व्यक्तिगत।

7. इसके अलावा आजकल जिस प्रकार से मीडिया, विशेषकर इलेक्ट्रोनिक मीडिया का प्रचार-प्रसार और ग्लैमर बढ़ा है, विज्ञापन भी इस ग्लैमर की चकाचौंध से अछूते नहीं रहे हैं। इस रूप में 'मीडिया मिक्स' विज्ञापनों (विज्ञापन के लिए सभी माध्यमों का इस्तेमाल) का प्रचलन बढ़ा है।

रेडियो विज्ञापन

रेडियो एक श्रव्य माध्यम है। अन्य माध्यमों में विज्ञापनों के अलग-अलग इस्तेमाल हो सकते हैं; मसलन प्रिंट मीडिया में विज्ञापन को लोग पढ़ सकते हैं, दृश्य माध्यम में देख सकते हैं; लेकिन श्रव्य माध्यम- रेडियो में विज्ञापन को सिर्फ़ सुना जा सकता है। आज भी इस देश में जहां साक्षरता का प्रतिशत पचास से भी कम है, उपभोक्ता-सामग्री के विज्ञापन

को पढ़ने वाले कितने लोग होंगे! टीवी की पहुंच भी दूर-दराज़ के गांवों और अंचलों तक प्रायः नहीं है। ऐसे में रेडियो की पहुंच सर्वसामान्य तक और दूर-दराज के क्षेत्रों में होने के कारण यह विज्ञापन के लिए बहुत उचित और सबल माध्यम है। शायद इसीलिए उत्पाद कंपनियां और अन्य एजेंसियां आकाशवाणी से विज्ञापन कराने के लिए ज़्यादा उत्सुक रहती हैं।

आकाशवाणी से विज्ञापन कराने का एक कारण और भी है, और वह है इसके प्रसारण-क्षेत्र की व्यापकता। अन्य निजी रेडियो केन्द्रों का प्रसारण-क्षेत्र सीमित होता है; क्योंकि इनका प्रसारण एफ़.एम. पर होता है जिसका क्षेत्र बमुश्किल 25 से 30 किलोमीटर होता है। उनकी आकाशीय दूरी (Arial Distance) भी 50 किलोमीटर से अधिक नहीं होती। इसके विपरीत आकाशवाणी के मीडियम वेव के ट्रांसमीटर 10, 20, 50, 100, 200 किलोवॉट तक के हैं, जो एक बड़े भूभाग तक अपनी सेवा पहुंचाते हैं। अतः वहां से प्रसारित विज्ञापन दूर-दराज़ के क्षेत्रों में भी आसानी से पहुंच जाते हैं।

रेडियो विज्ञापन की विशेषतायें

श्रव्य माध्यम होने के कारण रेडियो में 'ध्वनि' और 'मौन' की ही प्रधानता होती है। रेडियो के विज्ञापनों में इसकी इस विशेषता का इस्तेमाल बख़ूबी किया जाता है।

रेडियो विज्ञापन को रेडियो की भाषा में 'कमर्शियल स्पॉट' कहा जाता है। ये 'कमर्शियल स्पॉट' वे छोटे-छोटे विज्ञापन हैं, जो 10 सेकेंड से लेकर 30 सेकेंड की अवधि तक के होते हैं। इन 'स्पॉट्स' में बड़ी ख़ूबसूरती से ध्वनि और संगीत-प्रभावों के बीच उपभोक्ता-सामग्री का प्रचार किया जाता है। कम-से-कम शब्दों में अधिक-से-अधिक बात कहने की कोशिश ही रेडियो विज्ञापन को शक्ति और सार्थकता देती है।

इस दृष्टि से रेडियो विज्ञापन के निम्नलिखित प्रकार निर्धारित किये जा सकते हैं-

? शुद्ध प्रचारात्मक सामग्री पर आधारित- इस प्रकार के विज्ञापन वो विज्ञापन होते हैं जो उपभोक्ता वस्तुओं के प्रचार के लिए तैयार किये जाते हैं। इन विज्ञापनों के लिए निर्धारित शुल्क देना पड़ता है। जैसे-

? रेडियो के कार्यक्रमों के प्रचार से संबंधित- इस प्रकार के विज्ञापन मात्र रेडियो के कार्यक्रमों के बारे में श्रोताओं को सूचना देने के लिए होते हैं। आजकल दो या दो से अधिक 'मीडिया यूनिट' भी एक दूसरे के कार्यक्रमों का प्रचार अपने-अपने चैनल पर करते हैं। इसे 'क्रॉस चैनल पब्लिसिटी' कहते हैं। जैसे- दूरदर्शन के कार्यक्रमों का प्रचार आकाशवाणी से सुना जा सकता है, उसी प्रकार आकाशवाणी के कार्यक्रमों का प्रचार दूरदर्शन पर देखा जा सकता है। । उदाहरणार्थ-

"शुभवाणी, लाभवाणी, आकाशवाणी......

आकाशवाणी से अपने उत्पादों का विज्ञापन कराइये....."

आकाशवाणी और दूरदर्शन में 'क्रॉस चैनल पब्लिसिटी' के लिए शुल्क का प्रावधान नहीं है, लेकिन अन्य निजी इलेक्ट्रोनिक माध्यम एक दूसरे का प्रचार आपसी अनुबंध के शर्तों के अनुसार करते हैं।

? लोकहित से संबंधित- इस तरह के विज्ञापनों का उद्देश्य आय प्राप्त करना नहीं है, बल्कि ऐसी सूचनाओं का प्रसारण है जो आम लोगों के हित के लिए हों। इस प्रकार के विज्ञापन निम्नलिखित हैं-

1. बाढ़, सूखा, भूकम्प आदि प्राकृतिक आपदाओं से संबंधित।
2. क़ानून और व्यवस्था से संबंधित।
3. बाह्य और आंतरिक आपातकाल में जनोपयोगी सूचनायें।
4. प्रधानमंत्री राहत कोष के लिए अपील।

रेडियो विज्ञापन की शैली

रेडियो में विज्ञापन अलग-अलग शैलियों (style) में प्रसारित किये जाते हैं। ये इस प्रकार हैं-

1. वाचन शैली- आकाशवाणी में स्थानीय केन्द्रों (Local Radio Stations) के लिए 'गाइड कमर्शियल' विज्ञापन इसी प्रकार के विज्ञापन हैं, जिसमें पन्द्रह शब्द तक के विज्ञापन लिए जाते हैं।

2. जिंगल शैली- 'जिंगल' विज्ञापनों की अत्यंत सशक्त शैली है। यह विज्ञापन की संगीतात्मक प्रस्तुति है।

3. नाटकीय शैली- इस प्रकार के विज्ञापन नाटकीय चरित्रों के माध्यम से उपभोक्ता पर अपेक्षित प्रभाव डालते हैं।

प्रायोजित कार्यक्रम: कार्यक्रमों के प्रायोजक

प्रायोजित कार्यक्रम की अवधि आम तौर से 15 या 30 मिनट की होती है। इसमें विज्ञापनदाता कंपनियां किसी कार्यक्रम-विशेष के 'टाइम स्लॉट' को ख़रीद लेती हैं और उस स्थान पर स्वयं द्वारा तैयार कार्यक्रम प्रसारित करती हैं।

इसी प्रकार कुछ कंपनियां आकाशवाणी द्वारा प्रसारित कार्यक्रम-विशेष को प्रायोजित करती हैं। इसमें कार्यक्रम आकाशवाणी का होता है, लेकिन उसके प्रारम्भ और अंत में संबंधित कंपनी का विज्ञापन प्रसारित किया जाता है। इसका शुल्क प्रायोजित कार्यक्रम से कुछ कम होता है।

विज्ञापन लेखन

विज्ञापन लेखन का कार्य बहुत ही उच्च कोटि का सर्जनात्मक काम है; क्योंकि इसमें निर्धारित समय (सेकेंड में) में अपनी बात इस तरह श्रोताओं तक पहुंचानी होती है कि वह विज्ञापन सुनकर उस वस्तु को ख़रीदने के लिए विवश हो जाये।

इसके लिए विषय का ज्ञान, भाषा पर पूर्ण अधिकार, तकनीकी शब्दावली का ज्ञान तथा उपभोक्ता-वर्ग और मानव मनोविज्ञान की समझ का होना अत्यंत आवश्यक है।

इसके अलावा विज्ञापन-संबंधी नियमों और क़ानूनी प्रावधानों की जानकारी बहुत ज़रूरी है; क्योंकि विज्ञापन के प्रसारण में यह ज़रूरी होता है कि ऐसा कोई विज्ञापन प्रसारित नहीं होने पाये, जो इन अधिनियमों और क़ानूनों की अवहेलना करते हों।

ये अधिनियम इस प्रकार हैं-

? उपभोक्ता संरक्षण अधिनियम-1986

? व्यापार एवं पण्य वस्तु चिह्न अधिनियम-1958

? भेषज अधिनियम-1948

? औषधि नियंत्रण अधिनियम-1950

? प्रतिलिप्याकार अधिनियम-1957

? स्त्री अशिष्टरूपण अधिनियम-1986

? औषधि एवं प्रसारण सामग्री अधिनियम

? आकाशवाणी संहिता

? विज्ञापन एजेंसियों के लिए पद्धति के मानक

'आकाशवाणी कोड'

आकाशवाणी पर विज्ञापन-प्रसारण की आचार-संहिता अलग है। इसमें 'आकाशवाणी कोड' सबसे महत्वपूर्ण है और किसी भी हाल में इस 'कोड' की अवहेलना नहीं होनी चाहिए। ये 'कोड' मई, 1967 से प्रभावी हुआ, जो इस प्रकार है-

1. मित्र देशों की आलोचना।

2. धर्म अथवा संप्रदायों/समुदायों पर आक्षेप।

3. अश्लील या मानहानिकारक बातें

4. जिससे हिंसा को बढ़ावा मिलता हो अथवा जिससे क़ानून और व्यवस्था भंग होती हो।

5. ऐसी बात, जिससे न्यायालय की अवमानना होती हो।

6. ऐसी बात, जो राष्ट्रपति और न्यायाधिकारी की निष्ठा की निंदा करती हो।

7. किसी राजनीतिक दल का नाम लेकर आक्षेप।

8. किसी राज्य या केन्द्र की आक्रामक आलोचना।

9. बाह्य आपात्काल अथवा राष्ट्रीय विभीषिका- जैसे बाढ़, भूकम्प आदि के समय 'प्रधानमंत्री सहायता कोष' के अलावा अन्य किसी कोष के लिए फंड की अपील।

पुनः आगे चलकर इसमें तीन और बिन्दुओं को जोड़ा गया, जो इस प्रकार हैं-

10. 'हरिजन' और 'गिरिजन' शब्द का प्रयोग वर्जित।

11. किसी कंपनी या वस्तु के 'ट्रेड' नाम का प्रसारण, जिससे कंपनी-विशेष को प्रचार मिलता हो।

12. किसी व्यक्ति या संस्था का प्रत्यक्ष प्रचार, जिससे व्यक्ति अथवा संस्था-विशेष को लाभ मिलता हो।

इसके अलावा विज्ञापन प्रसारण के लिए अलग से आचार-संहिता बनायी गयी है, जिनमें से कुछ महत्वपूर्ण बिन्दुएं इस प्रकार है-

1. विज्ञापन इस रूप में तैयार किया जाना चाहिए जो देश के क़ानून के अनुरूप हो और उससे लोगों की नैतिकता, शालीनता और धार्मिक भावनाओं को ठेस न पहुंचे।

2. किसी भी ऐसे विज्ञापन के प्रसारण की अनुमति नहीं दी जायेगी-

? जिससे किसी वंश, जाति, रंग, पंथ तथा राष्ट्रीयता का उपहास हो।

? जो देश के संविधान के नीति-निर्देशक तत्वों या किसी अन्य उपबन्ध के प्रतिकूल हो।

? जो व्यक्तियों को किसी भी तरह से अपराध करने या अव्यवस्था लाने या हिंसा करने या क़ानून भंग करने या अश्लीलता को बढ़ावा देने के लिए प्रेरित करे।

? जो राष्ट्रीय चिह्न या संविधान के किसी भी भाग अथवा व्यक्ति/व्यक्तित्व अथवा नेता या राज्य के प्रतिष्ठित व्यक्ति से अनुचित लाभ उठाये।

? जो तम्बाकू, सिगरेट अथवा तम्बाकू-उत्पादों, शराब तथा अन्य नशीली वस्तुओं से संबद्ध हो या उन्हें बढ़ावा दे।

3. विज्ञापन का कोई भी संदेश किसी भी तरह से समाचारों में नहीं दिया जायेगा।

4. इन सेवाओं से संबंधित विज्ञापन किसी हाल में स्वीकार नहीं किये जायेंगे-

क. साहूकार।

ख. चिट-फंड।

ग. केन्द्र तथा राज्य सरकार के संगठनों, राष्ट्रीकृत या मान्यताप्राप्त बैंकों तथा सार्वजनिक क्षेत्र के उपक्रमों द्वारा चलायी जाने वाली बचत स्कीमें तथा लॉटरियां।

घ. विवाह-संबंधी एजेंसियां।

ड. ऐसी रोज़गार सेवायें जिन्हें लाइसेंस प्राप्त नहीं है।

च. भाग्य बताने वाले तथा सम्मोहन का दावा करने वाले।

छ. विदेशी सामान और विदेशी बैंक।

ज. घुड़दौड़ अथवा संयोगवश जीतने वाले खेलों में बाज़ी लगाने का संकेत देती पुस्तकें अथवा निर्देश।

5. विज्ञापन में 'गारंटी' या 'गारंटीयुक्त' शब्दों का प्रयोग तबतक नहीं किया जायेगा, जबतक महानिदेशक, आकाशवाणी द्वारा निरीक्षण किये जाने के लिए गारंटी की पूरी शर्तें उपलब्ध न हों।

6. विज्ञापन में अन्य उत्पादों या सेवाओं के लिए अपमानजनक या अनादरपूर्ण बातें नहीं कही जायेंगी।

7. उत्पादों के वज़न, गुणवत्ता अथवा क़ीमत के बारे में सही सूचना दी जायेगी।

8. किसी भी प्रकार के ज़ेवर या रत्नों के लिये विज्ञापन स्वीकार नहीं किये जायेंगे।

9. विज्ञापनों में ऐसा कोई प्रभाव शामिल नहीं किया जाना चाहिए जो श्रोताओं को चौंका दे। जैसे- निम्नलिखित ध्वनि-प्रभावों को उनकी कोई सीमा निर्धारित किये बिना प्रयोग की अनुमति नहीं होगी-

- सायरन- बमबारी- चीत्कार- कर्णकटु हंसी या इसी प्रकार की अन्य ध्वनि।

सच्चाई तो यही है कि आज के समय में विज्ञापन की चकाचौंध से बचना संभव ही नहीं है। इसकी दुनिया जितनी ग्लैमरस है, उतनी ही सर्जनात्मक और रोचक भी। मौलिक सूझबूझ वाले लोगों के लिए इस दुनिया में रोज़गार के पर्याप्त अवसर भी हैं, क्योंकि इस विधा में दक्ष लोगों की बाज़ार में बहुत मांग है।

संगीत

'संगीत' एक ऐसा शब्द है, जिसका नाम सामने आते ही तन-मन झूमने लगता है। संगीत एक ऐसा वरदान है, जो मनुष्य ही नहीं, पशु-पक्षी, पेड़-पौधों, लताओं; यहां तक कि प्रकृति के कण-कण में व्याप्त है। संगीत बच्चे की हंसी में है, उसके रुदन में है; संगीत बारिश की बूंदों में है; संगीत हवा की सरसराहट में है; संगीत नदी की लहरों में है, सागर की पछाड़ खाती तरंगों में है, पेड़-पौधों के हिलने-डुलने में है, भंवरों के गुंजन में है, मोर की बोली में है, कोयल की कूक में है। इसीलिए संगीत को सृष्टि-निर्माता का सहोदर कहा गया है।

'संगीत रत्नाकर' के अनुसार- ''गीतं, वाद्यं च नृत्यं, त्रयं संगीतमुच्चते''- यानी गीत, वाद्य और नृत्य- इन तीनों को मिलाकर संगीत बनता है। संगीत में मुख्य शब्द 'गीत' है, इसमें 'सम' उपसर्ग लगा है, जिसका अर्थ होता है- 'सहित'। अर्थात् अपनी अन्य क्रियाओं (वाद्य एवं नृत्य) द्वारा प्रस्तुत कार्य 'संगीत' है।

एक ग्रंथकार के अनुसार, नारद ने अनेक वर्षों तक योग-साधना की जिससे प्रसन्न होकर शिवजी ने उन्हें संगीत-कला प्रदान की। ऐसी मान्यता है कि जब पार्वती सो रही थीं तो शिवजी ने उस शयन-मुद्रा को देखकर, उनके अंग-प्रत्यंगों के आधार पर 'रुद्रवीणा' बनाई। उसके बाद उन्होंने अपने पांच मुखों से पांच रागों की उत्पत्ति की। इसके बाद छठवां राग पार्वती के मुख से उत्पन्न हुआ। शिवजी के पूर्व-पश्चिम, उत्तर-दक्षिण और आकाशोन्मुख होने से क्रमशः भैरव, हिंडोल, मेघ, दीपक और श्री राग प्रकट हुए तथा पार्वती द्वारा कौशिकी

राग का आविर्भाव हुआ।

फ़ारसी के एक विद्वान का मत है कि हज़रत मूसा जब पहाड़ों पर घूम-घूम कर वहां की ख़ूबसूरती देख रहे थे तो उसी वक़्त ग़ैब से एक आवाज़ आयी कि, "या मूसा हक़ीक़ी, तू अपना असा (फ़कीरों के पास रहने वाला डंडा) इस पत्थर पर मार! यह सुनकर हज़रत मूसा ने असा को ज़ोर से उस पत्थर पर मारा तो उसके सात टुकड़े हो गये और हर टुकड़े से पानी की अलग-अलग धारा बहने लगी। उसी जल की आवाज़ से हज़रत मूसा ने इन सात स्वरों की रचना की।

पाश्चात्य मनोवैज्ञानिक फ्रायड का संगीत के उद्गम के बारे में कहना है कि जिस प्रकार बालक रोना, चिल्लाना, हंसना आदि क्रियायें आवश्यकतानुसार स्वयं सीख जाता है, उसी प्रकार मानव में संगीत का प्रादुर्भाव मनोविज्ञान के आधार पर स्वतः हुआ।

ऐसी व्याप्ति वाली कला- संगीत- रेडियो का प्रमुख आधार है। चूंकि रेडियो श्रव्य माध्यम है, इसलिए इसमें नृत्य को छोड़कर, संगीत के शेष दोनों उपादान-गायन और वादन- शामिल हो जाते हैं।

भारत में संगीत की दो पद्धतियां हैं- एक, उत्तर भारतीय संगीत पद्धति और दूसरी, कर्नाटक संगीत पद्धति। कर्नाटक संगीत का क्षेत्र दक्षिण भारत है, तो उत्तर भारतीय संगीत शेष संपूर्ण भारत में प्रचलित है। किन्तु पद्धति कोई भी हो, संगीत में स्वरों की संख्या सात ही है और दोनों ही पद्धतियों में गायन या वादन के लिए इन्हीं स्वरों का उपयोग किया जाता है।

इन सातों स्वरों की उत्पत्ति पशु-पक्षियों की बोली से भी मानी जाती है जो इस प्रकार है-

षड्ज़ - सा - मयूर

ऋषभ - रे - चातक

गांधार - ग - हंस

मध्यम् - म - क्रौंच

पंचम् - प - कोयल

धैवत् - ध - दादुर

निषाद् - नी - हाथी

उत्तर भारतीय संगीत हो या कर्नाटक संगीत- दोनों ही स्थानों पर इसकी जो विधायें प्रमुख रूप से प्रचलित हैं, वे हैं- शास्त्रीय संगीत, सुगम संगीत और लोक संगीत।

शास्त्रीय संगीत

उत्तर भारतीय संगीत में शास्त्रीय गायन की दो शैलियां प्रचलित हैं-

1. खयाल शैली- कहते हैं, खयाल गायन की शुरूआत अमीर खुसरो से हुई है और मुग़ल काल में आकर यह ज़्यादा मशहूर हुआ। खयाल गायन की ख़ासियत है इसकी रचनायें, जिन्हें

अत्यंत लालित्यपूर्ण ढंग से सुरों के अनेक उतार-चढ़ावों-मीड़, मुरकी, खटका आदि के साथ विभिन्न तालों में प्रस्तुत किया जाता है। इसमें दो प्रकार के लय- विलम्बित और द्रुत- का प्रयोग किया जाता है।

2. ध्रुपद-धमार शैली- ध्रुपद, संगीत की प्राचीनतम शैली मानी गयी है, जिसका असली नाम 'ध्रुव-पद' बताया जाता है। कहा जाता है कि महात्मा ध्रुव अपने गीतों को एक विशेष शैली में गाते थे, इसीलिए इस शैली में गायन को 'ध्रुव-पद' कहा गया, जो कालान्तर में 'ध्रुपद'-नाम से प्रचलित हो गया। ध्रुपद के कुल चार भाग होते हैं- स्थायी, अंतरा, संचारी और आभोग। इसके गायन में प्रमुख रूप से वीर, शृंगार और शांत रस का समावेश होता है। ख़याल गायन में जहां गायन में संगति के लिए ताल-वाद्य तबला का प्रयोग होता है, वहीं ध्रुपद में पखावज का। ध्रुपद की ही सहायक शैली 'धमार' है, जो अपेक्षाकृत अधिक चंचल होती है। इसमें लय के चमत्कार अधिक देखने को मिलते हैं।

उपर्युक्त दोनों शैलियों में रागों के गायन में उसकी शुद्धता, शास्त्रीयता और सैद्धान्तिकता की रक्षा का विशेष ध्यान रखा जाता है। 'सा, रे, ग, म, प, ध, नि'- इन्हीं सात स्वरों में छिपे हैं अनेक राग। इन रागों के जनक दस थाट होते हैं, जो इस प्रकार हैं- भैरव, भैरवी, यमन, विलावल, खमाज, आसावरी, पूर्वी, तोड़ी, मारवा और काफी। इन्हें 'आश्रय राग' भी कहा जाता है। इनमें से प्रत्येक राग की छह रागिनियां मानी गयी हैं और उनसे उत्पन्न रागों को पुत्रों के समान माना गया। इसके अलावा गाने के समय को विभिन्न ऋतुओं और प्रहरों में विभाजित कर रागों की सृष्टि की गयी है, जिसका पालन करना आवश्यक समझा जाता है। यह किसी हठधर्मिता के कारण नहीं है, बल्कि इन रागों की रचना प्रकृति और मनुष्य के योग से इस प्रकार हुई है कि उसके रसास्वादन की बार-बार इच्छा हो। यही कारण है कि राग मल्हार को यदि आप ग्रीष्म ऋतु में सुनें तो आपको ज़रा भी अच्छा नहीं लगेगा, जबकि उसी राग को वर्षा ऋतु में बार-बार सुनने का मन करता है। वसंत ऋतु में राग वसंत या राग बहार ही अच्छा लगता है। राग तोड़ी और जौनपुरी सुबह में अच्छे लगते हैं, तो राग सारंग और मुलतानी दोपहर के समय तथा राग विहाग और केदार रात के समय।

इस दृष्टि से अलग-अलग समय में गाये जाने वाले कुछ महत्वपूर्ण राग इस प्रकार हैं-

प्रातःकालीन राग

भैरव, भैरवी, तोड़ी, रामकली, जौनपुरी, विलावल, आसावरी, भटियार आदि।

दोपहर के राग

सारंग, मुलतानी, भूपाली, भीमपलासी आदि।

सायंकालीन राग

दुर्गा, मारवा, पटदीप, हमीर, मधुवंती, पूरिया धनाश्री आदि।

रात्रिकालीन राग

यमन, विहाग, बागेश्री, मालकौंस, कामोद, देस, जयजयवन्ती आदि।

इनके अलावा कुछ राग ऐसे हैं जो किसी भी मौसम में और किसी भी प्रहर में गाये-बजाये जा सकते हैं। ये हैं- पीलू, भैरवी, पहाड़ी और मिश्र राग।

उपशास्त्रीय संगीत

शास्त्रीय संगीत में इतनी नियमबद्धता होने के कारण ही 'उपशास्त्रीय शैली' का विकास हुआ, जिसमें राग के ज्ञान के साथ-साथ लयकारी, बोल-बाँटी और तानों की अच्छी तैयारी की आवश्यकता होती है। इसमें शास्त्रीय गायन की लंबी अवधि को कम करते हुए अपेक्षाकृत सरल ढंग से छोटी अवधि की प्रस्तुति को आधार बनाया गया। इस रूप में शास्त्रीय संगीत की एक रचना जहां 30 से 60 मिनट की अवधि में प्रस्तुत की जाती है, वहीं उपशास्त्रीय संगीत की प्रस्तुति मात्र 10 से 15 मिनट में हो जाती है। इसी को ध्यान में रखकर आकाशवाणी द्वारा 'सुबद्ध संगीत' की शुरूआत की गयी, जिसके अंतर्गत 5 से 10 मिनट में उन्हीं रचनाओं को प्रस्तुत किया गया, जिन्हें 30 से 60 मिनट में प्रस्तुत किया जाता था। निश्चित रूप से यह एक प्रयोग था जो आज भी सफलतापूर्वक जारी है।

इस उपशास्त्रीय संगीत के अंतर्गत गायन के कई प्रकार- ठुमरी, दादरा, टप्पा, होरी आदि आते हैं। उपशास्त्रीय संगीत के गायन-वादन का कोई समय निश्चित नहीं होता। यह सुविधानुसार कभी भी गाया-बजाया जा सकता है। इसके गायन के लिए प्रायः मिश्र रागों- जैसे, राग मिश्र खमाज़, मिश्र पीलू, मिश्र काफ़ी आदि का प्रयोग किया जाता है।

वाद्य-वादन

वाद्य-वादन शास्त्रीय, सुगम तथा लोकसंगीत- तीनों का अंग है। वाद्य के बिना संगीत की प्रस्तुति उसी प्रकार अधूरी है, जिस प्रकार दुल्हन बिना शृंगार। वाद्य गायन को सजाते हैं, संवारते हैं, उसे प्रस्तुतियोग्य बनाते हैं। लेकिन इसके अलावा इनकी विशेषता यह है कि इनके द्वारा स्वतंत्र रूप से भी प्रस्तुति की जा सकती है। वाद्यों में कुछ ऐसे होते हैं जो शास्त्रीय संगीत के अनुकूल होते हैं तो कुछ सुगम संगीत के और कुछ लोक संगीत के। इस दृष्टि से यहां विभिन्न वाद्य-यंत्रों का परिचय प्राप्त करना समीचीन जान पड़ता है।

वाद्यों के प्रकार

1. धनु वाद्य -Bow Instrument- ऐसे वाद्य जो धनुष की आकृति वाले उपकरण से बजाए जाते हैं, जिन्हें 'गज' कहा जाता है। इस प्रकार के वाद्य हैं- सारंगी, वायलिन, वायोला, दिलरुबा, इसराज, तारसनाई।

2. तार वाद्य- String Instrument- ऐसे वाद्य जो तारों की सहायता से बजाए जाते हैं। ये हैं- सितार, सरोद, वीणा, तानपूरा, रबाब, गोटुवाद्यम्।

3. वायु वाद्य- Wind Instrument- इन वाद्यों में प्रमुखता हवा की होती है, इसीलिए इन्हें 'वायु वाद्य' या 'फूँक वाद्य' के नाम से भी जाना जाता है। इन वाद्यों में प्रमुख

हैं- बांसुरी, शहनाई, क्लैरियोनेट, सेक्सोफ़ोन आदि। इसमें एक अपवाद भी है और वह है- हारमोनियम, जिसमें हवा भरने के लिए फूंक का नहीं, बल्कि 'आंथी' का सहारा लिया जाता है।

4. ताल वाद्य- Percussion Insrument- इस प्रकार के वाद्य मुख्य तौर पर गायन में संगति के लिए इस्तेमाल किये जाते हैं, लेकिन स्वतंत्र रूप से भी इनका वादन किया जाता है। इस श्रेणी के वाद्य हैं-तबला, ढोलक, पखावज, घटम्, मृदंगम्, मादल, नगाड़ा, जलतरंग।

5. पाश्चात्य वाद्य- Western Instrument- इस कोटि के वाद्य मूल रूप से पाश्चात्य संगीत में इस्तेमाल होते हैं और इन्हें उसी हिसाब से डिज़ायन किया गया है। लेकिन भारतीय संगीत ने अपनी प्रकृति के अनुसार इन्हें अपना लिया है और धड़ल्ले से इसका प्रयोग होने लगा है। ऐसे वाद्य हैं- एकॉर्डियन, सिंथेसाइज़र, गिटार, पियानो, सेक्सोफ़ोन।

6. लोक वाद्य -Folk Instrument- भारत विविधताओं का देश है। इसकी बहुविध संस्कृति में संगीत के स्वर भी विविधताओं से भरे हैं। विशेष रूप से गांवों और अंचलों में, जहां भले ही खाने को अन्न नहीं है, शिक्षा नहीं है, रौशनी की पहुंच नहीं है; फिर भी वहां संगीत के स्वर गूंजते सुनाई देते हैं। इस रूप में कुछ ऐसे वाद्य हैं, जो सिर्फ़ गांवों में ही दिखाई देते हैं; बल्कि इनमें से कई वाद्य लुप्तप्राय हैं जिन्हें संरक्षित रखने की कोशिश हो रही है। ऐसे वाद्यों में कुछ प्रमुख हैं- मंजीरा, नाल, दोतारा, एकतारा, हुड़ुक, मांदर, रावणहत्था।

वाद्यों के प्रयोग

जैसा कि पहले कहा जा चुका है, कुछ वाद्य संगति के हिसाब से शास्त्रीय संगीत के अनुकूल होते हैं, कुछ सुगम के और कुछ लोक के। इस दृष्टि से शास्त्रीय संगीत में तानपूरा, हारमोनियम, सारंगी, वायलिन, तबला, पखावज, घटम्, मृदंगम् आदि का प्रयोग ही प्रधान रूप से होता है; जबकि सुगम संगीत में इन वाद्यों के साथ-साथ अन्य सारे वाद्यों का भी प्रयोग होता है। लोक संगीत में प्रधान तौर पर लोक वाद्यों का ही प्रयोग होना चाहिए, लेकिन आजकल वहां भी सभी तरह के वाद्यों का प्रयोग देखने को मिल रहा है।

सुगम संगीत

शास्त्रीय और उपशास्त्रीय संगीत में जहां अनेक बंधन होते हैं, वहीं सुगम संगीत बंधनमुक्त होता है। यह गाने में आसान होता है, सुनने में मस्तिष्क पर ज़्यादा बोझ नहीं डालना पड़ता और सरलता से याद किया जा सकता है। इन्हीं सब विशेषताओं के चलते इसे 'सुगम संगीत' कहा गया। लेकिन ऐसा भी नहीं है कि यह एकदम सरल है। वास्तव में, सुगम संगीत शास्त्रीय संगीत-रूपी विशाल पेड़ की एक छोटी-सी शाखा है। इसके गाने वाले को शास्त्रीय संगीत का प्रारंभिक ज्ञान होना अत्यंत आवश्यक है, जिससे शब्दों को प्रभावशाली बनाने के लिए वह सही स्वरों का प्रयोग कर सके। इसके अंतर्गत गीत, भजन, ग़ज़ल, क़व्वाली आदि विधायें आती हैं। फ़िल्म संगीत भी इसी का अंग है, लेकिन इससे कहीं अधिक व्यापक है। इसलिए

इसपर अलग से थोड़ी चर्चा अपेक्षित है।

फ़िल्म संगीत

अगर यह सोचा जाये कि फ़िल्म संगीत नहीं होता तो क्या होता, तो ऐसा नहीं लगता कि ज़िंदगी बहुत बेरस और बेजान होती! निश्चय ही आज के जनजीवन में, भागदौड़ की ज़िंदगी और तमाम संघर्षों के बीच यह फ़िल्म संगीत ही है जिसने सभी प्रकार के तनावों से राहत देने का काम किया है। और इसका सबसे बड़ा श्रेय रेडियो को, आकाशवाणी को जाता है, जिसने फ़िल्म संगीत को घर-घर में, जन-जन तक पहुंचाया है। यह फ़िल्म संगीत समाज की परंपराओं और रीति-रिवाज़ों, सांस्कृतिक आस्थाओं और मानवीय भावनाओं तथा मूल्यों से हमेशा से जुड़ा रहा है। यह अपनी सरलता और लचीलेपन के कारण समाज के सभी वर्गों को आकर्षित करने में समर्थ रहा है और बच्चों से लेकर वयोवृद्ध तक- सभी उम्र के लोगों में पैठ बना चुका है। इस संगीत में सुगम संगीत के सभी रूपों- भजन, गीत, ग़ज़ल, क़व्वाली का ही नहीं, बल्कि शास्त्रीय तथा लोक संगीत की भी विभिन्न शैलियों का समाहार हो जाता है। इस दृष्टि से फ़िल्म संगीत समाज की धड़कन हैं, इसकी सांसें हैं।

लोक संगीत

लोक संगीत वह संगीत है जो मौखिक या वाचिक परम्परा से होता हुआ आता है। लोकगीतों का कोई रचयिता नहीं होता। वह दादी-नानी और उनके भी पूर्वजों की परम्परा में जीवित रहता आया है और रहेगा। इसका स्वरूप लोकरंजनकारी है। यह लोक के भावों की अभिव्यक्ति है। इसपर न किसी बंधी हुई गायन-शैली की बंदिश है न ही किसी शास्त्रीयता की।

जिस समय से मनुष्य में थोड़ी-बहुत समझ आयी, तभी से उसने लोक संगीत को अपना लिया। जंगलों में स्वच्छंद निवास करने वाले प्राणियों ने पशुओं से, पक्षियों से, झरनों से, नदियों से, प्रकृति के अद्वितीय सौन्दर्य से अभिभूत होकर इस संगीत की रचना की। ये गीत इसलिए लोकगीत कहलाये, क्योंकि इनकी रचना उनलोगों के द्वारा की गयी जो समूह में रहकर एक-एक शब्द और एक-एक पंक्ति जोड़कर गीत की रचना करते थे। इस प्रकार इनका कोई एक रचनाकार नहीं है।

आदिवासी संगीत

आदिवासी संगीत का स्वरूप लोक संगीत से थोड़ा भिन्न है। समुदाय-विशेष में प्रचलित होने के कारण यह अपना विशिष्ट स्थान और स्वरूप रखता है। इसके गायन में नृत्य की झलक मिलती है। यह प्रायः समूहों में गाया जाता है। इसके वाद्य-यंत्र बड़े मौलिक और संग्रहणीय

होते हैं।

आकाशवाणी में संगीत-कार्यक्रम

आकाशवाणी ऐसी एकमात्र अग्रणी संस्था है जिसने उत्तर-दक्षिण का भेदभाव किये बिना संगीत की सभी विधाओं को उसके मूल रूप में जन-जन तक पहुंचाया है, उसे सुरक्षित और संरक्षित करने का कार्य किया है। आकाशवाणी वह माध्यम रही है, जिसके ज़रिये कलाकारों ने लोकप्रियता की अनेक ऊंचाइयों को छुआ है और देश-विदेश में नाम कमाया है। यह सब इस संस्था के अनुभवी और लगनशील प्रसारकों के कारण संभव हो सका है। यही कारण है कि आकाशवाणी के संगीत-कार्यक्रम अत्यंत लोकप्रिय हैं और आज कुल प्रसारण-समय का लगभग 40 प्रतिशत हिस्सा संगीत के कार्यक्रमों के लिए समर्पित है। यह प्रतिशत मीडियम वेव के क्षेत्रीय केन्द्रों का है। विज्ञापन प्रसारण सेवा और एफ़0एम0 केन्द्रों का यह प्रतिशत 90 के आसपास तक जाता है।

आकाशवाणी (तब का 'ऑल इंडिया रेडियो') में 'केसकर दशक' (1952-1961) संगीत की दृष्टि से बहुत महत्वपूर्ण माना जाता है। श्री बी. वी. केसकर सरकार में सूचना और प्रसारण मंत्री थे। उन्होंने अपने समय में अनेक ऐसे महत्वपूर्ण निर्णय लिए जिसने न सिर्फ़ संगीत का भला किया, बल्कि आने वाले समय के लिए एक ऐसा रास्ता तैयार किया जिसपर चलकर संगीत के कार्यक्रम उन्नति और लोकप्रियता के ऊंचे शिखर तक पहुंचे। 'केसकर दशक' में जो महत्वपूर्ण कार्य हुए वे इस प्रकार हैं-

1. स्वर-परीक्षण समिति और बोर्ड का गठन।

2. सस्ते क़िस्म के फ़िल्म संगीत के प्रसारण पर रोक और शास्त्रीय संगीत के लिए अधिक समय का आबंटन।

3. विविध भारती और कार्यक्रम प्रत्यंकन एवं विनिमय सेवा की शुरूआत।

4. सुगम संगीत एककों का शुभारम्भ।

5. 'स्टाफ़ आर्टिस्ट' के पदों का सृजन।

6. संगीत के अखिल भारतीय कार्यक्रम और वार्षिक संगीत सम्मेलन की शुरूआत।

7. आकाशवाणी वाद्य-वृन्द का गठन।

उपर्युक्त निर्णयों में एकमात्र फ़िल्म संगीत पर रोक का निर्णय थोड़ा विवादास्पद रहा, जिसने 'ऑल इंडिया रेडियो' के श्रोताओं को इससे दूर कर दिया और इसके कार्यक्रमों में बोझिलता तथा उबाऊपन की शिकायतें मिलने लगीं। इसलिए आगे चलकर फ़िल्म संगीत का प्रसारण पुनः प्रारम्भ हो गया।

इस तरह का विवादास्पद प्रयोग या निर्णय कोई पहली बार नहीं हुआ था; बल्कि इससे बहुत पहले एक समय ऐसा भी आया था, जब हारमोनियम पर रोक लगा दी गयी थी। इसके लिए पहल करने वाले थे दिल्ली केन्द्र में पाश्चात्य संगीत के निदेशक मि. जॉन फ़ोल्ड्स।

जॉन फ़ोल्ड्स ने भारतीय और पाश्चात्य संगीत के 'फ़्यूजन' पर बहुत उम्दा काम किया था और योरोप में उनके कामों की बहुत धूम थी। उन्होंने सन् 1938 में आमंत्रित अतिथियों के समक्ष कनॉट प्लेस, नयी दिल्ली के 'रीगल' थियेटर में 'ऑल इंडिया रेडियो आर्केस्ट्रा' का संचालन किया था, जिसमें मुख्य अतिथि के तौर पर वायसराय लॉर्ड लिन्लिथिगो और लेडी लिन्लिथिगो ने शिरकत की थी। लेकिन इससे पहले कि जॉन फ़ोल्ड्स अपनी मौलिक सोच और कार्यों को आगे बढ़ा पाते, 25 अप्रैल, 1939 को अचानक कलकत्ता में उनका निधन हो गया।

परन्तु इससे पूर्व जॉन फ़ोल्ड्स ने 'द इंडियन लिस्नर' (The Indian Listener) नामक पत्रिका में 'हार्म-ओनियम' (Harm-onium) शीर्षक से एक लेख लिखा था, जिसमें हारमोनियम के प्रयोग का ज़ोरदार विरोध करते हुए उन्होंने इस वाद्य को अभारतीय और असांगीतिक (un-Indian & un-musical) क़रार दिया था। इस सिद्धांत और विचार पर लंबी बहसों और चर्चाओं के बाद अंततः 1 मार्च, 1940 को हारमोनियम के प्रयोग पर पूरी तरह पाबंदी लगा दी गयी और यह निर्देश दिया गया कि इसे किसी भी हालत में संगीत के रिहर्सल में ही नहीं, नाटकों या रूपकों में प्रभाव देने के लिए भी इस्तेमाल नहीं किया जाये, बल्कि उसे जल्द-से-जल्द नीलाम कर दिया जाये।

इसके लगभग तीन दशक बीत जाने के बाद इस प्रतिबंध के विरोध में यहां-वहां स्वर उठने लगे थे। तब सन् 1971 में मंत्रालय ने 'ऑल इंडिया रेडियो' को एक सेमिनार आयोजित कर इसपर विशेषज्ञों की राय लेने को कहा। इसके बाद अंततः इस बात पर सहमति बनी कि हारमोनियम को एक प्रयोगात्मक वाद्य मानते हुए इसे अत्यंत सीमित रूप में सिर्फ़ 'ए' ग्रेड और उससे ऊपर के ग्रेड के कलाकारों के संगत के लिए प्रयोग में लाया जाये। इसके अलावा यह भी अनुशंसा की गयी कि उत्कृष्ट हारमोनियम वादकों की कुछ एकल (solo) प्रस्तुतियां प्रसारित की जा सकती हैं। आख़िरकार सन् 1980 में जाकर हारमोनियम पर से सभी तरह के प्रतिबन्ध हटे और उसका प्रयोग सभी तरह के कार्यक्रमों में होने लगा।

इसमें कोई दो राय नहीं कि विभिन्न उहापोहों से उबरकर आकाशवाणी ने धीरे-धीरे अपनी पकड़ संगीत के कार्यक्रमों पर बनायी है जिसकी छाप आज भी जनजीवन पर पर्याप्त रूप से है। इनमें से कुछ महत्वपूर्ण कार्यक्रम हैं- संगीत रूपक, संगीत का अखिल भारतीय कार्यक्रम, रविवासरीय संगीत सभा, आकाशवाणी संगीत सम्मेलन, आमंत्रित श्रोताओं के समक्ष आयोजित संगीत सभा, शृंखला संगीत सभा, संगीत पत्रिका आदि।

संगीत के कार्यक्रमों की प्रस्तुति संगीत के प्रति लगाव, उसकी जानकारी और नये प्रयोगों के साहस की मांग करती है। निम्नलिखित बिन्दुओं को ध्यान में रखकर संगीत कार्यक्रमों की सफल प्रस्तुति की जा सकती है-

1. भौगोलिक परिस्थितियां।
2. स्थानीय परिवेश।
3. सामाजिक संरचना।

4. राजनीतिक प्रभाव।

5. सांस्कृतिक विरासत।

6. परम्परा के प्रति अभिरुचि।

7. संगीत की संस्थाओं और महाविद्यालयों से संपर्क।

8. रागों और वाद्य-यंत्रों की जानकारी।

9. कलाकारों के मनोविज्ञान की पहचान।

10. श्रोताओं की पसंद-नापसंद।

11. मौलिक और शोधपूर्ण दृष्टि।

12. ध्वनि-संगीत प्रभावों का सार्थक प्रयोग।

उद्घोषणा और कंपेयरिंग

आपने अक्सर रेडियो पर सुना होगा- '' ये आकाशवाणी है।'' इसके बाद आपका ध्यान बरबस आगे की उद्घोषणा पर चला जाता है कि आगे क्या कहा जा रहा है। वह आवाज़ अगर मधुर, कोमल और प्रभावशाली हुई तो फिर कहना ही क्या! आगे जो कुछ भी होने वाला है, उसे सुनने के लिए आप ज़रूर विवश हो जाते होंगे। ऐसा होता है उद्घोषणा का प्रभाव।

आज भले ही रेडियो की लोकप्रियता में थोड़ी कमी आयी है और लोगों की दिनचर्या में यह प्रायः शामिल नहीं है; लेकिन एक दशक पीछे जायें तो वहां तक रेडियो की लोकप्रियता चरम पर थी। रोज़मर्रा की की ज़िंदगी की शुरूआत ही रेडियो के कार्यक्रमों से होती थी। उस समय आज की तरह निजी रेडियो चैनलों का अस्तित्व नहीं था, इसलिए आकाशवाणी के कार्यक्रमों की धूम थी। आज धीरे-धीरे वह दौर लौटता दिखाई दे रहा है। प्रातःकालीन सभा में 'वंदना' कार्यक्रम में मातृवंदना के साथ-साथ भक्तिगीतों के माध्यम से लोगों की दिनचर्या में स्वतः आराधना के स्वर शामिल हो जाते हैं। इसके बाद किसान भाइयों के लिए कृषि-संबंधी जानकारी, आगे प्रसारित होने वाले कार्यक्रमों का विवरण, रेल-सूचना, और इन सबके बीच-बीच में उद्घोषक द्वारा समय बताया जाना। कार्यक्रमों के स्वरूप में संगीत, नाटक, रूपक, वार्ता, परिचर्चा सभी शामिल। सूचना, शिक्षा और मनोरंजन का यह अनूठा समन्वय ही आकाशवाणी के कार्यक्रमों की विशेषता रही है।

उद्घोषणा: एक कला

निश्चित ही इतनी विविधताओं से भरी प्रसारण-संस्था से कोई भी जुड़ना और अपनी आवाज़ जन-जन तक पहुंचाना चाहेगा। तो प्रश्न उठता है कि क्या इतना-भर सोच लेने से ही कोई उद्घोषक बन सकता है? क्या केवल अच्छी आवाज़ ही रेडियो के संसार से जुड़ने का आधार है? उत्तर है- बिल्कुल नहीं। उद्घोषणा एक कला है, जिसके लिए मात्र अच्छी आवाज़ का होना पर्याप्त नहीं है। श्रव्य माध्यम होने के कारण रेडियो में ध्वनि-चित्रों का प्रयोग होता है- यानी

दृश्य-माध्यम में जो कुछ भी देखा जा सकता है, उसे ही ध्वनि या शब्द-चित्र के माध्यम से इतने ज़ोरदार ढंग से प्रस्तुत किया जाता कि वह एक बार सुनने पर ही हृदय को छू ले और जो कुछ भी बोला जा रहा है उसका पूरा अर्थ समझ में आ जाये।

उद्घोषणा की विशेषता है उसकी संक्षिप्तता, सरलता और सुंदरता। रेडियो सुनने वाले साक्षर-निरक्षर, अमीर-ग़रीब, प्रोफेसर-वैज्ञानिक, मजदूर-कृषक, बच्चे-बूढ़े- सभी होते हैं; इसलिए उद्घोषणा की भाषा सरल, किन्तु सरस हो। बेजान और रसहीन उद्घोषणा बिना नमक की सब्ज़ी की तरह है। इसलिए उद्घोषक को अपनी कला का इस्तेमाल इस प्रकार करना चाहिए किवह श्रोताओं के हृदय पर अमिट छाप छोड़ सके। इसके लिए उद्घोषक को अपनी एक विशिष्ट शैली विकसित करने पर ध्यान देना चाहिए। उद्घोषणा की शैली से ही पता चल जाये कि उद्घोषक कौन है।

उद्घोषक की सफलता की सबसे बड़ी पहचान यह है कि उसकी उद्घोषणा प्रत्येक श्रोता को अपने को संबोधित प्रतीत हो। हर श्रोता को व्यक्तिगत रूप से यह लगना चाहिए कि उद्घोषक सिर्फ़ उसी को संबोधित है। लेकिन यह संलग्नता एक प्रकार की तटस्थता की भी मांग करती है। इसके लिए उद्घोषणा में पुनरावृत्ति से बचना चाहिए। विशिष्ट अवसरों- जैसे किसी शोकसूचक सूचना, प्राकृतिक आपदाओं अथवा प्रधानमंत्री या राष्ट्रपति से संबंधित उद्घोषणा के समय स्वर में अत्यधिक भावनात्मक प्रदर्शन नहीं आना चाहिए।

उत्तेजना उद्घोषणा की सबसे बड़ा शत्रु है। किसी भी अवसर- हर्ष, शोक, करुणा- को व्यक्त करने में उत्तेजना की झलक नहीं होनी चाहिए। ऐसे मौक़ों पर स्वर का सामान्य रहना बहुत ज़रूरी है। इस सबके लिए सतत् अभ्यास की ज़रूरत होती है और यह तभी संभव होगा, जब उद्घोषणा पहले से लिखी होगी और उद्घोषक ने उसकी रिहर्सल की होगी। रिहर्सल या पूर्वाभ्यास बहुत ज़रूरी है। इससे उद्घोषक को अपनी कला को परखने का, उसकी अच्छाई-बुराई जानने का और तदनुसार उसे निखारने का पर्याप्त अवसर मिलता है।

उद्घोषक के कार्य

उद्घोषक कार्यक्रम और श्रोताओं के बीच एक कड़ी का काम करता है और वही प्रसारण की अंतिम सीढ़ी भी होता है। यानी एक कार्यक्रम को तैयार होने में जितनी प्रक्रियाओं से होकर गुज़रना पड़ता है और जितने व्यक्ति इस कार्य को सम्पन्न करने में लगे होते हैं, उद्घोषक की उद्घोषणा के बाद ही उस कार्यक्रम को श्रोताओं तक सही तौर पर पहुंचने का मौक़ा मिलता है। लेखक आलेख लिखता है, कार्यक्रम अधिकारी उस आलेख को संशोधित-परिमार्जित कर कलाकारों की सहायता से स्टूडियो में उसे रिकॉर्ड करता है। इसके बाद इसकी 'एडीटिंग' और 'डबिंग' की जाती है। नाटक और रूपक में संगीत एवं ध्वनि-प्रभावों का समुचित प्रयोग उसके निर्देशक और प्रस्तुतकर्ता द्वारा किया जाता है। इसके बाद ही सही तौर पर कार्यक्रम प्रसारण-योग्य बन पाता है। उद्घोषक का कार्य इसके बाद ही प्रारम्भ

होता है, जो कार्यक्रम-विशेष की आरंभिक उद्घोषणा करके उसे श्रोताओं तक पहुंचाता है और समापन उद्घोषणा द्वारा प्रसारित हो चुके कार्यक्रम की जानकारी देता है। यह उद्घोषणा जितने सुन्दर ढंग से की जायेगी, श्रोताओं के मन में कार्यक्रम को सुनने की इच्छा उतनी ही बलवती होगी। किसी नाटक की उद्घोषणा इस प्रकार होती है- '' सुनते हैं नाटक 'चारुलता'। यह रवीन्द्रनाथ ठाकुर की रचना 'नष्टनीड़' का रूपांतर है। इसके रूपांतरकार हैं रविरंजन सिन्हा तथा निर्देशक और प्रस्तुतकर्ता हैं डॉ. किशोर सिन्हा।'' यह एक ख़राब उद्घोषणा है।

लेकिन इसी को यदि सुन्दर ढंग से कहना हो तो कहेंगे- '' यह आकाशवाणी का पटना केन्द्र है। रात्रि के नौ बजकर तीस मिनट हुए हैं। इस समय आप सुना करते हैं नाटक। आज इसमें आपको सुनवाते हैं विश्वकवि रवीन्द्रनाथ ठाकुर की सुप्रसिद्ध कहानी 'नष्टनीड़' पर आधारित नाटक 'चारुलता'। इसके रेडियो नाट्य-रूपांतरकार हैं रविरंजन सिन्हा और निर्देशक तथा प्रस्तुतकर्ता डॉ. किशोर सिन्हा।''

उद्घोषक का काम मात्र उद्घोषणा करना नहीं है, बल्कि उसे और भी कई काम करने होते हैं। वह कार्यक्रमों की सूचना देने के साथ-साथ खोये हुए व्यक्तियों, रेलगाड़ियों के आने-जाने और रोज़गार के लिए रिक्तियों की सूचना देता है। इसके अलावा किसी कार्यक्रम या विशेष अवसर का आंखों देखा हाल, आमंत्रित श्रोताओं के समक्ष आयोजित कार्यक्रमों की मंचीय उद्घोषणा, स्टूडियो की मशीनों, कम्प्यूटर आदि को संचालित करते हुए विभिन्न कार्यक्रमों का प्रसारण, कार्यक्रम की अवधि कम होने पर पूरक वाद्य संगीत (थपससमत) का विवेकपूर्ण इस्तेमाल आदि कई कार्य उद्घोषक को सम्पन्न करने होते हैं। संक्षेप में, उद्घोषक के कार्य और ज़िम्मेदारियों को इस प्रकार रेखांकित किया जा सकता है-

1. विभिन्न कार्यक्रमों-जैसे, रूपक आदि में वाचक की भूमिका।

2. भेंटवार्तायें करना तथा 'फोन-इन' और 'टॉक शो' कार्यक्रम में 'एंकर' की भूमिका।

3. विभिन्न खेलों और विशेष समारोहों की 'कमेन्ट्री'।

4. विशेष श्रोता समूह के कार्यक्रमों में कंपीयरिंग।

5. उद्घोषणा लिखना और उसे प्रसारित करना।

6. विशेष कार्यक्रमों के लिए आलेख तैयार करना।

7. गीतों के सीडी का चयन और प्रसारण के लिए निर्धारण।

8. श्रोताओं के पत्रों के उत्तर देना।

9. विभिन्न कार्यक्रमों में आवश्यकतानुसार भागीदारी।

10. मौसम, बाज़ार-भाव आदि का अंग्रेज़ी से हिन्दी और हिन्दी से अंग्रेज़ी में अनुवाद।

आकाशवाणी में एक कार्यकक्ष (Duty Room) होता है, जहां से गुज़र कर ही कोई सामग्री प्रसारण के लिए स्टूडियो तक जाती है। कार्यकक्ष कार्यक्रमों का 'चेक प्वायंट' होता है। कार्यक्रम में किसी प्रकार की गड़बड़ी हो तो उसे यहीं सुधारा जा सकता है। इसलिए उद्घोषक का भी कार्य 'ड्यूटी रूम' से ही प्रारम्भ होता है। उसका पहला काम होता है, सभा में प्रसारित होने वाली प्रत्येक सामग्री की उपलब्धता को देखना, कार्यक्रम संकेत पंजिका

(Cue-sheet) के अनुसार टेप और सीडी के नम्बरों आदि का मिलान करना, टेप या सीडी के अन्दर रखी 'क्यूशीट' के विवरणों का मुख्य 'क्यूशीट' से मिलान करना आदि। इसके बाद उद्घोषक को इस उपलब्ध सामग्री के आधार पर आलेख तैयार करना होता है।

आलेख तैयार करने में उन सारी बातों का ध्यान रखना चाहिए, जो किसी भी तरह के रेडियो आलेख के लिए आवश्यक होती हैं। लेकिन उद्घोषणा के आलेख की विशिष्टता यह होती है कि उसमें उद्घोषक अपनी कलात्मक अभिरुचि का सर्जनात्मक प्रयोग कर उसे सरस बना सकता है और श्रोताओं के हृदय पर अपनी अमिट छाप छोड़ सकता है।

उद्घोषक को प्रसारण-सभा प्रारम्भ होने से कम-से-कम दस मिनट पूर्व स्टूडियो में ज़रूर चले जाना चाहिए; क्योंकि उसे वहां भी कई कार्य सम्पन्न करने होते हैं। उसे चेक करना होता है-

1. उद्घोषक की कुर्सी।
2. घड़ी का समय।
3. टेप डेक में 'स्पूल' लगा है या नहीं।
4. सीडी प्लेयर, कम्प्यूटर तथा अन्य मशीनें।
5. मशीनों में पावर सप्लाई।

इनमें से कुछ भी कमी होने से उद्घोषक 'कन्ट्रोल रूम' को 'इंटरकॉम' द्वारा सूचित कर सकता है, ताकि प्रसारण से पूर्व उसे ठीक किया जा सके।

यह कार्य एक संकेतक (थ्सपा) के द्वारा भी किया जाता है। यह 'फ्लिक' एक हरे रंग का बल्ब होता है, जो एक बटन की सहायता से जलता है। उसे 'ऑन' करते ही 'कन्ट्रोल रूम' को उद्घोषक की स्टूडियो में उपस्थिति का पता चल जाता है और इसके बार-बार जलने-बुझने का अर्थ होता है कि स्टूडियो में कोई समस्या आ गई है।

प्रत्येक दिन सुबह की सभा की शुरुआत 'वंदे मातरम्' से होती है। उद्घोषक द्वारा बोला गया पहला शब्द ही होता है- 'वंदे मातरम्'। इसके बाद बंकिमचंद्र चट्टोपाध्याय के प्रसिद्ध राष्ट्रगीत 'वंदे मातरम्' का प्रसारण प्रारम्भ होता है। आकाशवाणी से पहले-पहल जिस 'वंदे मातरम्' का प्रसारण हुआ था, वह सुप्रसिद्ध संगीतज्ञ पंडित ओंकार नाथ ठाकुर के स्वर में था।

'वंदे मातरम्' के प्रसारण के बाद उद्घोषक द्वारा केन्द्र का परिचय दिया जाता है- " ये आकाशवाणी का पटना केन्द्र है, मीडियम वेव 483.1 मीटर यानी 621 किलो हट्र्ज़ पर। आज रविवार है, शक संवत् 1926 की 8 भाद्रपद, तदनुसार 8 अगस्त, सन् 2008। इस समय सुबह के पांच बजकर पचपन मिनट हुए हैं, अब आरम्भ होती है हमारी आज की पहली सभा।"

इसके बाद 'मंगलध्वनि' का प्रसारण किया जाता है। इसमें प्रसिद्ध शहनाईनवाज़ उस्ताद बिस्मिल्ला ख़ां द्वारा बजाई गयी शहनाई की धुनों का प्रसारण किया जाता है। ऐसा इसलिए क्योंकि शहनाई एक मंगलवाद्य है, जिसका प्रयोग शादी-विवाह, बच्चे के जन्म आदि मांगलिक अवसरों पर किया जाता है। दक्षिण भारत के केन्द्रों पर मंगलध्वनि में

शहनाई के स्थान पर वहां के एक मंगलसूचक वाद्य 'नादस्वरम्' का प्रसारण होता है।

मेरी आवाज़ ही पहचान है

सुप्रसिद्ध शायर गुलज़ार का मशहूर गीत है- "नाम गुम जायेगा, चेहरा ये बदल जायेगा; मेरी आवाज़ ही पहचान है, गर याद रहे...।" यह बात बिल्कुल सच्ची है। उद्घोषक की पहचान उसकी आवाज़ से ही होती है। रेडियो में उद्घोषक का चेहरा सामने नहीं होता, लेकिन उसकी आवाज़ लाखों लोगों को मोहित करने की शक्ति रखती है। उसके द्वारा की गयी उद्घोषणा, कही गयी बात यदि श्रोता के मन को छू ले और वह बात हर श्रोता को अपने दिल की बात लगने लगे तो एक उद्घोषक की यह सबसे बड़ी सफलता है। उद्घोषक चाहे तो किसी कार्यक्रम को अपनी उद्घोषणा से सजा-संवार सकता है और चाहे तो बर्बाद कर सकता है। इस दृष्टि से उद्घोषक में निम्नलिखित विशेषताओं का होना अनिवार्य है-

क. मधुर आवाज़- उद्घोषक, चाहे पुरुष हो या स्त्री; उसकी आवाज़ में मधुरता का होना बहुत ज़रूरी है। कर्कश आवाज़ एक अच्छे कार्यक्रम का सारा मज़ा किरकिरा कर देती है। इसलिए उद्घोषक को अपनी आवाज़ और गले पर काम करना चाहिए और इसे ख़राब होने से बचाना चाहिए। इस रूप में अपनी आवाज़ को पहचानने, उसकी विशेषता को जानने और उसे सुसंस्कृत करने (टवपबम ब्नसजनतम) की आवश्यकता होती है।

आम तौर से देखा जाये तो किसी भी व्यक्ति की आवाज़ ख़राब नहीं होती; उसके गुण और धर्म अलग-अलग होते हैं। इसे पहचानकर किसी भी आवाज़ को 'कल्चर' किया जा सकता है। जिस प्रकार एक बच्चा अपने माहौल से, अपने मां-पिता के सद्गुणों से संस्कार ग्रहण करता है; उसी प्रकार आवाज़ को भी संस्कारित (ब्नसजनतम) करने की ज़रूरत होती है। इसके लिए आवाज़ के अलग-अलग गुण-धर्मों को पहचानकर उसे थोड़े परिश्रम से 'कल्चर' किया जा सकता है। इसके लिए अलग-अलग स्वरों की पहचान ज़रूरी है।

मेरी आवाज़ कैसी है?

1. रूखी और सख़्त (Harshness)- ऐसी आवाज़ में कोमल शब्दों का उच्चारण कठोर सुनाई देता है। इसलिए ऐसी आवाज़ वाले लोगों को गले में थोड़ा कंपन पैदा कर बोलने की आदत डालनी चाहिए।

2. कर्कश (Hoarseness)- इस तरह की आवाज़ सुनने में बहुत अच्छी नहीं लगती। ऐसी आवाज़ वाले लोगों को अपने स्वर का 'पिच' थोड़ा कम रखकर बोलने की आदत डालनी चाहिए।

3. श्वास-प्रधान (Breathiness)- इस तरह की आवाज़ का उपयोग रेडियो नाटक में बहुत अच्छी तरह हो सकता है; किन्तु उद्घोषणा में इस तरह की आवाज़ से शब्दों को साफ़-साफ़ सुनने में परेशानी होती है। ऐसी आवाज़ वाले लोगों को प्राणायाम द्वारा अपनी सांसों

पर क़ाबू पाने का प्रयत्न करना चाहिए।

4. आनुनासिक (Nasalisation)- इस तरह की आवाज़ वाले लोग नाक से बोलते प्रतीत होते हैं। शब्दों के उच्चारण में अनुस्वार की ध्वनि सुनाई देती है। इसलिए इस तरह की आवाज़ वाले लोगों को पूरा मुंह खोलकर बोलने का अभ्यास करना चाहिए।

5. अस्पष्ट (Muffled)- इस तरह की आवाज़ में उच्चारण की स्पष्टता का अभाव रहता है। शब्द या वाक्य का अंतिम हिस्सा ठीक से सुनाई नहीं देता। ऐसी आवाज़ को 'कल्चर' करने के लिए अख़बार या पुस्तक को ठहराव के साथ बोल-बोल कर पढ़ना चाहिए।

6. एकरस (Monotone)- इस प्रकार की आवाज़ में भावात्मक संलग्नता का प्रायः अभाव होता है। सुख-दुख, हर्ष-शोक, उत्साह- सभी स्थितियों को ये आवाज़ एक ही तरह से व्यक्त करती है। इसके लिए नाटक या कहानी की पुस्तकों को उसी नाटकीय अंदाज़ में ज़ोर-ज़ोर से पढ़ना चाहिए। खुलकर हंसने और रोने का अभिनय करने का अभ्यास करना चाहिए।

7. कमज़ोर स्वरमान (Poor Pitch)- इस तरह की आवाज़ की 'पिच' बहुत कमज़ोर होती है; उच्चारण स्पष्ट नहीं रहता और ध्वनियां प्रायः एक-दूसरे के ऊपर चढ़ी प्रतीत होती हैं। ऐसी आवाज़ वाले लोगों को प्राणायाम और योगाभ्यास करने के साथ-साथ गले की जगह नाभि-स्थल से बोलने की आदत डालनी चाहिए। 'ओ३म' का लंबा उच्चारण करने से भी लाभ हो सकता है।

8. उतार-चढ़ाव (Sing&song)- इस प्रकार की आवाज़ का इस्तेमाल 'मिमिक्री' अथवा हास्य अभिनय के लिए हो सकता है। 'डिस्क जॉकी' अपनी आवाज़ को बिगाड़कर इस शैली में कार्यक्रम प्रस्तुत करते हैं। इस तरह की आवाज़ कभी-कभी पुरुष में स्त्री, और स्त्री में पुरुष-स्वर होने का भ्रम उत्पन्न करती है। इसे 'कल्चर' करने के लिए प्राणायाम और योगाभ्यास का सहारा लिया जा सकता है। अख़बार को बोल कर पढ़ने से भी लाभ होता है।

9. समाप्ति (Ending pattern)- वाक्य की समाप्ति पर अंतिम ध्वनि प्रायः स्पष्ट सुनाई नहीं देती या ध्वनित ही नहीं होती। जैसे- "आज मैं जो कुछ भी कर रहा हूं; सब तुम्हारे भले के लिए ही।" इसमें अंतिम ध्वनि 'ही' का उच्चारण सुनाई नहीं देता। इस तरह की आवाज़ को 'कल्चर' करने के लिए एक-एक शब्द को पूरा उच्चरित करने पर ध्यान देना चाहिए और आराम से बोलना चाहिए।

इस प्रकार उपर्युक्त वर्णित आवाज़ की ख़ामियों को, थोड़ा प्रयास करके ख़ूबियों में बदला जा सकता है और तब आवाज़ की मधुरता निश्चित ही सबको सम्मोहित करने में सफल होगी।

शुद्ध उच्चारण और स्वराघात (*Pronunciation & accent stress*)

अशुद्ध उच्चारण जहां उद्घोषणा के प्रभाव को कम करता है, वहीं कई बार यह अर्थ का अनर्थ भी कर देता है। 'शेर' ओर 'सेर' कहने में यदि उच्चारण ग़लत हो जाये तो अर्थ बदल

जायेगा। इसलिए शब्दों को उसके मौलिक और विशुद्ध रूप में, उसके स्वीकृत मानकों के अनुसार ही बोला जाना चाहिए। संयुक्ताक्षर और आनुनासिक वर्णों के प्रयोग में विशेष सावधानी बरतनी चाहिए। जैसे- स्कूल या स्टेशन को 'इस्कूल' या 'इस्टेशन' बोलना ग़लत होगा। इसी प्रकार संस्कृत को 'सन्सकृत' की जगह 'सम्सकृत' बोलना शुद्ध होगा। कठिन और वक्रोक्ति वाले शब्दों (Toungue twister) का बार-बार उच्चारण कर उसे कंठस्थ कर लेना चाहिए। जैसे- 'श्वेताश्वेतरोपनिषद्', 'परिनिर्वाण', 'धर्मांतरण' आदि।

उच्चारण की शुद्धता समझने के लिए ध्वनि के कुछ नियमों और उसके परिवर्तनों के भाषा वैज्ञानिक अध्ययन की थोड़ी-बहुत आवश्यकता पड़ती है, जिसे संक्षेप में इस प्रकार समझा जा सकता है।

ध्वनि-परिवर्तन

जो सुना जा सके, वह ध्वनि है। ध्वनि वायुमंडलीय दबाव में परिवर्तन या उतार-चढ़ाव का नाम है। भाषा में विकास या परिवर्तन उसके पांच रूपों- ध्वनि, शब्द, रूप, अर्थ और वाक्य में होता है। उच्चारण का संबंध चूंकि ध्वनि से है, अतः यहां इस पर ही प्रकाश डालना समीचीन होगा।

ध्वनि में स्वरूप के आधार पर चार प्रकार से परिवर्तन होता है- लोप, आगम, विपर्यय और समीकरण।

1. लोप

स्वर लोप - लगभग? लग्भग, गमला ? गम्ला

व्यंजन लोप - स्थाली ? थाली, सप्त ? सात

2. आगम-

(नये व्यंजन का आगमन) - स्कूल ? इस्कूल

- सूर्य ? सूरज

3. विपर्यय (व्यंजन का उल्टा प्रयोग)

- चिहन ? चिन्ह

- ब्राह्मण ? बाम्हण

4. समीकरण

(पूरी तरह रूप परिवर्तन) - पत्र ? पत्ता

- शर्करा ? शक्कर

ध्वनि की तीन गतियां होती हैं- उच्चारण, प्रसरण और श्रवण। कोई भी ध्वनि पहले उच्चरित होती है, फिर वह प्रसरित होकर श्रोता के कानों तक पहुंचती है और श्रवण के पश्चात् ही उस ध्वनि का अर्थ स्पष्ट होता है।

ध्वनि के उच्चारण में मनुष्य के शरीर के दो अवयवों का इस्तेमाल होता है- चल अवयव और अचल अवयव। चल अवयव में नीचे के ओष्ठ, जीभ और उसके भाग तथा अचल अवयव में ऊपर के दांत, ऊपरी ओष्ठ, तालू के विभिन्न भाग और काकल आता है।

हिन्दी वर्णमाला में आमतौर पर निम्न ध्वनियां इस्तेमाल होती हैं-

अ, आ, इ, ई, उ, ऊ, ए, ऐ, ओ, औ, अं, अः।

क ख ग घ ङ च छ ज झ ञ ट ठ ड ढ ण त थ द ध न प फ ब भ म

य र ल व श ष स ह क्ष त्र ज्ञ ॠ ड़ ढ़ श्र।

इसमें क्ष, त्र, ज्ञ में दो व्यंजनों का योग होता है-

क्ष = क् $ श्।

त्र = त् $ र्।

ज्ञ = ज् $ ञ्।

इन ध्वनियों में 'अ' से लेकर 'अः' तक की ध्वनियों को स्वर कहते हैं और शेष ध्वनियों को व्यंजन। स्वर वह है जिसका अकेले उच्चारण होता है, यानी उसके उच्चारण में किसी और ध्वनि की सहायता नहीं ली जाती; जबकि व्यंजन का उच्चारण स्वर की सहायता के बिना संभव नहीं है।

इन स्वर-ध्वनियों के उच्चारण में जो समय लगता है उसे 'मात्रा' कहते हैं और मौन रहने में समय की मात्रा को 'मात्रा काल' (स्मदहजी)। ये मात्रायें तीन प्रकार की होती हैं- ह्रस्व, दीर्घ और प्लुत।

ह्रस्व का मात्रा-काल: एक चुटकी की आवाज़।

दीर्घ का मात्रा-काल: एक चुटकी का दुगुना।

प्लुत का मात्रा-काल: एक चुटकी का तीनगुना।

'नारदीय सूत्र' ग्रंथ में इसे इस प्रकार व्यक्त किया गया है-

ह्रस्व - आंख की झपक, नीलकंठ की बोली या बिजली की चमक।

दीर्घ - कौवे की बोली।

प्लुत - मोर की बोली।

एक सामान्य आदमी के कान 20,000 आवृत्ति तक की ध्वनि सुन सकते हैं; किन्तु साफ़ और समझने लायक़ 60 से 10,000 तक की आवृत्ति ठीक रहती है।

स्वर के उच्चारण में मात्रायें लगती हैं जबकि व्यंजन-वर्णों का उच्चारण निम्नलिखित आधारों पर होता है-

1. प्रयत्न के आधार पर- ध्वनि जिन-जिन अवयवों का प्रयत्नपूर्वक स्पर्श करती है-

?स्पर्श (Stop)- क ख ग घ त।

?संघर्षी (Fricative)- फ व स ज श ह।

?स्पर्शसंघर्षी (Affricate)- च छ ज झ।

?नासिक्य (Nasal)- ङ ञ ण न म।

?पार्श्विक (Lateral)- ल।

?उत्क्षिप्त (Flapped)- ड ढ़।

?कंपनजात (Trilled)- र।

2. स्थान के आधार पर- ध्वनि अलग-अलग स्थानों का स्पर्श कर निकलती है-

?स्वरयंत्रमुखी (Glottal)- ह।

?उपालिजिह्वीय (Pharyugeal)- अरबी की बड़ी हे और ऐन।

?अलिजिह्वीय (Uvular)- क।

?कोमल तालव्य (Soft palatal)- क ख ग घ।

?मूर्धन्य (Cerebral)- ॠ ष।

?कठोर तालव्य (Platal)- चवर्ग य श।

?वत्स्र्य (Alveolar)- न ल र ज।

?दंत्य (Dental)- ज थ द ध स।

?दंतोष्ठ्य (Libio dental)- व फ।

?ओष्ठ्य (Bilabial)- प फ ब भ म।

ध्वनि के गुण

ध्वनि के दो प्रधान गुण होते हैं- मात्रा और आघात। मौन रहने में समय की मात्रा को 'मात्रा काल' (Length) कहते हैं, जिसमें एक चुटकी ह्रस्व स्वर की मात्रा है; उसका दुगुना दीर्घ मात्रा और उसका तीन गुना प्लुत मात्रा।

आघात (Accent) के दो प्रकार होते हैं- बलाघात (Stress accent) और सुर (Pitch accent)।

'बलाघात', उच्चारण-शक्ति की वह मात्रा है, जिससे किसी भाषिक इकाई (ध्वनि, अक्षर, शब्द, वाक्य) का उच्चारण किया जाता है। यह इस प्रकार है-

ध्वनि बलाघात- जप- ज+अ+प।

अक्षर बलाघात- कमल, राम, दाल।

शब्द बलाघात- राम ने मोहन को डंडे से मारा।

वाक्य बलाघात- तुम जो भी कहो, मैं नहीं जा सकता।

उपर्युक्त अध्ययन से उद्घोषक बनने के इच्छुक लोगों को ध्वनि और उसके उच्चारण को समझने में थोड़ी-बहुत मदद अवश्य मिल सकती है। इससे कहां, किस ध्वनि पर बल या आघात देना है, इसका पता लगाया जा सकता है। उदाहरणार्थ, 'राजनीति' कहने की जगह 'राजनीती' कहेंगे तो ख़राब लगेगा; क्योंकि इस शब्द में 'नी' दीर्घ मात्रा है, जबकि 'नि' ह्रस्व। अतः इसका उच्चारण इसी मात्रा के अनुरूप होना चाहिए।

अभिव्यक्ति-क्षमता (Expressive aspects)- रेडियो पर बोलने के लिए उद्घोषणा का पूरा आलेख तैयार रहना चाहिए। उसमें 'हां', 'हूं', 'नहीं' के साथ-साथ विराम-चिह्नों का भी समुचित प्रयोग होना चाहिए। आलेख पढ़ते समय श्रोताओं को यह नहीं लगना चाहिए कि पहले से लिखे आलेख का पाठ किया जा रहा है। यही अभिव्यक्ति-क्षमता कहलाती है। इस क्षमता को दो प्रकार से विकसित किया जा सकता है-

1. अभिव्यक्ति द्वारा- इसमें बोलना, लिखना और अंग-संचालन आता है।

2. ग्रहणशीलता द्वारा- इसके अंतर्गत सुनना, पढ़ना और देखना आता है।

किसी भी आवाज़ के दो मापदंड (Parameter) होते हैं-

1. मनोवैज्ञानिक- सुर (pitch), तीव्रता (loudness) और गुण (quality)।

2. आंगिक- आवृत्ति (frequency), तीव्रता (intensity) और गुण (quality of speech)।

किसी आवाज़ की 'पिच' का अनुकूलतम या उपयुक्त (optimum) होना अनिवार्य है; तभी वह आवाज़ प्रभावकारी हो सकती है। कहा भी गया है- "Optimum pitch provides greater intensity with less effort."- यानी यह कम प्रयास में अधिक घनीभूत होती है।

कुछ ध्वनियां अधिक आयतन वाली होती हैं, तो कुछ कम। अतः उन्हें अभिव्यक्त करने के लिए 'पिच' के आरोह-अवरोह का सहारा लिया जाना चाहिए। जैसे- ट, ठ, ड, ढ, ण, ख, फ आदि ध्वनियां अधिक आयतन वाली हैं तो त, द, म, य, र, ल आदि कम आयतन वाली। इसमें 'श' और 'ष'-जैसी ध्वनियां (Hissing sound) करती हैं। अतः माइक्रोफोन के सामने इन्हें उच्चरित करने में माइक्रोफोन से दूरी और 'पिच' का ख़याल रखना चाहिए।

अध्ययनशीलता (Study)- उद्घोषक का काम सिर्फ़ बंधे-बंधाये ढर्रे में उद्घोषणा करना नहीं है; बल्कि उसे विभिन्न विषयों का अध्ययन और चिन्तन-मनन भी करना चाहिए। उसे उन सभी बातों की जानकारी होनी चाहिए जिनसे रोज़ का वास्ता पड़ता हो। कला, साहित्य, संस्कृति, संगीत, राजनीति, धर्म, विज्ञान आदि सभी विषयों का व्यावहारिक ज्ञान बहुत ज़रूरी है। उद्घोषक की अज्ञानता के कारण कई रोचक घटनायें प्रायः घटती रहती हैं; जिन्हें जानकर और सुनकर एक ओर हंसी आती है तो दूसरी ओर क्षोभ भी होता है कि ऐसे लोगों के कारण ही रेडियो की स्थिति हास्यास्पद भी हो जाती है।

एक बार एक उद्घोषक ने उद्घोषणा की- "अब आइए सुनते हैं, मो. रफ़ी की आवाज़ में 'भाभी' फ़िल्म का ये गीत। इसके गीतकार हैं शैलेन्द्र और संगीतकार चित्रा गुप्ता।"

एक दूसरा उदाहरण है। उद्घोषिका ने कहा- "अब पेश है जगजीत सिंह की आवाज़ में क़ातिल शिफ़ाई की ये ग़ज़ल।"

एक और स्थान पर उद्घोषणा की गयी- "प्रस्तुत है लता मंगेशकर के स्वर में 'स्मार्ट चंद्रगुप्त' फ़िल्म का ये गीत।"

उपर्युक्त तीनों ही उदाहरणों में क्रमशः संगीतकार चित्रगुप्त को 'चित्रा गुप्ता', क़तील शिफ़ाई को 'क़ातिल शिफ़ाई' और सम्राट चंद्रगुप्त को 'स्मार्ट चंद्रगुप्त' उद्घोषित किया

गया। यह फ़िल्म और उससे जुड़े लोगों के प्रति उद्घोषक की अल्प जानकारी का द्योतक है।

फ़िल्मों के डिस्क या सीडी पर जो विवरण छपे होते हैं; वो प्रायः अंग्रेज़ी में होते हैं। अध्ययन और जानकारी के अभाव में उद्घोषक उन नामों की ग़लत उद्घोषणा कर सकता है।

प्रत्युत्पन्नमतित्व (Presence of mind)- रेडियो के कार्यक्रम प्रायः पहले से रिकॉर्ड किये हुए होते हैं। उद्घोषक को इनकी उद्घोषणा जीवंत (live) करनी होती है। स्टूडियो में ऐसे कई अवसर या परिस्थितियां अचानक आ जाती हैं, जिनपर उद्घोषक का प्रायः कोई वश नहीं रहता। उदाहरण के तौर पर प्रसारित हो रहे किसी कार्यक्रम का टेप टूट सकता है; मशीन या सीडी रुक सकती है; बिजली फ़ेल हो सकती है; समाचारों में किसी विशिष्ट व्यक्ति या राजनेता के निधन का समाचार आ सकता है; किसी टेप में निर्धारित कार्यक्रम के स्थान पर कोई और कार्यक्रम हो सकता है; किसी कार्यक्रम की निर्धारित प्रसारण-अवधि कम या अधिक हो सकती है, आदि-आदि।

इन सभी परिस्थितियों में उद्घोषक के धैर्य और प्रत्युत्पन्नमतित्व की परीक्षा होती है। उसे तत्काल यह निर्णय करना होता है कि क्या करना है और कैसे करना है। उस समय स्टूडियो में उसकी मदद करने वाला कोई नहीं होता। ऐसे में उद्घोषक का अपना आत्मविश्वास और अनुभव काम आता है, जिससे वह उचित निर्णय ले पाने में सक्षम होता है।

किसी कार्यक्रम का टेप टूटने की स्थिति में सबसे पहली कोशिश यह होनी चाहिए कि जहां टेप टूटा है, उसे वहीं से स्पूल पर लपेट कर कार्यक्रम को आगे बढ़ाना चाहिए। कार्यक्रम-समाप्ति के बाद टूटे टेप को अवश्य जोड़ देना चाहिए, नहीं तो दूसरी बार प्रसारित होने पर यही समस्या किसी अन्य के साथ पेश आ सकती है। टेप जोड़ने के लिए नियंत्रण-कक्ष (ब्वदजतवसम त्ववउ) में आवश्यक सामग्री उपलब्ध रहती है, जिसका उपयोग किया जा सकता है।

इसी प्रकार मशीन या सीडी रुकने की स्थिति में उद्घोषक को यथासंभव अपने पास की सामग्री- कार्यक्रमों की जानकारी, जनहित की सूचनायें या स्लोगन, मौसम का हाल-आदि का उपयोग करना चाहिएं

बिजली फ़ेल होने की स्थिति में पुनः जब स्वतः या जेनरेटर से बिजली आती है; तब अगर चल रहे कार्यक्रम का समय शेष हो तो उसी कार्यक्रम का शेष भाग प्रसारित करना चाहिए; अन्यथा अगला कार्यक्रम प्रसारित किया जा सकता है।

कई बार यह देखा जाता है कि इधर पंद्रह मिनट या आधा घंटे का समाचार प्रारम्भ हुआ और उधर उद्घोषक महोदय चाय पीने निकल गये। यह ठीक नहीं है। आकाशवाणी का समाचार एक ऐसा माध्यम है, जो अद्यतन घटनाओं की जानकारी त्वरित रूप में देता है। हो सकता है इसी बीच किसी अति-विशिष्ट व्यक्ति की बीमारी या निधन की सूचना समाचार में प्रसारित हो गयी हो।

जैसे ही निधन का समाचार आता है, उसके साथ ही 'राष्ट्रीय शोक' की घोषणा भी हो जाती है। 'राष्ट्रीय शोक' की स्थिति में तत्काल चंचल प्रकृति और हास्य-व्यंग्य के कार्यक्रमों तथा फ़िल्म संगीत का प्रसारण रोक कर शोकसूचक संगीत का प्रसारण किया जाता है। इस तरह की सामग्री हमेशा कार्यकक्ष में मौजूद रहती है। यदि इससे पूर्व गंभीर बीमारी की सूचना आती है तो कार्यक्रमों को सौम्य (Sober) रखने की कोशिश की जाती है, जिसे रेडियो की भाषा में 'टोन डाउन' (Tone down) कहते हैं।

इसके अलावा यह देखा गया है कि कार्यक्रम की अवधि कम होने पर शेष बचे समय के लिए उद्घोषक तुरन्त पूरक वाद्य-संगीत (filler) का प्रसारण करने लग जाते हैं। आदर्श स्थिति तो यह है कि 'फ़िलर' की जगह उद्घोषक अपने पास उपलब्ध सूचना-सामग्री का इस्तेमाल करे। फिर भी, यदि 'फ़िलर' ही बजाना हो तो इसमें भी उद्घोषक को अपनी कल्पना-शक्ति के साथ-साथ विवेक का इस्तेमाल करना चाहिए। किसी गंभीर वार्ता के बाद सितार या संतूर, हल्के-फुल्के अथवा हास्य-व्यंग्य प्रधान कार्यक्रम के बाद फ़िल्मी धुन तथा किसी प्राकृतिक आपदा या विभीषिका के ऊपर प्रसारित कार्यक्रम के बाद वायलिन या सारंगी का 'फ़िलर' एक अच्छा चयन माना जायेगा।

फ़िल्मी गीतों की सीडी में भी प्रायः 'थीम म्यूज़िक' का एक 'ट्रैक' रहता है; जो हृदयस्पर्शी होने के साथ-साथ नवीनता भी लिए होता है। अतः एक ही 'फ़िलर' बार-बार इस्तेमाल करने के बजाय इस तरह के 'फ़िलर' का भी उपयोग करना चाहिए, जिससे प्रस्तुति में नवीनता और ताज़गी बनी रहे।

उद्घोषक: रेडियो का आईना

उद्घोषक जो कुछ भी- अच्छा या ख़राब- करता है, वह श्रोताओं के सामने होता है। एक अच्छे उद्घोषक की लोकप्रियता भी अपने चरम पर होती है। प्रसारित होने वाले कार्यक्रम के पीछे कितने लोगों की मेहनत लगी है; कौन-से अधिकारी ने क्या किया है; यह सब श्रोताओं को याद रहे या नहीं, कार्यक्रम प्रस्तुत करने वाले उद्घोषक को वह हमेशा याद रखते हैं। इस संबंध में एक मनोरंजक घटना का ज़िक्र प्रासंगिक होगा। एक बार एक कार्यक्रम अधिकारी किसी समारोह में गये। वहां उनसे किसी ने उनका परिचय पूछा तो उन्होंने कहा, "मैं फ़लां केन्द्र में कार्यक्रम अधिकारी हूं।" छूटते ही परिचय पूछने वाले ने बड़े भोलेपन से कहा- "अच्छा, तो आप उद्घोषक कब बनेंगे?"

तो यह है उद्घोषक की लोकप्रियता का आलम।

क्या करें और क्या ना करें......

संक्षेप में, कुछ संकेत दिये जा रहे हैं, जिन्हें अपनाकर उद्घोषक अपनी प्रस्तुति में और सुधार कर सकते हैं-

क्या करें....

व सही मुद्रा अपनायें।

व आराम से सांसें लें और प्राणायाम को दिनचर्या में शामिल करें।

व अपनी अंतरात्मा की आवाज़ सुनने का प्रयत्न करें।

व अपने स्वर के 'उपयुक्त पिच' (Optimum pitch) को पहचान कर उसका इस्तेमाल करें।

व अपना पूरा मुंह खोलकर ध्वनियों के स्पष्ट उच्चारण की आदत डालें।

व आवश्यकतानुसार विराम-चिह्नों का प्रयोग करें।

व अपनी स्वर-तंत्रियों (Vocal cords) को वक्रोक्ति (Toungue-twister) वाले शब्दों के उच्चारण के साथ क्रियाशील रखें।

व अपनी आवाज़ को रिकॉर्ड करें, सुनें और कमियों की खोज करें।

व नये-नये शब्दों को लिखकर उच्चरित करने कर प्रयास करें।

क्या ना करें....

व अधिक ठंडा या अधिक गर्म खान-पान से बचें।

व धूम्रपान ना करें।

व धूल, धुएं और इत्र की गंध से बचें।

व आवाज़ को उत्तेजना का शिकार नहीं होने दें।

व दूसरों की आवाज़ या भाषण-कला की नक़ल करने की आदत ना डालें।

व बोलते समय थूक ना गटकें।

कम्पेयरिंग

उद्घोषणा जहां औपचारिक होती है, वहीं कम्पेयरिंग अनौपचारिक अंतरंग और आत्मीय। कम्पेयरिंग में कम्पेयर सुनियोजित ढंग से कार्यक्रम-विशेष को श्रोताओं तक पहुंचाता है। यह ऐसी पद्धति है, जिसके द्वारा कार्यक्रम में सरसता का समावेश होता है, उसे गति मिलती है। रेडियो पर प्रसारित होने वाले कार्यक्रमों में ढेर सारे कार्यक्रम विशेष श्रोता समूह के लिए आयोजित किए जाते हैं। ये कार्यक्रम हैं- युवाओं के लिए, बच्चों के लिए, कृषकों के लिए, महिलाओं के लिए, श्रमिकों के लिए आदि-आदि। इन कार्यक्रमों में अनेक विधाओं के कार्यक्रम सम्मिलित रहते हैं, जैसे- वार्ता, कहानी, कविता, गीत, ग़ज़ल, रूपक, नाटक आदि। इन्हें यदि बिना किसी रोचक चर्चा के प्रसारित कर दिया जाये तो ये नीरस और उबाऊ लगेंगे। इसलिए इन कार्यक्रमों के सुचारू रूप से संचालन के लिए कम्पेयर की आवश्यकता पड़ती है, जो अपनी लच्छेदार बातों से कार्यक्रम में जान डाल देता है। इसके लिए वह हल्के-फुल्के माहौल में, बतकही द्वारा गंभीर-से-गंभीर विषय को भी आसानी से श्रोताओं तक पहुंचा देता है।

यह कार्य आसान नहीं है। इसके लिए कम्पेयर को उस श्रोता-वर्ग की आवश्यकताओं और समस्याओं से भलीभांति परिचित होना पड़ेगा, जिसके लिए वह कार्यक्रम कर रहा है। उनके दैनिक कार्यकलाप, उनकी कार्य-शैली को समझते हुए अपनी कम्पेयरिंग में सभी बातों का समावेश करना होगा।

कम्पेयरिंग के लिए प्रायः दो लोगों की आवश्यकता होती है; कहीं-कहीं तो तीन और चार कम्पेयर तक होते हैं। लेकिन एक अकेला कम्पेयर भी चाहे तो अच्छी कम्पेयरिंग कर सकता है। एक अच्छे कम्पेयर में निम्नलिखित विशेषताओं का होना आवश्यक है-

S प्रस्तुत होने वाले कार्यक्रम के साथ सामंजस्य स्थापित करना।

S अपने साथी कम्पेयर के साथ सहयोग की भावना।

S कम्पेयरिंग जिस भाषा या बोली में की जा रही हो, उस पर पूरी पकड़ हो।

S कार्यक्रम के लिए 'होम वर्क' किया हो।

S आधार-सामग्री के अलावा अतिरिक्त सामग्री- जैसे, शेरो-शायरी, दोहे, लोकोक्तियां आदि भी साथ में हों।

S देश-विदेश के घटना-क्रमों की जानकारी।

S वाक्-चातुर्य और सटीक जवाब देने की कला मालूम हो।

कम्पेयरिंग वस्तुतः कार्यक्रम की रीढ़ है। यदि इसमें कोई कमी रह गयी, तो पूरा कार्यक्रम बर्बाद हो सकता है। इसलिए उपर्युक्त बिन्दुओं का ध्यान रखना आवश्यक है।

3

रेडियो प्रसारण के विविध आयाम

रेडियो के कार्यक्रमों में काफ़ी विविधता है, जिनमें अलग-अलग वर्गों के लिए विशेष कार्यक्रम तैयार किये जाते हैं। इन कार्यक्रमों को 'विशेष श्रोता-समूह' के लिए कार्यक्रम कहा जाता है। विशेष श्रोता-समूह के कार्यक्रम वैसे कार्यक्रम हैं, जो अलग-अलग वर्गों को ध्यान में रखकर तैयार किये जाते हैं।

विशेष श्रोता-समूह कार्यक्रम

विशेष श्रोता-समूह के कार्यक्रम में 'वर्ग' का आशय 'समूह' से है। रेडियो एक ऐसा माध्यम है जो समाज के हर समूह के श्रोताओं से तादात्म्य स्थापित कर चलता है। यह समूह है बच्चों का, युवाओं का, महिलाओं का, ग्रामीणों का, श्रमिकों का और वरिष्ठ नागरिकों का। कहना न होगा कि इन सभी समूहों की सोच, मानसिकता और आवश्यकतायें अलग-अलग होती हैं। इस दृष्टि से रेडियो के कार्यक्रमों के स्वरूप और संरचना में परिवर्तन करना अनिवार्य हो

जाता है।

रेडियो जनसंचार का ऐसा सुलभ माध्यम है जिसका प्रसार समाज के हर तबके तक है। इसके कार्यक्रम अमीर, ग़रीब, विद्वान, निरक्षर, मज़दूर, कृषक, गृहिणी, युवाओं, बच्चों-सबतक पहुंचते हैं। इसके लिए कार्यक्रम इस प्रकार प्रस्तुत किये जाने चाहिए कि सभी इसे पसंद कर सकें और उनकी प्रतिभागिता भी उन विशिष्ट कार्यक्रमों में हो सके।

इसके लिए रेडियो प्रसारणों में अनेक कार्यक्रम विशेष श्रोता-समूह के कार्यक्रम होते हैं, जो इस प्रकार हैं-

1. बाल श्रोता समूह के कार्यक्रम

2. महिला श्रोता समूह के कार्यक्रम

3. युवा श्रोता समूह के कार्यक्रम

4. ग्रामीण श्रोता समूह के कार्यक्रम

5. वरिष्ठ नागरिक श्रोता समूह के कार्यक्रम

6. श्रमिक श्रोता समूह के कार्यक्रम

7. सैनिक श्रोता समूह के कार्यक्रम

बाल श्रोता समूह के कार्यक्रम

आकाशवाणी का प्रत्येक केन्द्र बच्चों के लिए कार्यक्रम प्रसारित करता है। बच्चों का कार्यक्रम सबसे पहले 1 अप्रैल, 1930 को मद्रास कारपोरेशन केन्द्र से तमिल भाषा में प्राथमिक कक्षा-स्तर का शुरू हुआ। लेकिन इसका नियमित प्रसारण 1939 के बाद ही शुरू हो पाया। ऐसे कार्यक्रम ज़्यादातर 'दीदी' और 'भइया' जैसे 'स्टॉक कैरेक्टर' द्वारा प्रस्तुत किये जाते हैं और प्रायः रविवार की सुबह में प्रसारित होते हैं।

फिर 1950 के केन्द्र निदेशकों के सम्मेलन में यह तय हुआ कि बच्चों का कार्यक्रम दो आयु-वर्ग के लिए किये जायेंगे-

1. आठ से चौदह वर्ष

2. चार से आठ वर्ष

दोनों ही वर्गों के बच्चों के लिए लिखने से पहले उनके मनोविज्ञान को समझना बहुत ज़रूरी होता है। पहले वर्ग के बच्चे अधिक चंचल होते हैं, उनका ध्यान एक जगह अधिक देर तक टिकता नहीं। अतः उनके लिए छोटी अवधि- 10 से 15 मिनट- के कार्यक्रम ज़्यादा सही होंगे। इस उम्र के बच्चों को गीत-संगीत, परियों और पशु-पक्षी से संबंधित कहानियां और चामत्कारिक घटनाओं पर आधारित क़िस्से बहुत भाते हैं। अतः उनके लिए कार्यक्रम प्रस्तुत करते समय ऐसे विषयों का समावेश करना होगा। इसके अलावा इनकी प्रस्तुति रोचक ढंग से करनी चाहिए। कथा-कहानी सुनाते समय कहीं-कहीं पर बच्चों की तोतली ज़बान की नकल भी की जा सकती है।

दोनों वर्गों के बच्चों के कार्यक्रम के लिए कुछ विषय इस प्रकार हो सकते हैं-

1. परियों की कहानियां

2. पौराणिक और नीतिपरक कहानियां

3. लोक कथायें

4. वैज्ञानिक आविष्कारों की कहानियां

5. वीरों की कहानियां

इसके अलावा बच्चों द्वारा स्वरचित कविता, कहानी का पाठ, महान् व्यक्तित्वों के संस्मरण तथा उनकी जीवनियां, यात्रा-विवरण तथा बाल नाटक-जैसी विधाओं को रोचक ढंग से प्रस्तुत किया जा सकता है।

बाल कार्यक्रम के लिए लिखते समय भाषा पर विशेष ध्यान देने की आवश्यकता होती है। निम्न बिन्दुओं पर ध्यान देने से बाल कार्यक्रम को सरस बनाया जा सकता है-

1. भाषा सृजनात्मक, किन्तु सरल।

2. बाल मनोविज्ञान की जानकारी।

3. बच्चों के आयु-वर्ग के अनुरूप भाषा का प्रयोग।

4. बोलचाल की भाषा का प्रयोग।

5. प्रस्तुति में विषयानुरूप नाटकीयता का समावेश।

6. बच्चों की कल्पनाशीलता को बढ़ावा।

महिला श्रोता समूह के कार्यक्रम

आकाशवाणी में महिला श्रोता समूह के कार्यक्रम को बाल कार्यक्रम से जोड़कर देखा जाता है, क्योंकि बच्चे की प्रारंभिक गुरु उसकी मां ही होती है। मां ही उसकी सही मायने में परवरिश करती है, उसके स्वास्थ्य की देखभाल करती है, उसे प्रारंभिक शिक्षा देती है। इसलिए महिला कार्यक्रम के अन्दर ऐसे अनेक विषय भी समायोजित होते हैं, जिनका संबंध स्वास्थ्य एवं परिवार कल्याण से होता है।

आकाशवाणी से ये कार्यक्रम दूसरे कार्यक्रमों की तरह किसी आवश्यकता को लेकर शुरू नहीं हुआ, बल्कि जब 'ऑल इंडिया रेडियो' के नाम की इस संस्था में प्रसारण प्रारंभ हुआ तो शुरूआती दौर में ही इस कार्यक्रम का प्रसारण कई केन्द्रों से होने लगा था। पाया ये गया कि पुरुष सुबह अपने काम पर निकल जाते हैं और बच्चे स्कूल चले जाते हैं। घर पर रह जाती हैं महिलायें और छोटे बच्चे। घर के कामों से निवृत्त होने के बाद प्रायः ख़ाली महिलाओं के लिए इस कार्यक्रम का समय दोपहर का चुना गया। तब से किसी केन्द्र पर सप्ताह में एक बार, कहीं दो बार और कहीं तीन या चार बार तक इस कार्यक्रम का प्रसारण होता है।

इस कार्यक्रम की याेजना में निम्नलिखित विषय शामिल किये जा सकते हैं-

1. घर, परिवार, समाज, व्यवसाय, राजनीति, स्वास्थ्य, नयी तक़नीक आदि।

2. अशिक्षा और शोषण का विरोध।

3. क़ानूनी सलाह।

4. व्यंजन विधियां, किचेन गार्डेन, फ़ालतू चीज़ों से निर्माण आदि।

5. क्षेत्र-विशेष की विशिष्ट महिलाओं से साक्षात्कार।

6. कविता, कहानी, वार्ता, व्यंग्य-विनोद, नाटक, प्रहसन, संगीत आदि।

इस कार्यक्रम में कम्पीयर महिलायें होती हैं। बेहतर है कि दो महिलायें हों। कार्यक्रम को प्रस्तुत करते समय अपनी बात को रोचक ढंग से कहना चाहिए। भाषा आत्मीय, शैली प्रभावपूर्ण और अदायगी उत्साहपूर्ण हो, इसका ध्यान रखा जाना चाहिए।

युवा श्रोता समूह के कार्यक्रम

युवा श्रोता समूह के कार्यक्रम को 'युववाणी' के नाम से जाना जाता है। युवा वर्ग किसी भी देश का सबसे बड़ा और संवेदनशील वर्ग होता है। यह वर्ग हमेशा कुछ नया करने के लिए तत्पर रहता है। सामाजिक उत्थान तथा देश-निर्माण में इस वर्ग की महती भूमिका होती है। कला और संस्कृति, सामाजिक-राजनीतिक परिदृश्य और नैतिक गुणों के आधार पर युवा व्यक्तित्व के निर्माण में समाज के सभी वर्गों की भूमिका महत्वपूर्ण हो जाती है। 'युवा' की यदि परिभाषा की जाये तो ब्रिटिश गणितज्ञ और दार्शनिक ए. एन. व्हाइटहेड की परिभाषा सबसे सटीक ठहरती है- "The deepest defination of Youth is life as yet untouched by tragedy."

इस दृष्टि से युवा व्यक्तित्व के निर्माण में निम्नलिखित बिन्दु सहायक सिद्ध हो सकते हैं-

1. सतत् क्रियाशील- मानव होने के नाते हम सब अपने जीवन-यापन के लिए स्वतंत्र हैं, और इस नाते ज़िम्मेदार भी। हमारा व्यवहार हमारे निर्णयों का आईना है। एक युवा की सोच अपने बनाये मूल्यों को लेकर है। सतत् क्रियाशील व्यक्ति अपने लिए मूल्य खुद गढ़ते हैं। सर्दी-गर्मी, धूप-छांह की परवाह उन्हें नहीं होती। युवा भी अपने निर्णयों के आलोक में खुद की क्षमता की पहचान करते हैं, लहरें चाहे उनके विरुद्ध ही क्यों न हों। इसे ध्यान में रखकर ही उनकी क्षमता पहचानी जा सकती है।

2. वैयक्तिक लक्ष्य- हमें युवा को उन मौलिक क्रिया-कलापों का अंग बनाना चाहिए जिनसे गुज़रकर हमने अनुभव प्राप्त किया है, ताकि वे भी वैसे 'विजन' और मूल्यों की तलाश कर सकें।

3. स्वतंत्र इच्छाशक्ति- यह आत्म-संस्कार जागृत करने और स्व-प्रबंधन में सहायक होता है। इससे अपने निर्णयों और सोच को क्रियान्वित करने का अवसर मिलता है।

वास्तव में, युवा-शक्ति वो शक्ति है, जिसमें निर्माण और विध्वंस- दोनों ही संभावनायें रहती हैं। इस लिहाज़ से बड़े-बुज़ुर्गों, शिक्षक, राजनीतिज्ञ, कलाकार, प्रसारक- सभी की यह भूमिका हो जाती है कि वह इस नयी पौध को सींचने का काम करें, इन्हें एक दिशा दें, जिससे

यह वर्ग राष्ट्रनिर्माण के कार्य में लग सके। इन सभी सम्मिलित प्रयासों के उत्तरदायित्वों का निर्वहन रेडियो करता है।

युवा-शक्ति के इसी महत्व को देखते हुए आकाशवाणी के प्रत्येक केन्द्र में युवाओं के लिए बिल्कुल अलग कार्यक्रम होता है, जिसका नाम है- युववाणी। युवाओं के लिए, युवाओं के द्वारा प्रस्तुत यह कार्यक्रम सबसे पहले 21 जुलाई, 1969 को आकाशवाणी के दिल्ली केन्द्र से बिल्कुल एक अलग चैनल- दिल्ली 'डी'- पर साढ़े छः घंटे की अवधि का हिन्दी और अंग्रेज़ी में शुरू किया गया। इसका उद्घाटन तत्कालीन प्रधानमंत्री श्रीमती इन्दिरा गांधी ने किया था। यही वह दिन भी था जब मानव ने पहली बार अपने क़दम चांद पर रखे। इस लिहाज़ से इस कार्यक्रम की प्रतीकात्मकता और बढ़ जाती है। इसके बाद कलकता, हैदराबाद, जम्मू और श्रीनगर केन्द्रों से भी युववाणी का प्रसारण प्रारम्भ हो गया। इसके प्रसारण में एक और क्रांतिकारी कड़ी 15 अगस्त, 1999 को जुड़ी, जब युववाणी दिल्ली और कलकता के एफ एम-II (FM) पर प्रसारित होने लगी; यह अलग बात है कि वर्तमान में आकाशवाणी, कोलकाता में यह पुनः मीडियम वेव पर लौट आई है। आज पूरे देश में सभी केन्द्रों से युववाणी का प्रसारण, कहीं दो घंटे, कहीं एक घंटा और कहीं आधे घंटे की अवधि का होता है और संपूर्ण देश के लिए एक संकेत धुन (Signature tune-ST) का प्रसारण होता है जिसे 1973 में तैयार किया गया। इसी समय एक और महत्वपूर्ण काम यह हुआ कि सूचना एवं प्रसारण मंत्रालय को 1974-75 में भेजी गयी आकाशवाणी की वार्षिक रिपोर्ट में 'युववाणी' के लिए आयु-सीमा 15 से 30 वर्ष निर्धारित कर दी गयी।

युवा कार्यक्रम चूंकि युवाओं के द्वारा, युवाओं के लिए है; इसलिए इस कार्यक्रम की योजना और प्रस्तुतीकरण का कार्य भी प्रायः युवाओं के हाथ में होता है। कोशिश यह होनी चाहिए कि इस कार्यक्रम में युवाओं की भागीदारी शत-प्रतिशत हो। हां, उनकी एक जागरूक निगरानी अवश्य हो ताकि वे अपनी दिशा, अपना लक्ष्य भटकें नहीं।

युवा वर्ग में समस्याओं की कमी नहीं है। बेरोज़गारी और उससे जुड़े तमाम मसलों; जैसे- नौकरी के अवसर, उद्योगों और कल-कारख़ानों में रोज़गार के उपाय आदि अनेक विषयों पर भिन्न-भिन्न तरीक़े से कार्यक्रम किये जा सकते हैं।

मुख्य तौर पर युवाओं के पांच वर्ग किये जा सकते हैं-

1. ग्रामीण युवा।
2. शहरी युवा।
3. निरक्षर युवा।
4. कामगार युवा।
5. शिक्षित युवा।

तो जहां युवा वर्ग इतना वैविध्यपूर्ण है, वहां निश्चित ही ऐसा कोई विषय नहीं है जो युवा से संबंधित न हो। साहित्य, विज्ञान, खेल, रोज़गार, शिक्षा, संगीत- इन सभी विषयों का समावेश युवा कार्यक्रम में हो जाता है। युवा वर्ग में सर्वाधिक संख्या विद्यार्थियों की है। यह

ऐसी अवस्था होती है जिसमें युवा अपने व्यक्तित्व को एक ऐसी नींव दे सकते हैं, जिसपर उनके भविष्य की इमारत खड़ी हो सकती है। युववाणी कार्यक्रम के माध्यम से उन्हें रोज़गार-संबंधी मार्गदर्शन दिया जा सकता है; प्रतियोगी परीक्षाओं की तैयारी से लेकर देश-विदेश की जानकारी, वैज्ञानिक दृष्टि का विकास, राष्ट्र का जागरूक तथा ज़िम्मेदार नागरिक बनाने और व्यक्तित्व के सर्वांगीण विकास की आधारशिला रखी जा सकती है।

इस प्रकार युववाणी कार्यक्रम के निम्नलिखित उद्देश्य निर्धारित किये जा सकते हैं-

1. संलग्नता

2. आत्माभिव्यक्ति

3. सक्रिय भागीदारी

4. संपूर्ण विजन

5. राष्ट्रनिर्माण

6. वैज्ञानिक सोच

7. भारतीय मूल्यों की पहचान

8. स्वतंत्रता

उपर्युक्त उद्देश्यों की पूर्ति हो, इसके लिए निम्नलिखित विधाओं में कार्यक्रम तैयार किये जायें-

1. वैयक्तिक- वार्ता, आत्मचिंतन, संगीत, कविता, कहानी, डिस्क जॉकी।

2. संभाषणात्मक- साक्षात्कार, आमने-सामने, टॉक शो।

3. विविधात्मक- परिचर्चा, परिसंवाद, नाटक, प्रहसन, पत्रिका।

4. सृजनात्मक- संगीत रूपक, रूपक, डॉक्यूड्रामा।

5. संवादात्मक- फ़ोन-इन, रेडियो ब्रिज, चैट शो, प्रश्नमंच।

6. जनोपयोगी- घूमता माइक्रोफ़ोन, डॉक्यूमेन्ट्री, जनवाणी।

सूचना, शिक्षा और मनोरंजन- इन तीनों लक्ष्यों का सफलतापूर्वक निर्वाह युववाणी कार्यक्रम में ही संभव होता है। आज की बदली परिस्थिति और वैश्वीकरण के कारण युवाओं के लिए बहुत-सी चुनौतियां हैं, इसलिए उन चुनौतियों का सामना करने के लिए युवाओं को तैयार करने और उन्हें मार्गदर्शन देने में युववाणी की बहुत बड़ी भूमिका है।

ग्रामीण श्रोता समूह के कार्यक्रम

ग्रामीण श्रोता समूह के कार्यक्रम मूलतः कृषि कार्यक्रम है। कृषि कार्यक्रम को 'कृषि एवं गृह' अथवा 'फार्म एण्ड होम' (Farm & Home) कार्यक्रम के नाम से भी जाना जाता है। आकाशवाणी में यह एक एकक के रूप में काम करता है, जो 'कृषि एवं गृह एकांश' के नाम से जाना जाता है।

'कृषि एवं गृह एकांश' की शुरूआत सबसे पहले आकाशवाणी महानिदेशालय, नयी दिल्ली में 28 नवम्बर, 1965 को हुई। इसके उद्देश्य इस प्रकार थे-

1. कृषि के क्षेत्र में सामाजिक परिवर्तन के एक कारक या 'एजेन्ट' के रूप में कार्य करना।

2. हरित क्रांति के कार्यक्रमों का प्रचार-प्रसार।

3. कृषि से संबंधित नयी तकनीकों को कृषकों तक पहुंचाना।

4. कृषि और शिक्षा मंत्रालय, भारत सरकार द्वारा कृषकों के लिए कृषि-संबंधी प्रशिक्षण और कार्यकारी साक्षरता की व्यवस्था।

किन्तु ग्रामाधारित प्रसारण का इतिहास इससे कहीं पुराना है। ग्रामीण-जन को ध्यान में रखते हुए सबसे पहले 1935 में मारकोनी कंपनी ने एक रेडियो ट्रांसमीटर और रिसीविंग सेट 'उत्तर-पश्चिम फ्रंटियर प्रोविन्स' की सरकार को बतौर ऋण दिया, जो पेशावर केन्द्र (आज के पाकिस्तान) में स्थापित हुआ। ठीक इसी समय नैनी यूनिवर्सिटी, इलाहाबाद ने भी कृषकों को ध्यान में रखकर एक स्थानीय प्रसारण सेवा की शुरूआत की। इसके बाद 1933 में 'इंडियन ब्रॉडकास्टिंग कंपनी' के बंबई केन्द्र द्वारा मराठी, गुजराती और कन्नड़ में नियमित प्रसारण शुरू किया गया। फिर 1935 में पंजाब सरकार ने पंजाब के गांवों के लिए 'ग्रामीण प्रसारण योजना' के तहत 48,040/-रुपये का अनुदान दिल्ली केन्द्र के लिए दिया, जो 1 जनवरी, 1936 को प्रारम्भ होने वाला था। परन्तु यह प्रसारण 'ऑल इंडिया रेडियो' और पंजाब सरकार के संयुक्त तत्वावधान में जून, 1936 से प्रारम्भ हो सका। इसके बाद 28 नवम्बर, 1965 को 'कृषि एवं गृह एकांश' की शुरूआत सबसे पहले आकाशवाणी महानिदेशालय, नयी दिल्ली में हुई। तत्पश्चात् कृषि एवं शिक्षा मंत्रालय तथा सूचना एवं प्रसारण मंत्रालय-दोनों के संयुक्त निर्णय से आकाशवाणी के 10 केन्द्रों में 'कृषि एवं गृह एकांश' की स्थापना की गयी। ये केन्द्र थे- जलंधर, लखनऊ, पटना, कटक, रायपुर, पुणे, हैदराबाद, बैंगलोर, त्रिची और दिल्ली।

इन महत्वपूर्ण शुरूआतों का आधार पाकर आकाशवाणी ने एक लंबी दूरी तय की है। इस कार्यक्रम की लोकप्रियता का अंदाज़ा इसी से लगाया जा सकता है कि चावल की एक क़िस्म, एडीटी-27 तंजावुर ज़िले में 'रेडियो राइस' के नाम से प्रसिद्ध था। आज कृषि कार्यक्रमों की लोकप्रियता अपने चरम पर है, क्योंकि इसने स्थानीय मुहावरों और लोकोक्तियों तथा प्रस्तुतकर्ताओं के आपसी नोक-झोंक के द्वारा ग्रामीण विकास, पशुपालन, हथकरघा उद्योग, स्वास्थ्य और पोषण, छूआछूत और इन-जैसी तमाम सामाजिक बुराइयों का विरोध आदि को कार्यक्रम का मुख्य आधार बनाया है। इसमें सहायक सिद्ध हुए हैं, विभिन्न सरकारी संस्थाओं के अधिकारी तथा वैज्ञानिक। इसके कार्यक्रमों के ज़रिये इसके कम्पीयर घर-घर में अपने घरेलू नामों (Stock Charector) से आज भी लोकप्रिय हैं। जैसे- आकाशवाणी, पटना के बुद्धन भाई और पारस भाई को लोग आज भी याद करते हैं, बिना उनके असली नाम जाने हुए।

निश्चित तौर पर इसकी लोकप्रियता में आकाशवाणी केन्द्रों पर कार्य करने वाले विभिन्न कृषि एवं गृह एकांशों के अधिकारियों-कर्मचारियों का योगदान है। विभिन्न केन्द्रों पर 'कृषि एवं गृह एकांश' के लिए स्वीकृत पद इस प्रकार थे-

1. फार्म रेडियो ऑफीसर 2. फार्म रेडियो रिपोर्टर 3. स्क्रिप्ट राइटर

परन्तु इनमें से 'स्क्रिप्ट राइटर' का पद अब नहीं है और फार्म रेडियो ऑफीसर के पद का समाहार कार्यक्रम अधिशासी (कृषि) तथा फार्म रेडियो रिपोर्टर का प्रसारण निष्पादक (कृषि) में हो गया है। बावजूद इसके कार्य और ज़िम्मेदारियों में कोई अंतर नहीं आया है, न ही कार्यक्रमों के स्वरूप में।

कृषि कार्यक्रमों के अंतर्गत प्रसारित होने वाले मुख्य कार्यक्रम इस प्रकार हैं-

1. कृषि संकेत

2. ग्रामीण महिलाओं के लिए कार्यक्रम

3. ग्रामीण युवाओं के लिए कार्यक्रम

4. बच्चों के लिए कार्यक्रम

5. फार्म स्कूल ऑन एयर

इन कार्यक्रमों को करने के लिए मुख्य स्रोत हैं- कृषि विभाग, कृषि अनुसंधान केन्द्र, नर्सरी, वन विभाग, विभिन्न सहकारी समितियां आदि।

कृषि एवं गृह कार्यक्रम के लिए लेखन

कृषकों और ग्रामीणों के लिए सूचना, शिक्षा और मनोरंजन के लिए एकमात्र आधार रेडियो ही है। भारत की एक बहुत बड़ी आबादी गांवों में ही रहती है और आधुनिक तकनीकों के आने के बावजूद अधिकांश गांव आज भी उनसे वंचित हैं। आज के दौर में मनोरंजन के सबसे सशक्त माध्यमों- रेडियो और टेलीविज़न में, टेलीविज़न की पहुंच गांवों में बहुत कम है और जहां है भी, वहां बिजली की स्थिति दयनीय होने के कारण उसका होना-न-होना बराबर है। ऐसे में रेडियो ही उन्हें पूरी दुनिया से जोड़े रखने का काम करता है। रेडियो के ज़रिये वे न सिर्फ देश-विदेश के समाचार प्राप्त करते हैं, बल्कि अपने काम और रोज़गार से जुड़ी जानकारियां हासिल करते हैं और गीत-संगीत के कार्यक्रम सुनकर अपना मनोरंजन करते हैं। ऐसे में इस कार्यक्रम के लिए लिखते समय उनकी आवश्यकता, मानसिकता और भाषा को ध्यान में रखकर लेखन करना चाहिए, ताकि वे कार्यक्रम से जुड़ सकें, इसे अपना समझ सकें।

लेखन और प्रस्तुति

गांव में जो लोग रहते हैं उनमें से अधिकतर लोग या तो खेती करते हैं या फिर दूसरे छोटे-मोटे धंधे। जैसे, कोई मिट्टी के बर्तन बनाता है, कोई कपड़े बुनता है, कोई लुहार का काम करता है, कोई मुर्गी या बतख पालता है। ऐसे सारे लोग जो किसी-न-किसी धंधे में लगे हुए हैं, वे

अपना जीवन-स्तर उठाना चाहते हैं। जो खेती करते हैं, वे चाहते हैं कि पिछले साल की फ़सल से अधिक आय इस बार की फ़सल से हो। जो कपड़े बुनते हैं, उनकी चाहत होगी कि इस बार के बुने कपड़े बाज़ार में ज़्यादा बिकें; लुहार का काम करने वाले लोग अपनी आय और बढ़ाने के लिए फ़िक्रमंद होंगे; मुर्गी और बतख पालने वाले लोग सोचते होंगे कि पिछली बार जिस रोग से ढेरों मुर्गियां मर गयी थीं, इस बार ऐसा न हो।

इन सारे सवालों का जवाब रेडियो के ग्रामीण कार्यक्रम से प्राप्त होता है। इस दृष्टि से इस कार्यक्रम के लिए लेखन अत्यंत चुनौतीपूर्ण है। मसलन जो खेती करते हैं उनके लिए यह बताना ठीक होगा कि वे उन्नत क़िस्म के कौन-से बीजों का प्रयोग करें, मिट्टी को उपजाऊ कैसे बनायें, उसमें खाद कौन-सा प्रयोग में लायें। इसके अलावा मौसम के हिसाब से फ़सलों के बारे में जानकारी दें, जैसे- वर्षा के मौसम में खरीफ़ के फ़सलों- धान, बाजरा, ज्वार, मक्का, मूंग, उड़द, सूरजमुखी, सोयाबीन तो जाड़े के मौसम में रबी के फ़सलों- गेहूं, जौ, मटर, चना, सरसों आदि से संबंधित जानकारी दें। इसी प्रकार विविधताओं से भरे इस देश में कहीं अतिवृष्टि तो कहीं अनावृष्टि, कहीं नदी-तालाब या समुद्र तो कहीं मरुथलीय समस्याओं से जुड़ी जीवन-शैली के दर्शन होते हैं। ऐसी स्थिति में स्थानीय आवश्यकताओं के अनुसार कृषि-संबंधी जानकारी देना चाहिए।

इसी प्रकार विभिन्न कारीगरों के लिए भी ऐसी जानकारी देना चाहिए कि वे अपने हुनर को और बढ़ा सकें। उन्हें समय-समय पर चलाये जा रहे प्रशिक्षण कार्यक्रमों के बारे में जानकारी दी जा सकती है, सरकार द्वारा दिए जा रहे अनुदानों की चर्चा हो सकती है, नयी तकनीकों के संबंध में बताया जा सकता है।

इस रूप में ग्रामीण कार्यक्रम के लिए कुछ विषय के अलग-अलग वर्ग इस प्रकार हो सकते हैं-

1. खेती-बाड़ी से संबंधित
2. कारीगरी से संबंधित
3. सहकारी समितियों से संबंधित
4. ग्रामीण विकास से संबंधित
5. नयी तकनीकों से संबंधित
6. पर्यावरण और वानिकी से संबंधित
7. सामाजिक रूढ़ियों और विसंगतियों के विरोध से संबंधित

इन वर्गों से संबंधित कार्यक्रम निश्चित तौर पर ग्रामीण भाइयों को अपनी तरफ़ आकर्षित करेंगे और जब इस जानकारी से उन्हें लाभ पहुंचेगा तो रेडियो की विश्वसनीयता भी बढ़ेगी और प्रस्तुतकर्ताओं की लोकप्रियता भी। इसी के साथ जुड़ी हुई एक महत्वपूर्ण बात यह है कि ग्रामीण कार्यक्रम आज भी प्रायः 'लाइव' हुआ करते हैं। इसलिए इसे प्रस्तुत करते समय प्रत्युत्पन्नमतित्व (Presence of Mind) का ख़ास तौर पर ध्यान रखना आवश्यक है।

भाषा-शैली

रेडियो एक ऐसा माध्यम है जिसने संप्रेषण की अपनी एक भाषा विकसित की है। यह भाषा सामान्य बोलचाल की 'हिन्दुस्तानी' भाषा है, जो देश के कोने-कोने में समझी जा सके। इस दृष्टि से ग्रामीण कार्यक्रम में बोलते समय यह ध्यान में रखना होगा कि आप उन्हीं की ज़ुबान में बातचीत करें। उन्हें यह लगना चाहिए कि उनके बीच का ही कोई आदमी उनसे बातचीत कर रहा है, जो उनकी परम्पराओं में, रीति-रिवाज़ों में और तौर-तरीकों में रचा-बसा है। यही कारण है कि अलग-अलग प्रसारण-क्षेत्रों में वहां की स्थानीय भाषाओं और बोलियों में ग्रामीण प्रसारण किये जाते हैं। विशेषकर वर्षों से खेती करते किसानों ने बोलियों में ऐसी शब्दावलियां गढ़ ली हैं, जिनके आगे भारी-भरकम पारिभाषिक शब्दावलियां फ़ेल हैं। जैसे, धान में लगने वाले कीट 'ब्राउन प्लान्ट हॉपर' के लिए 'मधुआ'; 'कैटरपिलर' के लिए 'इल्ली' आदि शब्दावलियों का प्रयोग बड़े-बड़े कृषि वैज्ञानिक करते मिल जायेंगे।

इसलिए इस कार्यक्रम के लिए लिखते समय तकनीकी शब्दावलियों के प्रयोग से बचना चाहिए। सुनने वाले को यह लगे कि बात बोली जा रही है, पढ़ी नहीं जा रही। उनके बीच के आदमी की तरह बातें करें। लहज़ा दोस्ताना रखें। बातों को चटपटे ढंग से प्रस्तुत करें। लोकोक्तियों और मुहावरों का प्रयोग करें। आंकड़ों के प्रयोग नहीं करें। गंवई अंदाज़ का प्रयोग करें।

वरिष्ठ नागरिक श्रोता समूह के कार्यक्रम

प्रत्येक व्यक्ति के जीवन में एक ऐसा पड़ाव आता है जब वह अपने को असहाय और अकेला महसूस करने लगता है। कई बार वह अपनी ही संतानों द्वारा उपेक्षित होता है। इन कारणों से वह कई बार 'डिप्रेशन' और मानसिक तनाव महसूस करने लगता है। उसे लगता है, उसका कोई नहीं है। यह भावना अधिकतर उम्र के चौथेपन में, 60 वर्ष की उम्र के बाद आती है। यों इन भावनाओं का उम्र से कोई संबंध नहीं है। कोई 25-30 साल का नौजवान भी इन ग्रंथियों का शिकार हो सकता है और कोई 60-70 साल का बुज़ुर्ग ख़ुश, ज़िंदादिल और स्वस्थ बना रह सकता है।

आजकल संयुक्त परिवार टूट रहे हैं और एकल परिवारों की संख्या बढ़ रही है। बुज़ुर्गों के साथ समस्या यह है कि अवकाश के बाद वे कहां जायें, कैसे समय काटें। यदि उनकी आर्थिक स्थिति अच्छी है तो फिर भी काम चल जाता है, लेकिन यदि वे आर्थिक रूप से कमज़ोर हैं तो उनके लिए ओर भी समस्या है।

इसके अलावा स्वास्थ्य की समस्या भी है। बुढ़ापे में कई रोग, जैसे- डायबिटिज़, हृदय रोग, रक्तचाप, प्रोस्टेट आदि उन्हें परेशान करने लगते हैं। ऐसे में उन्हें देखभाल के लिए एक साथी, एक 'कंपेनियन' की ज़रूरत होती है। ऐसी स्थिति में, रेडियो उनका सही और सच्चा

साथी साबित होता है।

इस दृष्टि से बुज़ुर्गों के लिए कार्यक्रम में परामर्श-संबंधी कार्यक्रम ख़ास तौर पर होना चाहिए, जिसमें उनके स्वास्थ्य, समय गुज़ारने और धनोपार्जन के लिए कोई काम, परिवार के साथ सामंजस्य बिठाने और निराशा तथा अवसाद से बाहर निकलने के लिए विशेषज्ञों से बातचीत हो।

इसके साथ-साथ नौकरी से अवकाशप्राप्त लोगों के लिए टैक्स भुगतान, बचत, बीमा, बैंक के कामकाज आदि से संबंधित जानकारियां भी दी जानी चाहिए।

आजकल शहरों में, विशेषकर महानगरों में रहने वाले बुज़ुर्गों की समस्या उनकी सुरक्षा की है। आये दिन घरेलू नौकरों या अज्ञात लोगों द्वारा उनकी लूट या हत्या के मामले सामने आते रहते हैं। ऐसे में सुरक्षा-संबंधी उपायों के बारे में बताया जा सकता है, सुरक्षा एजेंसियों की अहमियत के बारे में जानकारी दी जा सकती है।

अकेले, अलग-थलग पड़े बुज़ुर्गों को वृद्धाश्रम के बारे में बताया जा सकता है, मनोरंजन-केन्द्रों आदि के संबंध में जानकारी दी जा सकती है।

बुज़ुर्गों की प्रतिभा को सम्मान देना हमारा कर्तव्य बनता है। समय-समय पर उनके भीतर छिपी प्रतिभा को सामने लाने का यत्न होना चाहिए।

'फ़ोन-इन' या 'टॉक बैक रेडियो'-जैसे 'फ़ार्मेट' इस कार्यक्रम के लिए ज़्यादा उपयोगी हो सकते हैं। क्योंकि बुज़ुर्ग इन कार्यक्रमों में रेडियो जॉकी से बातचीत कर ज़्यादा संतुष्ट हो सकते हैं और अपना अकेलापन दूर कर सकते हैं।

बुज़ुर्गों के लिए लिखते समय ध्यान रखना चाहिए कि उन्हें कोई सीख नहीं देनी है, अपने विचार उनपर थोपना नहीं है; क्योंकि उनके साथ एक लंबा अनुभव-खंड जुड़ा हुआ है, उन्होंने कहीं ज़्यादा दुनिया देखी होती है। इसलिए ऐसी कोई बात नहीं हो कि उनके दिल को ठेस पहुंचे; बल्कि दोस्ताना माहौल में, उन्हें पूरा सम्मान देते हुए उनके अन्दर यह अहसास जगाना चाहिए कि शरीर बूढ़ा हो भी जाये तो भी मन को जवान बनाये रखा जा सकता है।

श्रमिक श्रोता समूह के कार्यक्रम

श्रमिक वर्ग एक ऐसा वर्ग है, जिसके बलबूते उद्योग-धंधों का पहिया घूमता है। ऐसे श्रमिक दो प्रकार के होते हैं- एक, कुशल श्रमिक और दूसरे, अकुशल श्रमिक। कुशल श्रमिक वे होते हैं, जिन्होंने कहीं से प्रशिक्षण प्राप्त किया होता है और उस प्रशिक्षण के अनुसार ही उन्हें काम मिलता है। अकुशल श्रमिक वे होते हैं, जिन्होंने कभी, कहीं भी किसी कार्य-विशेष का प्रशिक्षण नहीं पाया होता है; बल्कि वे अपनी ज़रूरतों के मुताबिक़ कोई भी काम कर लेते हैं।

भारत-जैसे विशाल देश में श्रमिकों की संख्या अत्यधिक है। फिर भी, उनका जीवन-स्तर बहुत निम्न कोटि का और दयनीय है। इसका एक कारण अज्ञानता, निरक्षरता और अंधविश्वास है। श्रमिकों के अधिकारों लिए क़ानून में अनेक प्रावधान रखे गये हैं, जिनकी

जानकारी उन्हें नहीं है। इसके कारण उनका प्रायः शोषण भी होता है।

मज़दूर हमारे यहां दो प्रकार के होते हैं। एक, संगठित क्षेत्र के और दूसरे असंगठित क्षेत्र के। मज़दूर-संगठनों से जुड़े संगठित क्षेत्र के मज़दूर तो फिर भी इन संगठनों की मदद से अपने अधिकारों के लिए आवाज़ बुलंद कर पाते हैं; लेकिन असंगठित क्षेत्र के मज़दूर कहीं जा नहीं पाते और प्रायः शोषण का शिकार होते हैं।

इसके अलावा सरकार द्वारा बालश्रम पर रोक लगायी गयी है। अंतराष्ट्रीय समझौतों पर हस्ताक्षर भी किये गये हैं और 1987 में बालश्रम की राष्ट्रीय नीति भी बन चुकी है; लेकिन अभी भी उचित मार्गदर्शन और इच्छाशक्ति के अभाव में बालश्रम पर पूरी तरह रोक नहीं लग पायी है। यह एक सामाजिक मसला है; अतः पूरे समाज को क़ानून का सम्मान करते हुए बालश्रम को रोकने के लिए प्रयत्नशील होना होगा।

भारत में महिला श्रमिक भी काफी तादाद में हैं। इनके मार्ग में भी ग़रीबी और अशिक्षा बहुत बड़ी बाधा है। न तो उन्हें सही मज़दूरी मिल पाती है, न ही कोई ढंग का काम। स्वास्थ्य की समस्या अक्सर इनके आड़े आती है और असुरक्षा-रूपी दानव इनके इर्द-गिर्द घूमता रहता है।

ऐसा नहीं है कि इन सब स्थितियों के मद्देनज़र योजनाओं की कमी है। श्रमिकों की सुरक्षा, कल्याण तथा स्वास्थ्य आदि को लेकर अनेक योजनायें चल रही हैं, जिनकी जानकारी श्रमिकों तक पहुंचाने में रेडियो एक बहुत ही उपयोगी माध्यम है।

रेडियो ने इस ज़िम्मेदारी को बख़ूबी उठाया है। इसने श्रमिकों की समस्याओं की पहचान कर उनके लिए विशेष कार्यक्रम प्रसारित किये हैं और कर रहा है।

चंदा कमिटी ने अपनी प्रारंभिक रिपोर्ट में लिखा था कि 18 केन्द्रों से श्रमिकों के ऊपर प्रतिदिन और कहीं-कहीं सप्ताह में तीन-चार दिन तक जो कार्यक्रम किये जा रहे हैं, वे बहुत कम सुने जा रहे हैं। आज आकाशवाणी के ज़्यादातर केन्द्रों से 10 से 15 मिनटों का 'श्रमिकों के लिए' कार्यक्रम प्रसारित हो रहा है। यह उत्साहवर्द्धक है।

सैनिक श्रोता समूह के कार्यक्रम

सैनिकों के लिए कार्यक्रम का प्रसारण आकाशवाणी के दिल्ली केन्द्र से दूसरे विश्वयुद्ध के समय, कुछ समय के लिए भारत-स्थित ब्रिटिश सैनिकों के मनोरंजन के लिए प्रारम्भ किया गया। इसी समय अमरीकी उच्चाधिकारियों ने भी अपने सैनिकों के लिए अपना प्रसारण स्टूडियो और ट्रांसमीटर स्थापित किया।

आज स्वतंत्र भारत में सैनिक भाइयों के लिए हिन्दी में कार्यक्रम प्रसारित होते हैं, जो 1984-85 तक सिर्फ़ 14 केन्द्रों से हुआ करते थे। इस कार्यक्रम के ज़रिये उन सैनिक भाइयों की चिट्ठी-पत्री, उनके घर-परिवार का हाल-समाचार, उनकी अवकाशप्राप्ति के बाद की समस्यायें, बच्चों की पढ़ाई-कॅरियर आदि की जानकारी मनोरंजनात्मक ढंग से पहुंचाई

जाती है, जो सुदूर, दुर्गम इलाक़ों में देश की रक्षा के लिए तैनात हैं। उन दुर्गम इलाक़ों में जहां मनोरंजन का कोई साधन नहीं है, वहां रेडियो ही एकमात्र सहारा है, जो सैनिक भाइयों तक सुख-दुख और मनोरंजन की बात पहुंचाता है।

आकाशवाणी के विविधभारती केन्द्र से सैनिक भाइयों के लिए प्रसारित 'जयमाला' कार्यक्रम एक बहुत ही पुराना कार्यक्रम है, जो आज भी अत्यंत लोकप्रिय है।

शैक्षिक कार्यक्रम

आकाशवाणी के क्षेत्रीय और राज्य की राजधानियों में स्थित ज़्यादातर केन्द्रों से प्राथमिक कक्षाओं से लेकर उच्च कक्षाओं तक के लिए शैक्षिक कार्यक्रम का प्रसारण किया जाता है। इस प्रसारण में स्कूलों के शिक्षक पाठ तैयार कर विद्यार्थियों के साथ आकाशवाणी के स्टूडियो आते हैं जहां उनकी रिकॉर्डिंग की जाती है। इन कार्यक्रमों का मुख्य उद्देश्य होता है छात्र-छात्राओं को उनके पाठ्यक्रम और विषयों के बारे में पूरक जानकारी प्रदान करना। पूरक जानकारी का मतलब यह है कि इस कार्यक्रम का प्रसारण-समय और प्रसारण-अवधि उस क्षेत्र के स्कूलों के रूटीन और कैलेण्डर के अनुसार निश्चित किये जाते हैं। यानी जब रेडियो से शैक्षिक प्रसारण हो रहा होता है, उसी समय स्कूलों में भी 'रेडियो-पीरियड' चलता है। अवधारणा यह है कि उस समय वर्ग में रखे ट्रांजिस्टर-सेट पर विद्यार्थी और अध्यापक प्रसारित पाठ को ग़ौर से सुनें और प्रसारण-समाप्ति के बाद उस कार्यक्रम के संदर्भ में पाठ पर विचार-विमर्श करें। इससे लाभ यह होता है कि कक्षा में पढ़ाये गये विषय को जब रेडियो की अलग-अलग विधाओं में प्रस्तुत किया जाता है तो वह ज़्यादा अच्छे तरीक़े से संप्रेषित होता है। उदाहरणार्थ, प्रेमचंद की कहानी 'ईदगाह' का प्रस्तुतीकरण उसका नाट्य-रूपांतर कर के हो सकता है; भवानी प्रसाद मिश्र की कविता 'सतपुड़ा के जंगल' का प्रसारण संगीतात्मक हो सकता है या जगदीश चंद्र माथुर के नाटक 'कोणार्क' को नाटक-शैली में प्रस्तुत किया जा सकता है। इसी प्रकार पाठों के लिए प्रश्नोत्तर, संवादात्मक तथा रूपकात्मक आदि शैलियों का बख़ूबी प्रयोग किया जा सकता है। इसके अलावा फ़ोन-इन कार्यक्रम के ज़रिये कक्षा के विद्यार्थी भी कार्यक्रम से सीधे जुड़ सकते हैं।

आकाशवाणी द्वारा शैक्षिक प्रसारण की शुरूआत सबसे पहले बम्बई से सन् 1929 की जनवरी में हुई। इसके बाद मद्रास कारपोरेशन ने 'मद्रास रेडियो क्लब' के ट्रांसमीटर के ज़रिये अप्रैल, 1930 से संगीत-पाठों और कहानियों पर आधारित कार्यक्रमों का प्रसारण स्कूली कार्य-दिवसों में सायं 4 से 4.30 बजे तक की अवधि के लिए प्रारंभ किया। इससे उत्साहित हो अन्य भागों से भी इस कार्यक्रम के प्रसारण की मांगें उठने लगीं। इस कड़ी में सन् 1937 में जब कलकत्ता विश्वविद्यालय तथा बंगाल के शिक्षा विभाग ने इस कार्यक्रम के प्रसारण में अपनी रुचि प्रदर्शित की तो केन्द्र निदेशक, कलकत्ता को अपने बजट के दायरे में कार्यक्रम करने के लिए अधिकृत कर दिया गया और इस प्रकार नवम्बर, 1937 में कलकत्ता से सप्ताह

में दो दिन, 30 मिनट का कार्यक्रम प्रारम्भ हो गया। इसके बाद अन्य केन्द्रों को भी अक्तूबर, 1938 से कार्यक्रम का प्रसारण शुरू करने के लिए कहा गया। आंकड़े बताते हैं कि 31 मार्च, 1939 तक देश-भर के 83 कॉलेज और 314 स्कूलों में रेडियो सेट उपलब्ध हो गये थे।

उस समय शैक्षिक कार्यक्रम 48 केन्द्रों से प्रसारित हो रहे थे और 17 केन्द्र उसे रिले कर रहे थे। इनका प्रसारण सप्ताह में पांच से छह दिनों की आवृत्ति में 15 से 20 मिनट की अवधि के लिए किया जा रहा था। इसके अलावा इसी प्रसारण के अंतर्गत कई केन्द्रों से सप्ताह में एक दिन 15 मिनट की अवधि का एक कार्यक्रम 'शिक्षकों के लिए' भी होता था। इन कार्यक्रमों की योजना राज्यस्तर पर शिक्षा-विशेषज्ञों की राय लेकर बनायी जाती थी। प्रत्येक राज्य में एक सलाहकार समिति का गठन किया गया जिसकी वर्ष में दो बार बैठकें हुआ करती थीं और जिसकी सलाह और अनुमोदन से इस कार्यक्रम की रूपरेखा तैयार की जाती थी।

जन-सहभागिता कार्यक्रम

जनतंत्र में जनसंचार माध्यमों की महत्वपूर्ण भूमिका होती है। ये माध्यम प्रमुख रूप से- रेडियो, टेलीविज़न और समाचार-पत्र हैं। जनसंचार माध्यम मुख्य तौर पर जनहित को ध्यान में रखकर, जनता की आवाज़ को सामने लाने का काम करते हैं। इससे लोकतंत्र मज़बूत होता है और जनता को उसके हितों के लिए सोचने वाला साथी मिल जाता है। ये माध्यम राजनीतिक, आर्थिक और सामाजिक-सांस्कृतिक विषयों पर बहस के लिए मंच उपलब्ध कराते हैं और जनमत-निर्माण में मददगार होते हैं।

रेडियो ने अपनी जन-सहभागिता कार्यक्रमों के माध्यम से पर्याप्त लोकप्रियता अर्जित की है। आकाशवाणी के स्थल-रिकॉर्डिंग पर आधारित कार्यक्रम, परिचर्चा, चैट शो, आमंत्रित श्रोताओं के समक्ष आयोजित कार्यक्रम, रेडियो ब्रिज तथा फ़ोन-इन आदि कार्यक्रमों ने जन-सहभागिता बढ़ाने में अपनी महत्वपूर्ण भूमिका का निर्वाह किया है। आकाशवाणी के 'लोकल रेडियो स्टेशन' की पूरी अवधारणा ही जन-सहभागिता को ध्यान में रखकर की गयी है।

इसके अलावा देश-भर में 'सामुदायिक रेडियो केन्द्र' (Community Radio Station) खोलने का निर्णय भी जन-सहभागिता को और बढ़ाने के उद्देश्य से लिया गया है। इन केन्द्रों की स्थापना और संचालन की पूरी ज़िम्मेदारी स्थानीय निकायों- ग्राम पंचायत, म्यूनिसिपल कारपोरेशन आदि के अलावा विद्यालयों, महाविद्यालयों, विश्वविद्यालयों और स्वयंसेवी संस्थाओं की होगी। उन्हीं के द्वारा कार्यक्रमों की पूरी योजना बनायी जायेगी और कार्यक्रम का निर्माण तथा प्रस्तुतीकरण किया जायेगा, जिसका प्रसारण दस किलोमीटर के दायरे में अल्पशक्ति के ट्रांसमीटरों से किया जायेगा।

जन-सहभागिता कार्यक्रम के उद्देश्य

इतनी बृहद और व्यापक सोच के साथ जन-सहभागिता के कार्यक्रमों को सफल बनाने के लिए व्यापक तैयारी की आवश्यकता है। आज सूचना-प्रौद्योगिकी का क्षेत्र अत्यंत व्यापक हो गया है। इसमें अभी तक ऐसे कार्यक्रमों के लिए जो प्रयास किये गये हैं, वो नाकाफ़ी हैं। इसे ध्यान में रखकर ऐसे कार्यक्रमों के प्रमुख उद्देश्य इस प्रकार निर्धारित किये जा सकते हैं-

1. प्रासंगिकता- जन-सहभागिता कार्यक्रम आज के युग की आवश्यकता हैं। बदलती प्रौद्योगिकी ने ऐसे कार्यक्रमों में आम लोगों की भागीदारी को सुगम बना दिया है। इन कार्यक्रमों में सीधी भागीदारी से लोगों की सामाजिक-आर्थिक समस्याओं और उनकी आकांक्षाओं-आवश्यकताओं को समझने का मौक़ा मिलता है।

2. सामाजिक समानता- इस प्रकार के कार्यक्रमों में समाज के सभी वर्गों का बराबरी से प्रतिनिधित्व होता है। इसने अभिजात्य और अनभिजात्य वर्गों के बीच की दूरी को पाटने का काम किया है, जिससे एक मंच पर सभी को अपनी बात कहने का मौक़ा मिल सके।

3. लोकतांत्रिक मूल्यों की रक्षा- लोकतंत्र में पारदर्शिता का विशेष महत्व है। इस मंच पर आकर प्रशासनिक व्यवस्था के प्रत्येक स्तर की सहभागिता सुनिश्चित होती है। इसके अलावा जनमत तैयार करने में भी इसकी महत्वपूर्ण भूमिका होती है।

4. आत्मीयता का विकास- इन कार्यक्रमों में आकर जब श्रोता अपने मन की बात 'शेयर' करते हैं तो कार्यक्रम के प्रति उनका भावात्मक लगाव बढ़ता है। उन्हें लगता है कि कोई मंच है, जो उनकी बात को बिना काटे-छांटे उसी रूप में पहुंचा रहा है। आजकल दृश्य-माध्यमों में 'रियलिटी शो' का बढ़ता चलन और उसकी लोकप्रियता इसका प्रमाण है।

5. कार्यक्रम का स्तर बढ़ाने में सहायक- इस प्रकार के कार्यक्रमों में श्रोता, कार्यक्रमों की गुणवत्ता के बारे में अपनी राय भी देते हैं। इससे उनके विचारों के आधार पर कार्यक्रम में अच्छी बातों का समावेश कर उसके स्तर को ऊंचा उठाया जा सकता है।

जन-सहभागिता और फ़ोन-इन कार्यक्रम

आकाशवाणी में जन-सहभागिता के अनेक कार्यक्रमों का संयोजन होता है; जिनमें प्रमुख हैं, पत्रोत्तर, वॉयस मेल, मोबाइल, चैट शो, रेडियो ब्रिज आदि। लेकिन इनमें सबसे लोकप्रिय, मनोरंजक और सूचनात्मक है- फ़ोन-इन कार्यक्रम। इस कार्यक्रम के ज़रिये श्रोता टेलीफ़ोन के माध्यम से सीधे प्रस्तुतकर्ता या विषय के विशेषज्ञों से बातचीत कर सकते हैं।

इस कार्यक्रम में स्टूडियो में एक फ़ोन-इन मशीन रहती है; जिसमें 'डायल इन' और 'डायल आउट'- दोनों सुविधायें होती हैं। जब कार्यक्रम प्रारम्भ होता है, तो श्रोता रेडियो केन्द्र के स्टूडियो में निर्धारित नम्बर पर फोन करते हैं जो स्टूडियो के बूथ में बैठे प्रस्तुति सहायक द्वारा ग्रहण (receive) किया जाता है। श्रोता की पहचान (identity) ज्ञात करने के बाद इस कॉल को स्टूडियो में पहले से उपस्थित प्रस्तुतकर्ता या सूत्रधार (Anchor) को 'फ़ारवर्ड'

कर देते हैं। जब श्रोता का संपर्क सूत्रधार से हो जाता है तो यह बातचीत वहां बैठे विशेषज्ञ भी अपने-अपने 'हेडफ़ोन' से सुनते हैं। श्रोता तब प्रश्न पूछते हैं और विशेषज्ञ उत्तर देते हैं।

फ़ोन-इन कार्यक्रम दो प्रकार के होते हैं-

- सीधा प्रसारण (Live Broadcast)।
- ध्वन्यंकित प्रसारण (Recorded)।

सीधे प्रसारण में संपादन की कोई गुंज़ाइश नहीं होती; क्योंकि ये जैसा है, वैसा ही प्रसारित होता है। लेकिन इस प्रकार के कार्यक्रम के कुछ ख़तरे भी होते हैं। एक तो प्रश्न पूछने वाला श्रोता कुछ आपत्तिजनक भी बोल सकता है और तत्काल इसे रोकना संभव नहीं होता; दूसरे, निर्धारित समय के अन्दर फ़ोन-कॉल के लिए लम्बा इंतज़ार करना पड़ सकता है। और तीसरे, इसमें सूत्रधार तथा विशेषज्ञों का चयन सावधानीपूर्वक करना होता है जिनकी पकड़ भाषा के ऊपर हो और वे पर्याप्त अभिव्यक्ति-समर्थ हों।

इसके विपरीत ध्वन्यंकित कार्यक्रम में ये सब ख़तरे नहीं होते; लेकिन उसकी कमी यह है कि उसमें स्वाभाविकता नष्ट होती है और कार्यक्रम की तक़नीकी गुणवत्ता पर भी असर पड़ता है।

आज फ़ोन-इन कार्यक्रम का प्रचलन और महत्व पहले से कई गुना अधिक हो गया है। पहले जहां इसका उपयोग सिर्फ़ फ़िल्म संगीत-जैसे मनोरंजक कार्यक्रमों को प्रस्तुत करने के लिए होता था; आज स्वास्थ्य, कृषि, महिला कार्यक्रम, विज्ञान, समाचारों आदि गंभीर कार्यक्रमों के लिए भी होने लगा है।

फ़ोन-इन कार्यक्रम: प्रस्तुति और प्रबंधन

फ़ोन-इन कार्यक्रम की सफलता बहुत कुछ इसके प्रस्तुतकर्ता या सूत्रधार पर निर्भर करती है। इसके लिए निम्नलिखित सूत्रों को अपनाया जा सकता है-

? फ़ोन करने वाले श्रोताओं की सूची तैयार करना।

? विशेषज्ञों का चयन।

? संदर्भ-सामग्री की व्यवस्था।

? तक़नीकी कर्मचारियों के साथ समन्वय।

? कार्यक्रमों का समय-प्रबंधन।

? श्रोताओं को कार्यक्रम में भाग लेने के लिए प्रेरित करना।

? विषय की भूमिका स्पष्ट करना।

? पूरक प्रश्नों की व्यवस्था रखना।

? आत्मीय वातावरण का निर्माण।

? श्रोताओं से मित्रवत् बातचीत करना।

? सामयिक घटनाओं पर नज़र रखना।

? भावनाओं के स्थान पर बुद्धि और विवेक को प्राथमिकता।

? ध्वनि-भार (संइसम) सामान्य रखना।

उपर्युक्त तथ्यों को ध्यान में रखकर फ़ोन-इन कार्यक्रम को अत्यंत सफलतापूर्वक संचालित किया जा सकता है।

स्थल रिकॉर्डिंग (ओ.बी.)

स्थल रिकॉर्डिंग को संक्षेपाक्षरों में 'ओ.बी.' यानी 'आउटसाइड ब्रॉडकास्ट' कहा जाता है। यह वैसा प्रसारण है जो श्रोताओं के बीच जाकर इकट्ठा की गयी सामग्री के आधार पर किया जाता है। इसमें सामग्री-संकलन दो तरीक़े से किया जाता है- एक, ओ.बी. वैन के ज़रिये और दूसरे, टेपरिकार्डर-सहित चयनित स्थल पर जाकर।

तक़नीकी सुविधाओं से सम्पन्न ओ.बी. वैन एक आदर्श व्यवस्था है, जिसमें रिकॉर्डिंग के साथ-साथ 'डबिंग' एवं 'मिक्सिंग' की भी सुविधा होती है। यानी किसी भी समारोह अथवा विशेष अवसरों की रिकॉर्डिंग करने के पश्चात् उसी ओ.बी. वैन में बैठकर उसे प्रसारण के अनुकूल बनाया जा सकता है और वहीं से उसे प्रसारित भी किया जा सकता है। इसके अलावा इसके ज़रिये किसी भी समारोह का सीधा यानी 'लाइव' प्रसारण किया जा सकता है।

स्वास्थ्य एवं परिवार कल्याण कार्यक्रम

इस देश के लिए जनसंख्या-वृद्धि एक अभिशाप की तरह है। इस एक समस्या ने देश की प्रगति को हमेशा बाधित किया है। वर्षों से इसपर नियंत्रण करने के हर संभव उपाय किये जा रहे हैं, लेकिन आशा के अनुरूप परिणाम सामने नहीं आ पा रहे हैं।

रेडियो ने स्वास्थ्य एवं परिवार कल्याण के कार्यक्रमों की सफलता में बहुत बड़ी भूमिका निभायी है। रेडियो के प्रायः प्रत्येक कार्यक्रम में स्वास्थ्य एवं परिवार कल्याण से जुड़े विषयों का समावेश होता है। इनमें से कुछ इस प्रकार हैं-

1. सीमित परिवार रखने के उपाय।

2. गर्भ निरोध के साधन।

3. स्वास्थ्य और खेल।

4. संतुलित भोजन कैसा हो।

5. जीवन एक अनमोल निधि।

आजकल बदलती तक़नीक और इलेक्ट्रोनिक माध्यमों के विस्तार के कारण परिवार कल्याण और स्वास्थ्य-संबंधी विषयों पर प्रायः खुलकर बातें होती हैं; एड्स रोग के कारणों और उससे बचने के उपायों पर चर्चा-परिचर्चायें होती हैं। यह एक शुभ लक्षण है। आज रेडियो की बहुत बड़ी भूमिका है कि वह स्वास्थ्य एवं परिवार कल्याण के कार्यक्रमों के बारे में अधिकाधिक जानकारी दे ताकि लोग उससे लाभ उठा सकें।

खेल कार्यक्रम और आंखों देखा हाल

आकाशवाणी की एक विशेष उपलब्धि है, इसका खेल प्रसारण। आकाशवाणी में खेल से संबंधित प्रसारण दो प्रकार से होते हैं। एक, साप्ताहिक या पाक्षिक रूप से स्टूडियो-आधारित प्रसारण, जिसमें खेल से संबंधित वार्ताओं, भेंटवार्ताओं तथा खेल गतिविधियों आदि का प्रसारण किया जाता है। खेल-संबंधी प्रसारण का दूसरा हिस्सा है, विभिन्न खेलों के 'आंखों देखा हाल' का प्रसारण। खेल प्रसारण का यह भाग एकमात्र ऐसा प्रसारण है जो स्टूडियो से बाहर जाकर किसी दूसरी जगह से सीधा अथवा सजीव प्रसारित किया जाता है। सिर्फ़ खेलों का ही नहीं, बल्कि विभिन्न राष्ट्रीय पर्वों, उत्सवों, मेलों तथा अलंकरण समारोहों का भी आंखों देखा हाल आकाशवाणी द्वारा प्रसारित किया जाता है।

आंखों देखा हाल की विशिष्टता इसका अलिखित प्रसारण है। स्टूडियो-आधारित कार्यक्रमों में प्रायः आलेख का महत्व होता है। वहां प्रसारण से पूर्व ही आलेख तैयार कर लिए जाते हैं, जिसका वाचन-भर करना होता है। लेकिन आंखों देखा हाल में यह सुविधा नहीं होती। हां, वहां 'होम वर्क' का महत्व ज़रूर होता है। खेल कोई भी हो, उसका आंखों देखा हाल सुनाने से पूर्व कॉमेंटेटर को संबंधित प्रतियोगिता की जानकारी, प्रतिष्ठित खिलाड़ियों से संबंधित महत्वपूर्ण तथ्य तथा उस खेल से संबंधित तक़नाकी बारीकियां जुटानी होंगी। ठीक इसी प्रकार का होमवर्क राष्ट्रीय पर्वों, उत्सवों, मेलों तथा अलंकरण समारोहों की कॉमेन्ट्री के पूर्व करना आवश्यक होता है। इस प्रकार के प्रसारण में जहां अनेक चुनौतियां सामने होती हैं; वहीं ज़ोख़िम भी होता है। कॉमेंटेटर को हर वक़्त सचेत रहना पड़ता है। उसका बोला हुआ एक-एक शब्द सीधे श्रोताओं तक पहुंचता है, जिसमें यदि कुछ भी ग़लत बोला गया तो उसे लौटाया नहीं जा सकता। उसे सिर्फ़ अपनी बुद्धि और विवेक पर आश्रित रहना पड़ता है।

एक कॉमेंटेटर को कॉमेंट्री के दौरान कई परीक्षाओं से होकर गुज़रना पड़ता है। उसे परिस्थितियों के अनुसार तात्कालिक तौर पर निर्णय लेना होता है। इसके लिए निम्न बातों की आवश्यकता पड़ती है-

? एकाग्रता।

? भाषा की सरलता।

? विशिष्ट शैली।

? निष्पक्षता।

? प्रत्युत्पन्नमतित्व।

? कल्पना-शक्ति।

? वाणी पर संयम।

उपर्युक्त बिन्दुओं पर ध्यान देकर कोई भी व्यक्ति एक अच्छा कॉमेंटेटर बन सकता है, बशर्ते उसके पास अच्छी आवाज़ हो और वह भावाभिव्यक्ति में सक्षम हो।

आकाशवाणी में कॉमेंटेटर के चयन की एक प्रक्रिया है। सबसे पहले स्थानीय स्तर पर चयन किया जाता है। इसमें 'स्पोट्र्स कॉमेंटेटर' और 'नॉन-स्पोट्र्स कॉमेंटेटर'- दोनों का चयन स्थानीय स्तर पर आयोजित खेलों अथवा समारोहों की कॉमेंट्री के आधार पर किया जाता है। फिर इच्छुक व्यक्ति द्वारा की गयी कॉमेंट्री की रिकॉर्डिंग आकाशवाणी महानिदेशालय को विचारार्थ भेजी जाती है। वहां विशेषज्ञों की एक कमिटी उस रिकॉर्डिंग को सुनने के बाद कॉमेंट्री की गुणवत्ता के आधार पर निर्णय लेती है कि उक्त कॉमेंटेटर को किस स्तर के 'पैनल' में रखा जाये। आकाशवाणी में कॉमेंटेटर के त्रिस्तरीय पैनल होते हैं- स्थानीय या राज्यस्तरीय, राष्ट्रीय और अंतर्राष्ट्रीय। इस पैनल का समय-समय पर कॉमेंटेटरों के प्रदर्शन के आधार पर संशोधन और सुधार (revision) होता रहता है।

4

रेडियो प्रसारण तकनीक

"मीडियम वेव 483.1 मीटर यानी 621 किलो हट्र्ज़ पर ये आकाशवाणी का पटना केन्द्र है।" आपने अक्सर रेडियो से यह उद्घोषणा सुनी होगी, लेकिन इसपर ज़्यादा माथापच्ची नहीं की होगी कि होगी कोई तक़नीकी बला! कौन इस पचड़े में पड़ने जाये! यह सही है कि एक आम आदमी को रेडियो के कार्यक्रमों से ही सरोकार होता है, उसके तक़नीकी पक्षों से नहीं। उसकी कल्पना में तो यही आता है कि एक आदमी माइक्रोफ़ोन के सामने बोल या गा रहा है और दूसरी ओर रेडियो पर उसे सीधा सुना जा सकता है। लेकिन बात इतनी सरल नहीं है। ध्वनि-संकेतों को माइक्रोफ़ोन से होकर रेडियो तक पहुंचने के लिए अनेक प्रक्रियाओं से गुज़रना पड़ता है। आज प्रसारण के क्षेत्र में हमारा देश बहुत आगे बढ़कर डिज़िटल युग में प्रवेश कर गया है और आकाशवाणी के प्रसारणों में उपग्रह तक का इस्तेमाल होने लगा है। इसलिए प्रसारण की पूरी तक़नीकी प्रक्रिया को जानना अत्यंत आवश्यक है।

सन् 1873 में आयरलैंड के गणितज्ञ क्लार्क मैक्सवेल ने घोषणा की कि प्रकृति में ऐसी तरंगें हैं, जो बिना किसी माध्यम के दूर-दराज़ तक जा सकती हैं। इस सिद्धांत को व्यावहारिक रूप दिया जर्मनी के वैज्ञानिक हेनरिख़ हट्र्ज़ ने। 1880 में इनके प्रयोगों के विवरण प्रकाशित हुए और इन विवरणों से ही मारकोनी को रेडियो बनाने के प्रेरणा मिली।

रेडियो तरंगें कंपन से पैदा होती हैं। एक सेकेंड के तरंग में जितनी बार कंपन होता है, उसे आवृत्ति कहते हैं। इस आवृत्ति की इकाई है- हट्र्ज़। घरेलू बिजली में हर सेकेंड में 50 कंपन होते हैं। सभी तरह की आवाज़ें भी कंपन से उत्पन्न हाती हैं। कंपन जितना अधिक होगा, आवाज़ उतनी ही सुरीली होगी। महिलाओं की आवाज़ इसीलिए अधिक सुरीली होती है; क्योंकि उनके गले के स्वर-यंत्र का परदा एक सेकेंड में 250 बार कांपता है, जबकि पुरुषों में यह 125 बार कांपता है। संगीत के वाद्य-यंत्र इसी सिद्धांत पर बने हैं।

रेडियो तरंगों की आवृत्ति ध्वनि की सामान्य तरंगों से कई हज़ार गुणा अधिक होती है, इसलिए इनकी इकाइयां भी बड़ी होती हैं। इन्हें किलोहट्र्ज़, मेगाहट्र्ज़ और गिगाहट्र्ज़ में व्यक्त किया जाता है, जो इस प्रकार हैं-

1 किलोहट्र्ज़ - 1000 हट्र्ज़।

1000 किलोहट्र्ज़ - 1 मेगाहट्र्ज़।

1000 मेगाहट्र्ज़ - 1 गिगाहट्र्ज़।

मीटर, रेडियो तरंगों की लम्बाई को कहते हैं। यह तरंग-दैर्घ्य या 'वेव लैन्ग्थ' के नाम से भी जाना जाता है। यदि तीन लाख की संख्या को प्रसारण केन्द्र की आवृत्ति से भाग दे दें, तो तरंग-दैर्घ्य प्राप्त होगा।

300,000
----- = 483.09 मीटर (आकाशवाणी, पटना का तरंग दैर्घ्य।)
621

इसी प्रकार बैंड, रेडियो तरंगों की पट्टी को कहते हैं।

मीडियम वेव- 545 से 200 मीटर (आवृत्ति- 550 से 1600 किलोहट्र्ज)।

शार्ट वेव - 9 से 11 मीटर (आवृत्ति-3.2 से 27 किलोहट्र्ज)।

एनालॉग से डिज़िटल तक

जिस प्रकार किसी यात्री को अपनी मंज़िल तक पहुंचने के लिए किसी वाहन की ज़रूरत होती है, उसी प्रकार माइक्रोफ़ोन से पैदा हुई आवाज़ को रेडियो तक पहुंचाने के लिए एक 'कैरियर' की आवश्यकता होती है। इस 'कैरियर' को 'रेडियो आवृत्ति'(Radio Frequency) कहा जाता है और इस पूरी प्रक्रिया को 'माड्यूलेशन' के नाम से जाना जाता है। रेडियो प्रसारण में दो प्रकार के 'माड्यूलेशन' का उपयोग होता है- ए.एम. और एफ़. एम.।

1. ए. एम. (Amplitude Modulation)- ए. एम. में 'रेडियो आवृत्ति' के आयाम को 'माड्यूलेटिंग वेव' (जिस तरंग का 'माड्यूलेशन' करना है) के क्षणिक मान के अनुसार बदल दिया जाता है। ए. एम. के अन्तर्गत 531 किलो हर्ट्ज़ से 1620 किलो हर्ट्ज़ तक मीडियम वेव और 3 मेगा हट्र्ज़ से 30 मेगा हर्ट्ज़ तक का प्रसारण शार्ट वेव कहलाता है। मीडियम वेव और शार्ट वेव में फ़र्क यह है कि मीडियम वेव में तरंगें ज़मीन की सतह पर चलती हैं, इसलिए वे बहुत दूर तक नहीं जा सकतीं; जबकि शार्ट वेव में पहले तरंगों को आकाश में भेजा जाता है, जो एक निश्चित दूरी तक जाकर पुनः ज़मीन पर वापस आती हैं; अतः इनका प्रसारण दूर तक होता है। इसीलिए मीडियम वेव का प्रयोग क्षेत्रीय केन्द्रों के लिए किया जाता है, जबकि शार्ट वेव का बड़ा क्षेत्र 'कवर' करने के लिए या विदेश प्रसारण सेवाओं के लिए। इसके बावजूद, ए. एम. प्रसारण के कुछ दोष भी हैं। इस प्रसारण में 'एम्पलीट्यूड डिस्टॉरशन' (शोर) तथा गुणवत्ता की कमी पायी जाती है।

2. एफ़. एम. (Frequency Modulation)- ए. एम. के इन दोषों को दूर करने के लिए ही एफ़. एम. की आवश्यकता महसूस हुई। एफ़. एम. में वेव के आयाम को स्थिर रखकर उसकी आवृति को 'ऑडियो आवृति' के क्षणिक मान के अनुसार बदला जाता है। इसका 'एम्पलीट्यूड' स्थिर रखकर 'एम्पलीट्यूड डिस्टॉरशन' (शोर) समाप्त कर दिया जाता है। एफ़. एम. तक़नीक अधिक कारगर है, क्योंकि इसमें वायुमंडलीय दबाव का भी कोई प्रभाव नहीं पड़ता। इस तक़नीक का लाभ यह भी है कि इसमें एक साथ दो 'सिग्नल' प्रसारित किये जा सकते हैं, जिसे 'स्टीरियो'(Sterio) कहते हैं। टेलीविज़न के प्रसारण में एफ़. एम. का ही प्रयोग होता है। यही कारण है कि उसकी आवाज़ और चित्रों की गुणवत्ता बहुत अच्छी होती है।

आकाशवाणी द्वारा FM रेनबो और FMगोल्ड चैनल का प्रसारण किया जाता है। इसके 25 FM रेनबो चैनल और 5 FM गोल्ड 23 शहरों से शुरू होते हैं।

आकाशवाणी ने जब 1 फरवरी, 1993 को अपना FM रेनबो चैनल लॉन्च किया, तब विशेष रूप से बड़े शहरों में रेडियो सुनना कम हो रहा था। शोरमुक्त एफएम ट्रांसमिशन ने अपने दर्शकों, विशेषकर युवाओं को प्रभावी ढंग से अपनी ओर आकर्षित किया।

इसमें उद्घोषक का स्थान रेडियो जॉकी ने ले लिया। ख़ास तौर से एक तेज़-तर्रार और अनौपचारिक प्रस्तुति-शैली के साथ, फ़िल्म संगीत आधारित मनोरंजन ने नए श्रोता वर्ग को तैयार किया और कम समय में अत्यधिक लोकप्रियता हासिल की।

एफएम रेनबो की कार्यक्रम-सामग्री मुख्य रूप से लोकप्रिय भारतीय और पश्चिमी संगीत है, जो एक जीवंत और मनोरंजक शैली में प्रस्तुत किया जाता है। इसलिए यह शहरी युवाओं के बीच अत्यधिक लोकप्रिय है, जो अन्य निजी चैनलों की भीड़ से अपने को अलग और प्रभावशाली बनाता है।

इसी प्रकार 1 सितंबर 2001 से प्रारम्भ एफएम गोल्ड चैनल चौबीसों घंटे लोकप्रिय फिल्म संगीत की अपनी विशिष्ट शैली के ज़रिये जहां मनोरंजन प्रदान करता है वहीं अपने श्रोताओं को समसामयिक सूचनाओं और समाचारों से अपडेट भी रखता है।

3. शॉर्ट वेव- (SW)- रेडियो फ्रीक्वेंसी की रेंज में हमेशा सभी उच्च आवृति बैंड (एचएफ) शामिल होते हैं, जो 3 से 30 मेगाहट्र्ज (100 से 10 मीटर) तक फैले होते हैं; मध्यम आवृति बैंड (एमएफ) के ऊपर और वीएचएफ बैंड के नीचे तक।

शॉर्टवेव बैंड में रेडियो तरंगों को आयनमंडल में विद्युत आवेशित परमाणुओं की एक परत से परावर्तित या अपवर्तित किया जा सकता है। इसलिए, आकाश में एक कोण पर निर्देशित छोटी तरंगों को क्षितिज से परे, बड़ी दूरी पर पृथ्वी पर वापस परावर्तित किया जा सकता है। इसे 'स्काईवेव' या 'Skip प्रचार' कहा जाता है। इस प्रकार शॉर्टवेव रेडियो का उपयोग बहुत लंबी दूरी पर संचार के लिए किया जा सकता है।

रेडियो के शुरुआती दिनों में इसके शॉर्टवेव प्रसारण ने अत्यंत महत्वपूर्ण भूमिका निभाई। द्वितीय विश्व युद्ध तथा उसके बाद के युद्धों में इसे अंतरराष्ट्रीय प्रचार के

उपकरण के रूप में इस्तेमाल किया गया।

हालांकि रेडियो कार्यक्रमों के लिए अन्य तकनीकों के व्यापक इस्तेमाल- जैसे उपग्रह रेडियो, केबल प्रसारण और आईपी-आधारित प्रसारण आदि के चलते शॉर्टवेव प्रसारण ने अपना महत्व खो दिया।

हालांकि, रूस-यूक्रेनी युद्ध जैसे युद्ध क्षेत्रों में शॉर्टवेव प्रसारण अभी भी महत्वपूर्ण बना हुआ है जिसे एक ट्रांसमीटर के ज़रिए हजारों मील की दूरी तक प्रसारित किया जा सकता है।

4. डी. आर. एम. Digital Radio Mondiale- भारत में सार्वजनिक सेवा प्रसारक ऑल इंडिया रेडियो (AIR) ने MWऔर SW बैंड में डिजिटल टेरेस्ट्रियल रेडियो प्रसारण के लिए अंतर्राष्ट्रीय DRM (Digital Radio Mondiale) मानक अपनाया है। डीआरएम को, ए.एम बैंड के व्यापक क्षेत्र के कवरेज को ध्यान में रखते हुए, अनेक एफएम जैसी रेडियो सेवाओं के साथ-साथ बहुभाषी समाचार लेखों को पहले वाले एनालॉग रेडियो के विस्तार के रूप में देखा जा सकता है।

आकाशवाणी के 35 MW ट्रांसमीटर, 20KW से 1000KW तक की शक्ति के, DRM में काम करना जारी रख सकते हैं। इनमें से 2 पूरी तरह से DRM में और 33 simulcast में।

हालांकि अब डीआरएम की सफलता और उपयोगिता संदिग्ध लगती है; क्योंकि जब बहुत सारे केन्द्रों पर ट्रांसमीटर ख़राब हो गये या पुराने पड़ गये तो उन्हें डी. आर. एम. (Digital Radio Mondiale) ट्रांसमीटर से बदला गया, जबकि कई देशों द्वारा इस तकनीक को अपना कर, इसे श्रोताओं के लिये अनुपयोगी जान, छोड़ा जा चुका है। डी. आर. एम. तकनीक पहली बार 'नार्वे ब्रॉडकॉस्टिंग कॉरपोरेशन' द्वारा 1 जून, 1995 को अपनाया गया था, पर 2018 तक अनेक देशों ने डी. आर. एम. तकनीक में सिग्नल की ख़ामियों के चलते एफ़. एम. पर 'स्विच ओवर' करने का मन बना लिया। 'नार्वे ब्रॉडकॉस्टिंग कॉरपोरेशन' वो पहली प्रसारण-संस्था है, जिसने 2017 में डी. आर. एम. को छोड़कर 'नेशनल एफ़. एम. रेडियो' की शुरुआत की।

डी. आर. एम. की एक सबसे बड़ी ख़ामी इसके 'रिसीविंग सेट को लेकर भी है, जो काफ़ी महंगे आते हैं (भारत में इसकी क़ीमत लगभग दस हज़ार रुपये है)। अब भारत जैसे विकासशील देश में जहां तीन सौ रुपये का ट्रांज़िस्टर कोई नहीं ख़रीदना चाहता, वो दस हज़ार का डिज़िटल रेडियो कहां से ख़रीदेगा। इसलिये जिन केन्द्रों पर डी. आर. एम. ट्रांसमीटर लगे, उन केन्द्रों पर 'एनालॉग तकनीक' भी साथ-साथ चल रही है- यानी ख़र्च तो करोड़ों हो गये, पर हम जहां थे, वहीं रह गये।

अभी एक अच्छी बात यह हुई है कि आकाशवाणी के लगभग सभी केन्द्रों (200 से ऊपर चैनलों) का प्रसारण 'लाइव स्ट्रीमिंग' के ज़रिए मोबाइल पर 'Newsonair' के रूप में बहुत सहजता से उपलब्ध है, जिससे देश और विदेश के किसी भी कोने में, किसी भी केन्द्र के कार्यक्रम, बिना किसी बाधा के आसानी से सुने जा सकते हैं।

ट्रांसमीटर

प्रसारण के इन उद्देश्यों को पाने के लिए आधुनिक 'ट्रांसमीटर' का प्रयोग किया जाता है। 'ट्रांसमीटर' वह इलेक्ट्रोनिक उपकरण है, जिसके माध्यम से प्रसारण संभव होता है। 'ट्रांसमीटर' जितना शक्तिशाली होगा, प्रसारण उतनी दूर तक और स्पष्ट सुनाई देगा। 'ट्रांसमीटर' को उसकी शक्ति के आधार पर तीन भागों में बांटा गया है-

निम्न शक्ति 'ट्रांसमीटर'- 10 और 20 किलोवॉट।

उच्च शक्ति 'ट्रांसमीटर'- 100, 200, 250 किलोवॉट।

उच्चतर शक्ति 'ट्रांसमीटर'- 500 तथा 1000 किलोवॉट।

निम्न शक्ति ध्वनि-संकेतों को उच्च 'ट्रांसमीटर' के द्वारा शक्ति-संपन्न बनाया जाता है। इसके बाद उन संकेतों को 'मास्ट' से जोड़ा जाता है। ये 'मास्ट' आकाशवाणी के स्टूडियो द्वारा उपलब्ध कार्यक्रमों को विद्युत-चुम्बकीय तरंगों में बदल देते हैं। जैसे ही हम रेडियो 'ऑन' करते हैं, ये विद्युत-चुम्बकीय तरंग ध्वनि-संकेतों में परिवर्तित हो जाते हैं और हमें कार्यक्रम सुनाई देने लगता है। यह रेडियो ही है जिसके कारण हम आवाज़ को एक सेकेंड से भी कम समय में लाखों मील दूर तक सुन पाने में समर्थ हैं। वैसे हमारी आवाज़ की गति 345 मीटर प्रति सेकेंड होती है, लेकिन रेडियो में प्रयुक्त तक़नीक के कारण इसी आवाज़ की गति बढ़कर 1,86,000 मील प्रति सेकेंड अथवा 30 करोड़ मीटर प्रति सेकेंड हो जाती है।

आज सूचना प्रौद्योगिकी का क्षेत्र इतना विस्तृत हो गया है कि निरन्तर नये अन्वेषणों की ओर देखते रहना पड़ता है। इसी में एक 'डिज़िटल तक़नीक' है। सारी सूचनाओं का केन्द्र हमारी ज्ञानेन्द्रियां हैं। वहां तक ये ऊर्जा-संकेतों, जैसे- ध्वनि या प्रकाश तरंगों- के रूप में पहुंचती हैं। प्रकृति में ये संकेत लगातार रूपांतरित होकर तरंग के रूप में हमारी इन्द्रियों तक पहुंचते रहते हैं। ये रूपांतरित तरंगें ही 'एनालॉग' कहलाती हैं।

'एनालॉग' में दो विशेषतायें होती हैं- विस्तार (Amplitude) और आवृत्ति (Frequency)। इसमें ग्राफ़िकल ढंग से तरंगों की ऊंचाई और ध्वनि का आयतन ध्वनि-तरंगों के रूप में दिखाई देती है। डिज़िटल संकेत में ऑन-ऑफ़ पल्स का अनवरत प्रवाह होता है जिसमें मात्र दो संख्याओं के प्रयोग से किसी भी संकेत का पूरा विवरण दिया जा सकता है। यहां 0 का अर्थ होता है 'ऑफ़', और 1 का मतलब है 'ऑन'। इस रूप में डिजिटल संकेत 'ऑफ़-ऑन-ऑफ़-ऑफ़-ऑन-ऑन-ऑफ़' अथवा '0-1-0-0-1-1-0' द्वारा संप्रेषित होता है। इस शृंखला में हर स्थिति या तो '1' या '0' मूल्य की होती है, जिसे 'बिट' (बायनरी डिज़िट) कहा जाता है। आठ 'बिट' की शृंखला 'बाइट' कहलाती है, जो कम्प्यूटर-सूचना और संचार-तंत्र की आधार-इकाई है। इसके विपरीत एनालॉग संकेत का पूरा विवरण अधिक सूचना की मांग करता है।

आकाशवाणी में भी अब पुरानी एनालॉग सिस्टम-आधारित रिकॉर्डिंग और प्रसारण व्यवस्था को छोड़कर डिज़िटल प्रसारण को अपनाया जा रहा है। इसके अनेक लाभ हैं,

जैसे- कम्प्यूटर अनुकूलता, अशुद्धिरहित प्रसारण और कम लागत। इसके अलावा यह बहुउद्देशीय संप्रेषण लाइनों में मददगार है; जिसे 'समन्वित सेवायें डिज़िटल नेटवर्किंग' कहते हैं। आज सूचना-संप्रेषण के क्षेत्र में 'डिज़िटलाइजेशन' ही विकास का प्रमुख आधार है।

ऑडियो वर्क स्टेशन (*AUDIO WORK STATION*)

'ऑडियो वर्क स्टेशन' आकाशवाणी की 'डिज़िटल नेटवर्किंग' है। इसके द्वारा सभी स्टूडियो को कम्प्यूटर नेटवर्क से जोड़ दिया जाता है, जिससे प्रसारण अत्यंत सुगम और वैज्ञानिक ढंग से संभव हो पाता है। इसमें एक मुख्य 'सर्वर' होता है, जो नियंत्रण-कक्ष में स्थापित होता है। यह 'सर्वर' स्टूडियो-स्थित सारे कम्प्यूटर पर नियंत्रण रखने का काम करता है। जिस स्टूडियो में कम्प्यूटर पर रिकॉर्डिंग की जाती है, उसके कार्यक्रम को नियंत्रण-कक्ष में स्थापित मुख्य या 'मास्टर सर्वर' ब्राउज़ कर लेता है और आवश्यकतानुसार उसके प्रसारण की उचित प्रक्रिया अपनाता है।

इसके अलावा इस पूरी नेटवर्किंग से किसी भी स्टूडियो में एडीटिंग, डबिंग और मिक्सिंग का काम अत्यंत सुगम हो गया है, जिससे स्टूडियो के ऊपर पड़ने वाला अनावश्यक बोझ कम हो गया है।

'ऑडियो वर्क स्टेशन' से न सिर्फ़ भारी-भरकम टेपों से मुक्ति मिली है, बल्कि इसके कारण गानों के रिकॉर्ड और सीडी से भी निजात मिली है। अब 'ऑडियो वर्क स्टेशन' में ही गानों को, उनके पूरे विवरण के साथ डाल दिया जाता है जिसका उपयोग उद्घोषक प्रसारण के दौरान करता है। इसके लिए आकाशवाणी के कुशल इंजीयनियरों द्वारा एक सॉफ्टवेयर ही विकसित कर लिया गया है, जिसके माध्यम से कई केन्द्रों से प्रसारण सुचारू रूप से चल रहा है।

इस 'ऑडियो वर्क स्टेशन' के उपयोग से कई लाभ हुए हैं, जो इस प्रकार हैं-

1. गुणवत्ता- टेप-आधारित रिकॉर्डिंग सिस्टम में एक ही टेप पर बार-बार रिकॉर्डिंग और डबिंग करने से कार्यक्रम की गुणवत्ता प्रभावित होती है। चूंकि 'ऑडियो वर्क स्टेशन' के द्वारा कम्प्यूटर के हार्ड डिस्क पर रिकॉर्डिंग होती है, इसलिए इसमें कार्यक्रम की गुणवत्ता भी नष्ट नहीं होती और उसे लम्बे समय तक सुरक्षित भी रखा जा सकता है।

2. एडीटिंग- टेप में एडीटिंग कठिन और समय-साध्य है; विशेष रूप से नाटक और संगीत के कार्यक्रमों की। इसके विपरीत 'ऑडियो वर्क स्टेशन' में 'मल्टीपुल कट-पेस्ट' किया जा सकता है, जिसमें बहुत ही कम समय लगता है।

3. स्पीड वैरियेशन- कई कारणों से टेप में 'स्पीड वैरियेशन' की संभावना बनी रहती है, जबकि 'हार्ड डिस्क सिस्टम' में इस प्रकार की कोई संभावना नहीं होती।

4. उत्तम सिग्नल- 'हार्ड डिस्क सिस्टम' द्वारा निर्मित ऑडियो कार्यक्रम का सिग्नल 90 डिग्री से अधिक हो सकता है। साथ ही, इसमें 20 किलो हर्टज़ तक की फ़्रिक्वेंसी को रिकॉर्ड

किया जा सकता है। लेकिन टेप में ऐसा संभव नहीं है।

5. ऑटोमेशन- टेप-आधारित सिस्टम में 'स्टूडियो ऑटोमेशन' करना कठिन है, परन्तु 'ऑडियो वर्क स्टेशन' के माध्यम से यह सहज रूप में संभव है।

आकाशवाणी में कार्यक्रम-निर्माण एवं प्रसारण के लिए दो प्रकार के 'ऑडियो वर्क स्टेशन' इस्तेमाल में लाये जाते हैं-

1. डेडिकेटेड सिस्टम वर्क स्टेशन- इसमें एक ही कम्प्यूटर सिस्टम पर ऑडियो की रिकॉर्डिंग, डबिंग एवं एडीटिंग कर कार्यक्रम का निर्माण और प्रसारण- दोनों प्रकार के कार्य किये जाते हैं।

2. नेटवर्कड वर्क स्टेशन- इस तरह के सिस्टम में स्टूडियो में प्रयोग में लाये जाने वाले सभी कम्प्यूटर को 'लान' (लोकल एरिया नेटवर्क) के साथ जोड़ा जाता है। इसमें एक मुख्य सर्वर होता है, जिसके साथ एक 'बैकअप सर्वर' काम करता है। इसके कारण कार्यक्रम का निर्माण किसी भी स्टूडियो में किया जा सकता है जो मुख्य सर्वर के माध्यम से ट्रांसमिशन स्टूडियो में उपलब्ध होकर प्रसारित होता है।

'ऑडियो वर्क स्टेशन' में प्रयुक्त होनेवाले हार्डवेयर

स्टूडियो की संख्या और कार्यभार के अनुसार 'उच्च कॉनफिग्रेशन युक्त कम्प्यूटर सिस्टम' को प्रयोग में लाया जाता है, जिसमें निम्न हार्डवेयर होते हैं-

1. ऑडियो प्रोसेसिंग कार्ड - 32 बिट डिजिग्राम अथवा 32 बिट क्रियेटिव।

2. मॉनीटर - 17 से.मी. SVGA अथवा टी.एफ़.टी.।

3. नेटवर्क - इथरनेट 100 एम.बी.पी.एस.।

4. लॉजिक इंटरफ़ेस - फ़ेडर स्टार्ट के लिए।

5. ऑडियो इनपुट एवं आउटपुट सिस्टम बॉक्स और केबुल।

'ऑडियो वर्क स्टेशन' में प्रयुक्त होनेवाले सॉफ़्टवेयर

1. विन्डोज़ 2000 अथवा 2003 सर्वर ऑपरेटिंग सिस्टम।

2. एस. क्यू. एल. सर्वर- डाटा स्टोरेज़ के लिए।

3. टी. सी. पी./ आई. पी. नेटवर्क- डाटा ट्रांसफ़र के लिए।

4. 'साउंड-फ़ोर्ज़' (Sound Forge) तथा 'कूल-एडिट' (Cool Edit) या Netia Soft ware, रिकॉर्डिंग-डबिंग के लिए।

5. 'नेरो' (Nero) अथवा 'रॉक्सियो'(Roxio) सीडी राइटिंग के लिए।

'ऑडियो वर्क स्टेशन' के कार्य

1. कार्यक्रम-प्रसारण के लिए विभिन्न प्रकार के कार्यक्रमों को 'प्ले' करना।

2. रिकॉर्डिंग, डबिंग और एडीटिंग करना।

3. स्टोरेज़ और 'आर्काइविंग'।

4. प्रसारण और वितरण।

वर्चुअल स्टूडियो (VIRTUAL STUDIO)

'वर्चुअल' शब्द को कम्प्यूटर ने अधिक लोकप्रिय बनाया है। कम्प्यूटर ने आभासी सच्चाई को प्रत्यक्ष दुनिया के सामने ला खड़ा किया है। अब तक मनुष्य जिन बातों की कल्पना किया करता था, और जो बातें उसकी कल्पना से भी परे थीं; कम्प्यूटर ने उन्हें सर्व-सुलभ कर दिया है। कम्प्यूटर-तक़नीक के ख़ास प्रयोगों द्वारा अनेक अनकही और अनजानी बातों को जानना-समझना आसान हो गया है। 'हैल्मेट माउंटिंग वीडियो दृश्यों' और 'टेक्सटाइल सेंसर्ज़' के साथ अब इलेक्ट्रोनिक अंतरिक्ष-कक्ष में भ्रमण किया जा सकता है, वहां प्रयोग किये जा सकते हैं। इस तक़नीक का प्रयोग चिकित्सा, अंतरिक्ष और अनेक महत्वपूर्ण खोजों में किया जा रहा है।

इसी सिद्धांत को आधार बना कर आकाशवाणी के कुशल इंजीयनियरों द्वारा एक सॉफ़्टवेयर विकसित किया गया है, जिसके माध्यम से कई केन्द्रों से प्रसारण सुचारू रूप से चल रहा है। इस सॉफ़्टवेयर का नाम रखा गया है- 'वर्चुअल स्टूडियो'। आकाशवाणी के त्रिवेन्द्रम केन्द्र द्वारा एक 'डेडिकेटेड लान नेटवर्क' (Dedicated LAN Network) को 'डोमेन मोड'; (Domein Mode) में जोड़कर प्रसारण के उद्देश्य से विकसित इस सॉफ़्टवेयर के माध्यम से प्रसारण अत्यंत सरल और सुविधाजनक हो गया है। इस 'वर्चुअल स्टूडियो' में अलग-अलग कार्यों के लिए अलग-अलग सॉफ़्टवेयर और 'टूल्स' हैं, जो इस प्रकार हैं-

1. वर्चुअल प्लेयर (Virtual Player)- इसके द्वारा 'ऑडियो वर्क स्टेशन' में स्थित विभिन्न प्रकार के कार्यक्रमों, फ़िल्मी गीतों, प्रोमो, सिग्नेचर ट्यून आदि की 'प्लेलिस्ट' तैयार कर ली जाती है, जिन्हें 'ऑटोमेटेड' रूप में अथवा 'लाइव' उद्घोषणा के साथ आसानी से प्रसारित किया जा सकता है।

2. वेव टैग एडीटर (Wave Tag Editor)- इसके द्वारा कार्यक्रम को उसकी श्रेणी के अनुसार पूर्ण डाटा एंट्री कर के उसकी प्रसारण-तिथि के अनुसार प्रसारण-स्टूडियो में भेजा जाता है, जिसे उद्घोषक प्रसारण के समय आसानी से ढूंढ़ कर 'प्लेलिस्ट' में शामिल कर सकता है।

3. ग्रेवर प्लस (Grabber Plus)- यह सॉफ़्टवेयर सीडी में उपलब्ध सामग्री (फ़िल्मी गीत आदि) को प्रसारण के अनुसार 'मेटा-डाटा' प्रविष्टि के बाद उसे एम.पी.-2 'फ़ार्मेट' में 'ग्रैव' कर हार्डडिस्क में स्टोर करता है।

4. आर.एन.चैनल रिकॉर्डर (**R N Channel Recorder**)- इसके माध्यम से आकाशवाणी महानिदेशालय द्वारा प्रतिदिन प्राप्त होने वाले उपग्रह-संदेशों को रिकॉर्ड किया जा सकता है।

5. ट्रांसमिशन लॉगर (**Transmission Logger**)- यह सॉफ़्टवेयर प्रसारित होने वाले कार्यक्रम को कम्प्यूटर में स्टोर करता है, जिससे अलग से रजिस्टर में प्रविष्टि की आवश्यकता नहीं होती। इसका आसानी से प्रिंट-आउट भी निकाला जा सकता है।

डी. टी. एच. (*Direct to Home*)

डी. टी. एच. का संबंध रेडियो से ना होकर टेलीविजन प्रसारण से है, लेकिन चूंकि रेडियो के अनेक चैनल डीटीएच पर प्रसारित होते हैं इसलिए यहां इसपर प्रकाश डालना समीचीन होगा।

डीटीएच 'डिज़िटासेल तकनीक' पर आधारित है। आरम्भ में टेलीविजन प्रसारण श्वेत-श्याम होता था, फिर रंगीन प्रसारण का दौर आया। आज 'डिज़िटल प्रसारण' का युग है।

आम तौर से टेलीविजन-प्रसारण अनेक माध्यमों से लोगों के घर तक पहुँचता है। ये माध्यम हैं- 'टेरेस्ट्रियल टीवी चैनल', 'केबल टीवी चैनल' और 'सेटेलाइट टीवी चैनल'। इन तीनों माध्यमों में सेटेलाइट माध्यम इण्टरमीडिएट होता है, जबकि डी. टी. एच. प्रणाली में यही प्रमुख माध्यम है। सेटेलाइट टी.वी. का प्रसारण सामान्यतः सी॰ बैण्ड में होता है। इसे रिसीव करने के लिए कम से कम 12 फीट का पैराबोलिक डिश-एन्टेना लगाना पड़ता है। इस डिश-एन्टेना से सिग्नल एल.एन.बी.सी. (Low Noise Block Converter) के द्वारा घर के अंदर रखे गये सेटेलाइट रिसीवर में पहुँचता है। यह रिसीवर प्रक्षेपित किये गये टी.वी. सिग्नल को रिप्रोड्यूस करके टेलीविजन सेट में देता है। इस प्रकार हम सेटेलाइट से सीधे टीवी चैनल देख पाते हैं।

किन्तु इस तक़नीक का एक दोष भी है। इसका सबसे बड़ा दोष यह है कि इसमें दर्शक को कम से कम 12 फीट का डिश एन्टेना लगाना पड़ता है जो सुविधाजनक नहीं है। इसी परेशानी को दूर करने के लिए डी.टी.एच. प्रणाली का विकास हुआ। डी.टी.एच. रिसीवर प्रणाली के.यू. बैण्ड में काम करता है। अन्य बैण्डों से हाई फ्रीक्वेंसी होने के कारण इसमें डिश एन्टेना का साइज़ काफी छोटा होता है। इस प्रणाली में 45 से 90 सेंटीमीटर का पैराबोलिक डिश एन्टेना लगाना पड़ता है। डिश की साइज छोटी होने के कारण इसे घर की खिड़की, बालकनी या छत पर आसानी से लगाया जा सकता है।

डी.टी.एच. प्रणाली से प्राप्त टी.वी. चैनल की गुणवत्ता काफी अच्छी होती है। इसे देश के किसी कोने में लगाया जा सकता है। इसलिए डी.टी.एच. प्रणाली देहाती, सीमावर्ती, आदिवासी एवं पर्वतीय क्षेत्रों के लिए वरदान साबित हुई है।

डी.टी.एच. टी.वी. का सिग्नल प्रसारण नेटवर्क की तीन विभिन्न इकाइयों से गुजरता है। पहले टेलीविजन स्टूडियो में एनालॉग सिग्नल को डिजिटल सिग्नल में बदला जाता है, फिर इसे विस्तारित (Modulate) करके अर्थ स्टेशन से सेटेलाइट को अपलिंक किया जाता है। सेटेलाइट इस सिग्नल को रिसीव करके पुनः इसे पृथ्वी की तरफ डाउनलिंक कर देता है। सेटेलाइट से डाउनलिंक किया गया सिग्नल डी.टी.एच. डिश के एल.एन.बी.सी. से होता हुआ सेट-टॉप बॉक्स में जाता है। सेट-टॉप बॉक्स, जो आई.आर.डी. (Integrated Receiver Decoder) कहलाता है, इस सिग्नल को पुनः रिप्रोड्यूस करके टेलीविजन सेट में भेजता है। इस प्रकार दर्शक घर बैठे विभिन्न टीवी चैनल अपने टेलीविजन सेट पर देख पाता है।

इस समय हमारे देश अन्य कई नेटवर्कों के अलावा दूरदर्शन द्वारा डी.डी. डायरेक्ट प्लस के नाम से डी.टी.एच. सेवा का प्रसारण किया जा रहा है। अन्य सेवायें जहां दर्शकों को पे-चैनल एवं फ्री-टू-एअर, दोनों उपलब्ध कराती हैं, वहीं दूरदर्शन का डी.डी. डायरेक्ट प्लस दर्शकों के लिए मुफ्त उपलब्ध है। इसमें दर्शकों को प्रति माह कोई किराया नहीं देना पड़ता है। इसमें उपलब्ध सभी चैनल फ्री-टू-एअर हैं। दूरदर्शन का डी.टी.एच.- डी. डी. डायरेक्ट प्लस, इनसेट 4 बी (93.5 पूर्व) सेटेलाइट से प्राप्त होता है। दूरदर्शन इसमें टी. वी. के 35 चैनल एवं रेडियो के 20 चैनल प्रसारित करता है। टी. वी. के 35 चैनलों में दूरदर्शन के 21 अपने चैनल एवं 14 प्राइवेट चैनल हैं। रेडियो के 20 चैनलों में सभी आकाशवाणी के चैनल हैं। डी. डी. डायरेक्ट प्लस डी.टी.एच. सेट बाज़ार मेंआसानी से उपलब्ध है ।

5

प्रसारण तंत्र की चुनौतियां

इस समय विश्व-भर में सामाजिक, राजनीतिक और वैचारिक बदलाव के नये-नये तेवर दिखाई दे रहे हैं। नये मापदंडों की तलाश और फिर उसे स्थापित कर पाने की होड़ में लगा समाज आज भी नये और पुराने के अंतर्द्वन्द्वों के बीच जीते हुए व्याकुल दिखाई दे रहा है। एक ओर सामाजिक, राजनीतिक परिवर्तन के मद्देनज़र 'मीडिया' के समक्ष चुनौतियां हैं, तो दूसरी ओर सूचना की प्रासंगिकता को सुरक्षित रखते हुए अपनी कला, संस्कृति और सामाजिक सरोकारों को निरन्तर प्रवहमान रखने की कोशिश भी इसके सामने है। रेडियो या आकाशवाणी के संदर्भ में मौलिक और कार्यात्मक दृष्टि का विकास तथा प्रसारण के नये क्षेत्रों के अन्वेषण पर कहीं अधिक ध्यान होना चाहिए था। बल्कि हुआ यह कि रेडियो की श्रवणीयता (एफ.एम. तथा मनोरंजन चैनल को छोड़कर) कम से कमतर होती चली गयी और सत्तर के दशक में जो श्रोता वर्ग था, वह भी दुर्भाग्यवश इससे छिनता चला गया। इन सारी स्थितियों ने कार्यात्मक प्रतिभा को भी कुंठित करना प्रारम्भ कर दिया। प्रयोगधर्मी लोगों के सामने यह प्रश्न आकर खड़ा हो गया कि वे किसके लिए कर रहे हैं, और क्यों कर

रहे हैं ? उन्होंने पाया कि जिसके लिए वे कर रहे हैं, वह श्रोता-वर्ग एकदम से नदारद है, उसने रेडियो को त्याज्य समझ कर एक कोने में फेंक दिया है और उसके घर कर शोभा देशी-विदेशी चैनलों के लुभावने कार्यक्रम बन गये हैं। आज नये सिरे से इसपर विचार करना होगा। 'रेडियो' का विकल्प न कभी था, न होगा।

अद्यतन तक़नीक का समावेश

रेडियो हमेशा से त्वरित और मौलिक सोचों तथा कार्यात्मक प्रतिभा वाले लोगों का समूह रहा है, जिसकी भूमिका आज भी प्राकृतिक आपदाओं और आंतरिक संकटों अथवा आपात्-स्थितियों में अचानक महत्वपूर्ण हो उठती है, जब घर-घर में पुराने बक्सों से निकालकर रेडियो के ऊपर जीम धूल झाड़-पोंछ कर साफ़ की जाने लगती है। लेकिन संकट के गुज़रते ही रेडियो को फिर उन्हीं पुराने बक्सों के हवाले कर दिया जाता है।

वस्तुतः माध्यम एक ब्लेड की तरह होते हैं, जिसमें दोनों ओर धार होती है, ज़रा-सी चूक घातक हो सकती है। इसलिए माध्यमों का निरंतर मूल्यांकन और समयानुसार परिवर्धन-परिमार्जन आवश्यक होता है। इससे जहां इसकी विषयवस्तु और रूप में सुधार की प्रक्रिया चलती रह सकती है, वहीं उसकी प्रासंगिकता भी बनी रहती है; वह 'आउटडेटेड' नहीं होने पाता, जैसा कि विकसित देशों ने किया और टेलीविज़न चैनलों की भरमार होते हुए भी, आज भी कर रहे हैं। आठवें दशक में ही संयुक्त राज्य अमेरिका में कुल 9317 रेडियो केन्द्र पूरी तत्परता से चल रहे थे। आज भी विकसित देशों में एक केन्द्र कई-कई चैनल एक साथ पूरी सफलता से चला रहे हैं। इसके पीछे उनकी तगड़ी 'नेटवर्किंग' और 'दूरदृष्टि' है, क्योंकि उन्हें अच्छी तरह पता है कि जनता को क्या चाहिए ? मसलन, कोई एक चैनल चौबीसों घंटे इस बात की सूचना देने में लगा होता है कि शहर के किस हिस्से की सड़क क्षतिग्रस्त है, पुलिया टूट गयी है, तूफ़ान आने वाला है, आदि-आदि; और उसके वैकल्पिक उपाय क्या हैं! इस तरह की 'नेटवर्किंग' की आदत हमें भी डालनी होगी। 'इंटरनेट' और 'सेलफोन' के इस युग में जगह-जगह रेडियो प्रतिनिधि तैनात किये जा सकते हैं, जो हमें इस तरह की त्वरित सूचनायें लगातार उपलब्ध कराते रहें।

सातवीं पंचवर्षीय योजना के अंतर्गत जब हमारे यहां 'लोकल रेडियो स्टेशन' आये तो संभवतः कुछ इसी प्रकार की दृष्टि इसके नीति-निर्धारकों की रही होगी। इसे 'टू वे कम्यूनिकेशन सिस्टम' कहा गया- यानी अबतक लोग रेडियो के पास आते थे, अब रेडियो भी लोगों के पास जाने लगा। इसका मतलब यह हुआ कि रेडियो दूरदराज़ के गांवों में जाकर लोगों के बीच 'हेल्पलाइन सर्विस' के तौर पर काम करने के लिए तैयार हो गया। इसमें स्थल अथवा बाह्य रिकॉर्डिंग पर आधारित कार्यक्रमों का प्रतिशत 70 और स्टूडियो-आधारित कार्यक्रमों का प्रतिशत 30 निर्धारित किया गया। रेडियो को यह सारा काम उन सरकारी एवं ग़ैर-सरकारी एजेंसियों की मदद से करना निश्चित हुआ, जिनकी दूरदराज़ के क्षेत्रों में

गहरी पैठ थी। कुछ स्थानीय केन्द्रों पर वाकई अच्छे काम हुए और सामान्य जन में इसकी विश्वसनीयता बढ़ी। आकाशवाणी के सागर केन्द्र में यह काम 1993-96 के बीच हुआ। वहां रेडियो को कृषि और गामीण विकास में योगदान देने वाले उपकरण के रूप में मान्य कर उस पर 'सब्सिडी' देने की बात ज़ोरदार ढंग से उठायी गयी। दूरदराज़ के गांवों में 'रेडियो प्रतिनिधि' बनाकर उन्हें परिचय-पत्र प्रदान किया गया, जो लोकहित-सूचनाओं को टेलीफ़ोन या 'डिस्पैच' के ज़रिये केन्द्र को उपलब्ध कराते थे। इस उत्साह और कार्यशैली को अपनाये रहने की ज़रूरत थी।

प्रतिस्पर्धात्मक कार्यक्रमों का निर्माण

आज रेडियो के परंपरागत कार्यक्रम लगभग उसी रूप में चले आ रहे हैं, जिस रूप में आज से 40-50 वर्ष पहले थे। उनमें समय और परिवेश के अनुसार परिमार्जन और बदलाव की ज़रूरत है। कार्यक्रम निर्माताओं के सामने सबसे बड़ा प्रश्न यह है कि जो कार्यक्रम वह तैयार कर रहा है यह किसके लिए है, उसकी रुचियां क्या हैं, वह कहां रहता है, उसकी शिक्षा-दीक्षा और मानसिक स्तर क्या है आदि-आदि। दरअसल माध्यमों में काम करने वाले लोग प्रायः 'आत्ममुग्धा' होते हैं। वे यही सोचते हैं कि जो काम उन्होंने कर दिया या कर रहे हैं, वैसा दुनिया में कोई नहीं कर सकता; और इससे अच्छा कार्यक्रम तो हो ही नहीं सकता। लेकिन कभी वे यह नहीं सोचते कि जिनके लिए उन्होंने कार्यक्रम बनाया है, वह उन तक पहुंचा है या नहीं, उन्हें कैसा लगता है यह तो और दूर की बात है।

आज समय की रफ़्तार इतनी तेज़ और 'माध्यमों' का दबाव इतना अधिक है कि किसी के पास समय नहीं है, वह दस मिनट की वार्ता या आधा घंटे की परिचर्चा सुने। इस शैली में बदलाव होना चाहिए। अगर लम्बी अवधि के कार्यक्रम करने भी हों तो 'फ़ोन-इन' कार्यक्रम श्रोताओं को जोड़ने में ज़्यादा मददगार साबित हुए हैं, क्योंकि इस कार्यक्रम के ज़रिये श्रोता भावनात्मक स्तर पर रेडियो और प्रस्तुतकर्ता से जुड़ा महसूस करते हैं।

इसी प्रकार 'टॉक बैक रेडियो' भी श्रोताओं को जोड़ने में बहुत कारगर हो सकता है। इसके ज़रिये सूचनाओं के लगातार प्रसारण के साथ-साथ शिक्षा, मनोरंजन और लोगों के संग आत्मीय बातचीत को विषय बनाया जा सकता है। इसके अतिरिक्त विज्ञापन, व्यंजन बनाने के तरीक़े, स्वास्थ्य-संबंधी जानकारी, दादी मां के नुस्खे आदि कार्यक्रमों का समावेश इसमें बहुत अच्छे ढंग से हो सकता है। कई देशों में ऐसे अनेक 'टॉक बैक रेडियो' हैं, जिनसे चौबीसों घंटे प्रसारण होता है। हां, इसमें कार्यक्रम-प्रस्तुतकर्ता को सरस, मृदुभाषी और विभिन्न विषयों पर बोल सकने की कला में माहिर होना चाहिए।

नये अर्थतंत्र का विकास

किसी भी संस्थान में आत्मनिर्भरता उसका पहला लक्ष्य होता है। यह आत्मनिर्भरता धनाश्रित है और रेडियो में इसके लिए एकमात्र सहारा विज्ञापन अथवा प्रायोजित कार्यक्रम हैं। यह लक्ष्य समेकित रूप से प्राप्त करना होगा; यानी प्रसारण के तीनों अंगों- कार्यक्रम, इंजीनियरिंग और प्रशासन- को मिलजुल कर इस लक्ष्य-प्राप्ति के लिए प्रयत्नशील होना होगा। जिस परिवार में सभी मिलकर कमाते हैं, वही परिवार खुशहाल होता है और जिस परिवार में कमानेवाला एक और बैठकर खानेवाले मुंह कई होते हैं, वह परिवार कभी खुशहाल नहीं हो सकता।

प्रायः रेडियो के प्रस्तुतकर्ताओं में अपने ही कार्यक्रमों के प्रचार-प्रसार के प्रति उदासीनता देखी जाती है। वे 'कार्यक्रम-विवरण' तक सीमित रहकर ही संतुष्ट हो लेते हैं। लेकिन उन्हें न सिर्फ़ नये कार्यक्रमों अथवा प्रस्तुतियों, बल्कि वर्षों से स्थापित पुराने कार्यक्रमों का भी बराबर प्रचार करना चाहिए। इसके लिए 'स्पॉट' अथवा 'जिंगल' तक़नीक का उपयोग अत्यधिक प्रभावशाली होता है। इनका प्रयोग 'फ़िलर' के स्थान पर भी किया जाना चाहिए। इससे प्रस्तुतियों में श्रोताओं की विश्वसनीयता जगती है।

प्रयोगात्मकता

यह नयी शताब्दी बड़ी तेज़ी से शुरू होकर हमसे दूर भागती नज़र आ रही है। यह 'सूचना के रफ़्तार की शताब्दी' है। निश्चित ही, इसके लिए उच्चतम तक़नीकी योग्यता की आवश्यकता है। इस 'तक़नीकी योग्यता' के अन्दर मशीनरी चलाने वाला व्यक्ति ही नहीं, क़लम से लेकर कुदाल चलाने वाला व्यक्ति भी शामिल हैं। यानी क़लम और कुदाल चलाने वाला व्यक्ति भी उतना ही 'टेक्निकल' है, जितना भारी मशीनरी चलाने और बनाने वाला; क्योंकि इन सबका एक ही उद्देश्य है- निर्माण। इस दृष्टि से जिसके पास जितनी अधिक तक़नीकी योग्यता होगी, वह उतना ही ज़्यादा बलशाली होगा और 'जन संस्थाओं' में वही 'पूजा' जायेगा। इसलिए 'सूचना' के सभी 'तंत्रों' को रेडियो द्वारा अपने लिए सुरक्षित करना होगा, अपनाना होगा। प्रतिस्पर्धात्मक कार्यक्रमों को बढ़ावा देना होगा और प्रतिभावान् तथा मौलिक सोच वाले प्रस्तुतकर्ताओं को समय-समय पर पुरस्कार और 'चिह्नों' से सराहना होगा, तभी रेडियो जन-जन के हृदय में अपना स्थान बना सकेगा।

6

उपसंहार

रेडियो श्रव्य माध्यम है, जिसमें ध्वनि का ही विशेष महत्व है। यह ध्वनि बोला गया शब्द हो सकती है, संगीत या किसी भी प्रकार का ध्वनि-प्रभाव हो सकती है। इसलिए रेडियो

के लिए लिखते समय माध्यम की इस विशिष्टता का ज्ञान आवश्यक है।

रेडियो सर्वसुलभ है। यह अधिक ख़र्च की मांग नहीं करता। नेत्रहीनों के लिए तो यह एक वरदान से कम नहीं है। इसे सुनने के लिए इसके आगे बैठना नहीं पड़ता। अपना काम करते हुए भी इसका भरपूर आनन्द उठाया जा सकता है।

रेडियो जनसंचार का सर्वाधिक महत्वपूर्ण और सशक्त माध्यम है क्योंकि इसके द्वारा प्रसारित संदेश व्यापक रूप में जन-जन तक त्वरित गति से पहुंचता है। अख़बार में छपने वाली ख़बरें छप कर पाठकों तक पहुंचने में बहुत वक़्त ले लेती हैं, जबकि रेडियो में वही ख़बरें तुरन्त श्रोताओं तक पहुंच जाती हैं।

रेडियो की दुनिया दृश्य-माध्यमों की तरह मायावी नहीं है। रेडियो जो जैसा है, उसे उसी रूप में प्रस्तुत करने की कोशिश करता है। इसलिए इसके दीवानों की कमी नहीं है। यह अंतरंगता का माध्यम है। सभी को साथ लेकर चलता है। श्रोताओं को यह बांधता नहीं है, बल्कि कल्पना की दुनिया में विचरण करने के लिए उन्मुक्त छोड़ देता है।

इसके कार्यक्रम काल और सीमा के परे भी जाते हैं। इसके कार्यक्रमों के द्वारा उद्घोषक अथवा प्रस्तुतकर्ता घर-घर में पहचाने जाते हैं। आकाशवाणी, पटना से साठ के दशक में प्रसारित धारावाहिक 'लोहासिंह' के पात्र घर-घर में अत्यंत लोकप्रिय थे।

प्रारम्भ में रेडियो की उपयोगिता समुद्री जहाज़ों और सेना में ही थी। वहां संदेशों के आदान-प्रदान के लिए रेडियो का प्रयोग होता था। धीरे-धीरे संप्रेषण के महत्व को देखते हुए रेडियो को सूचना के साथ-साथ शिक्षा और मनोरंजन के सशक्त माध्यम के रूप में अपनाया जाने लगा। यही कारण है कि आज रेडियो जनसंचार का एक प्रमुख उपादान बन गया है। आज रेडियो के लिए लिखना मात्र एक रचना लिखना नहीं है, बल्कि इस रचना को एक शक्ल, एक संस्कार देना है, जो मात्र लिखा जाकर नहीं बल्कि संपूर्ण प्रस्तुति के बाद ही अपनी सार्थक पहचान बना पाता है। इस लिहाज़ से रेडियो की प्रस्तुतियां इसके विविधतापूर्ण कार्यक्रमों पर निर्भर करती हैं। रेडियो की अनेक ऐसी विधायें हैं, जो लेखकों और प्रस्तुतकर्ताओं- दोनों के लिए आज भी चुनौतीपूर्ण बनी हुई हैं। इन विधाओं में नाटक, रूपक, समाचार तथा संगीत आदि के कार्यक्रम शामिल हैं।

रेडियो में नाटक मात्र मनोरंजन के साधन के रूप में नहीं है, बल्कि वह लोकरुचि और लोकचेतना का संवाहक होने के साथ-साथ शिक्षा और भाषा के नये संस्कार से भी युक्त है। रेडियो नाटक ने जहाँ एक ओर सामाजिक समस्याओं और वर्जनाओं से लड़ते हुए समाज में जागरूकता लाने की कोशिश की है तो दूसरी ओर इसने देश की गौरवशाली ऐतिहासिक-पौराणिक परम्पराओं से आम आदमी को रू-ब-रू भी किया है।

इसी प्रकार 'रूपक' रेडियो की अपनी विधा है। यह प्रस्तुति का माध्यम है, जिसमें प्रस्तुतकर्ता यथार्थ के निकट रहते हुए वस्तुनिष्ठ रहने की कोशिश करता है। रेडियो की सभी प्रसारण-विधाओं में रूपक अकेली ऐसी विधा है, जिसमें अन्य सभी विधाओं का समाहार हो जाता है। रूपक के अन्तर्गत भेंटवार्तायें, बातचीत, परिचर्चा, प्रश्नोतरी, नाटक, कविता, गीत,

रिपोर्टिंग, आंखों देखा हाल, संगीत- सभी का समावेश हो जाता है।

रेडियो में समाचारों का प्रसारण उसका ऐसा पक्ष है, जिसके कारण इसकी विश्वसनीयता और जन-जन में पैठ मुकम्मल हुई है। रेडियो में समाचार-लेखन अख़बार के समाचार-लेखन से बहुत भिन्न है। श्रव्य मीडिया होने के कारण इसकी गति मुद्रित समाचार से बहुत तेज़ होती है। रेडियो के समाचारों में समय-सीमा निर्धारित होती है, जबकि अख़बार में स्थान की उपलब्धता। अख़बार में विज्ञापनों के कम या अधिक होने पर समाचारों का आकार-प्रकार निर्भर करता है, जबकि रेडियो में ऐसी बात नहीं होती। रेडियो पर समाचार के शुरू और ख़त्म होने का समय निश्चित होता है, इसलिए लोग प्रायः अपनी घड़ियों का समय रेडियो के समाचारों से मिलाते हैं।

रेडियो की पहुंच सर्वसामान्य तक और दूर-दराज के क्षेत्रों में होने के कारण यह विज्ञापन के लिए बहुत ही उचित और सशक्त माध्यम है। शायद इसीलिए उत्पाद कंपनियां और अन्य एजेंसियां रेडियो से विज्ञापन कराने के लिए ज़्यादा उत्सुक रहती हैं।

रेडियो ने संगीत की सभी विधाओं को उसके मौलिक स्वरूप में जन-जन तक पहुंचाया है तथा उसे सुरक्षित और संरक्षित करने का कार्य किया है। इस प्रयास का सारा श्रेय आकाशवाणी को जाता है। आकाशवाणी वह प्रमुख माध्यम रही है, जिसके ज़रिये कलाकारों ने लोकप्रियता की अनेक ऊंचाइयों को छुआ और देश-विदेश में नाम कमाया।

रेडियो के कार्यक्रमों को श्रोताओं तक रोचक ढंग से पहुंचाना भी एक कला है और रेडियो में जो व्यक्ति इस कार्य को अंजाम देता है, वह अनेक नामों से जाना जाता है, जैसे-उद्घोषक, कम्पेयर, प्रस्तुतकर्ता, रेडियो जॉकी, रेडियो होस्ट आदि। उद्घोषक या होस्ट, कुछ भी कहें- कार्यक्रम और श्रोताओं के बीच एक कड़ी का काम करता है और वही प्रसारण की अंतिम सीढ़ी भी होता है। उद्घोषक जो कुछ भी- अच्छा या ख़राब- करता है, वह श्रोताओं के सामने होता है। यही कारण है कि एक अच्छे उद्घोषक की लोकप्रियता भी अपने चरम पर होती है। प्रसारित होने वाले कार्यक्रम के पीछे कितने लोगों की मेहनत है; किस अधिकारी ने क्या किया है; यह सब श्रोताओं को याद रहे या नहीं, कार्यक्रम प्रस्तुत करने वाले उद्घोषक को वह हमेशा याद रखते हैं।

इसी प्रकार रेडियो- विशेषकर आकाशवाणी के कार्यक्रमों में काफ़ी वैविध्य है, जिनमें अलग-अलग वर्गों के लिए विशेष कार्यक्रम प्रसारित किये जाते हैं। इन कार्यक्रमों को विशेष श्रोता-समूह का कार्यक्रम कहा जाता है। ये कार्यक्रम वैसे कार्यक्रम हैं, जो अलग-अलग वर्गों को ध्यान में रखकर तैयार किये जाते हैं, जैसे- युवा कार्यक्रम, महिला एवं बाल कार्यक्रम, चौपाल एवं खेती-गृहस्थी कार्यक्रम, श्रमिकों के लिए कार्यक्रम, बुज़ुर्गों के लिए कार्यक्रम, सैनिकों के लिए कार्यक्रम आदि। इन कार्यक्रमों के ज़रिये विभिन्न श्रोताओं की रुचियों, आवश्यकताओं और भावनाओं को ध्यान में रखकर कार्यक्रम प्रसारित किये जाते हैं।

पिछले कुछ दशकों में हुई तकनीकी प्रगति ने जनसंचार माध्यमों पर गहरा असर डाला है। आज सूचना प्रौद्योगिकी का क्षेत्र इतना विस्तृत हो गया है कि निरन्तर नये अन्वेषणों

की ओर देखते रहना पड़ता है। इस दृष्टि से रेडियो प्रसारण की तक़नीकी गुणवत्ता को उत्कृष्ट बनाने के लिए नये उपकरण और सॉफ़्टवेयर विकसित हो गये हैं। आकाशवाणी में भी अब पुरानी एनालॉग सिस्टम-आधारित रिकॉर्डिंग और प्रसारण व्यवस्था को छोड़कर डिज़िटल प्रसारण को अपनाया जा रहा है। इसके अनेक लाभ हैं, जैसे- कम्प्यूटर अनुकूलता, अशुद्धिरहित प्रसारण और कम लागत। इसके अलावा यह बहुउद्देशीय संप्रेषण लाइनों में मददगार है; जिसे 'समन्वित सेवायें डिज़िटल नेटवर्किंग' कहते हैं।

यह 'सूचना के रफ़्तार की शताब्दी' है। निश्चित ही, इसके लिए उच्चतम तक़नीकी योग्यता की आवश्यकता है। इस 'तक़नीकी योग्यता' के अन्दर मशीनरी चलाने वाला व्यक्ति ही नहीं; कुदाल से लेकर कैंची और सूई चलाने वाला व्यक्ति और इतना ही नहीं, क़लम चलाने वाला व्यक्ति भी शामिल है। यानी क़लम और कुदाल चलाने वाला व्यक्ति भी उतना ही 'टेक्निकल' है, जितना भारी मशीनरी चलाने और बनाने वाला; क्योंकि इन सबका एक ही उद्देश्य है- निर्माण। इस दृष्टि से जिसके पास जितनी अधिक तक़नीकी योग्यता होगी, वह उतना ही ज़्यादा शक्तिशाली होगा और 'जन संस्थाओं' में उसी की पूछ होगी। इसलिए आज 'सूचना' के सभी 'तंत्रों' को रेडियो द्वारा अपने लिए सुरक्षित करना होगा, अपनाना होगा और समय के साथ होने वाले परिवर्तनों के साथ चलना होगा।

???